예언서 · 요한묵시록

거룩한 독서 4

예언서 · 요한묵시록
거룩한 독서 4

한님성서연구소
정태현 지음

Jung Tae-hyun
Lectio Divina 4 : The Prophets & the Revelation to John
ⓒ 2004 by Jung Tae-hyun

Published by Pauline, Seoul, Korea
All rights reserved

'거룩한 독서 1'을 펴내면서

 다양한 성서 공부에 이어 요즈음 한국 천주교회에는 거룩한 독서에 대한 열풍이 불고 있다. 새천년기에 들어서면서 거룩한 독서가 무엇이며 어떻게 하는 것인지를 소개하는 책들이 여기저기서 나왔다. 「말씀에서 샘솟는 기도」(엔조 비앙키 지음, 이연학 옮김, 분도, 2001년), 「말씀으로 기도하기」(대구가톨릭대학, 서인석 지음, 홍익포럼, 2001년), 「깊이깊이 말씀 속으로」(텔마 홀 지음, 차덕희 옮김, 성서와함께, 2001년), 「말씀의 불꽃」(까생제나-트레베디 지음, 서인석 옮김, 분도, 2002년) 등이 그 좋은 예다.
 거룩한 독서는 교회의 오랜 전통에 뿌리를 둔다. 아니 교회가 탄생하기 이전 구약성서 안에 이미 확고히 자리잡혀 있다. 신약성서 저자들과 교부들은 구약성서와 랍비 유다이즘에서 이 전통을 이어받아 발전시키고 후대에 전하였다. 그러니까 거룩한 독서는 어제 오늘에 생긴 새로운 성서 운동이 아니라 생태적으로 교회의 본질과 기원에 속한다. 우리는 이 사실을 원시교회의 모습을 그리는 사도행전에서 확인한다. "그들은 사도들의 가르침을 듣고 서로 도와주며 빵을 나누어 먹고 기도하는 일에 전념하였다"(2,42). 여기서 사도들의 가르침은 구약성서와 예수님에 관한 증언(나중에 신약성서의 근간이 됨)이고, 서로 도와주는 것은 친교를 뜻하며 빵을 나누어 먹는 것은 성찬례(미사)를 말한다. 초대교회가 몰두한 성서와 친교와 성찬례와 기도는 어느 시대에나 교회의 내실을 판별하는 기준으로 통한다. 또한 이 기준은 거룩한 독서가 지향하는 목표, 곧 성서를 탐구하고 기도하며 실천하기와 일치한다.

거룩한 독서는 성무일도, 미사, 성서 공부, 소공동체 모임(반모임), 가정과 직장에서의 복음 선포 등 실로 교회의 거의 모든 분야에 얽혀 있다. 글쓴이는 오랫동안 성서 번역과 연구에 몸담아 오다 최근에 일선 사목자로 불림을 받았다. 시간적·경제적 여유가 있는 일부 교우들만이 아니라 모든 교우가 거룩한 독서에 맛들였으면 하는 게 본당 신부로서의 큰 소망이다. 그런 소망을 가지고 글쓴이는 매일 거룩한 독서를 하면서 이 책을 엮었다. 따라서 이 책은 일차적으로 일선 사목자와 본당 신자들의 거룩한 독서 및 성서 공부에 초점을 맞추었다. 사실 모든 성서 공부의 최종 목표는 거룩한 독서여야 한다는 게 글쓴이의 생각이다. 특정한 성서 본문을 골라 거룩한 독서를 하기에 앞서 신·구약성서 전체를 거룩한 독서로 읽을 필요가 있다. 그래야 성서가 묘사하는 개인과 공동체의 다양한 삶 안에서 하느님이 구원의 역사를 어떻게 이루어 나가시는지 폭넓은 안목을 얻게 되고, 이 안목을 바탕으로 특정한 본문에 올바로 그리고 깊이있게 접근할 수 있게 될 것이다.

이 책의 특징을 소개한다.

첫째, 이 책은 네 권으로 출간된다. 각 권은 서로 대칭되는 구약과 신약 책들을 함께 다루되 그 순서는 가톨릭 성서 전통에 따른다. 구체적으로 제1권은 구약의 모세오경과 신약의 네 복음서를, 제2권은 구약의 역사서와 신약의 사도행전을, 제3권은 구약의 시서/지혜서와 신약의 서간을, 제4권은 예언서와 신약의 묵시록을 다룬다. 이는 구약과 신약을 넘나들며 공부하자는 뜻에서이다.

둘째, 구체적 본문에 다가가기에 앞서 먼저 큰 단위(제1권의 경우 구약성서와 모세오경, 신약성서와 네 복음서)의 해설과 더불어 성서 각 권의 저자, 집필 장소와 연대, 주요 신학사상을 밝히는 입문을 간략하게 소개한다.

셋째, 제1권의 모세오경은 15주간, 복음서는 20주간으로 짰다. 각 주간마다 한 주 동안 읽어야 할 성서 본문의 범위와 거룩한 독서를 하기 위한 주제 본문을 제시하고, 주간 본문의 핵심 메시지를 짚어주었다.

넷째, 이 책에서 글쓴이는 성서학의 제반 방법론과 학문적 탐구 결과를 최대한 활용하고 개인적 통찰과 묵상을 곁들여 본문의 다양한 의미를 간결 명료하게 밝히고자 하였다. 큰 단위의 해설과 성서 각 권의 입문, 그리고 각 주간 성서 본문의 개요와 해설은 성서 본문을 피상적이거나 편파적으로 읽는 폐단을 막아줄 뿐 아니라 성서 전체를 관통하는 주요 메시지들을 파악하게 해줄 것이다.

이 책이 본당의 성서 모임뿐 아니라 개인의 성서 공부와 신학교 및 수도회의 양성 과정에서 필요한 거룩한 독서를 위해서도 도움이 되기를 비는 마음 간절하다.

2002년 부활절에
팔마 본당에서 글쓴이

'거룩한 독서 4'를 펴내면서

「거룩한 독서 4: 예언서 · 요한묵시록」을 펴냄으로써 창세기부터 요한묵시록까지 성서 전체를 꿰뚫는 '거룩한 독서 연작'을 마무리한다. 돌아보니 두 해 반이라는 세월이 흘렀다. 말씀에 젖어 살아온 보람있고 행복한 세월이었고, 말씀을 사랑하는 이들에게 둘러싸여 지낸 은총과 축복의 세월이었다.

구약성서를 보면 하느님께서는 당신을 두고 어떤 상도 만들지 말라고 엄명하시지만, 말씀으로 모든 것을 이루시고 말씀을 통해서 당신의 현존과 사랑을 우리 인간에게 마음껏 드러내신다. 신약성서는 '사람이 되신 말씀'의 삶과 가르침을 증언한다. 말씀으로 창조된 우리는 말씀 안에서 하느님을 만나고 말씀에게서 생명과 빛을 얻을 수밖에 없다. 이 중요한 진리를 요한복음의 '말씀찬가'는 이렇게 선포한다. "모든 것은 말씀을 통하여 생겨났고 이 말씀 없이 생겨난 것은 하나도 없다. 생겨난 모든 것이 그에게서 생명을 얻었으며 그 생명은 사람들의 빛이었다"(요한 1,3-4).

성서는 처음부터 끝까지 말씀이 우리 생명과 믿음의 근본임을 일깨운다. 창세기 첫 장은 하느님께서 말씀으로 세상과 생명 있는 모든 것을 창조하셨다고 밝힌다. 요한묵시록 마지막 장은 생명의 말씀을 갈망하는 그리스도인들에게 곧바로 다가가시겠다는 주님의 약속을 전한다. "성령과 신부(믿는 이들의 공동체인 교회)가 '오소서!' 하고 말씀하십니다. 이 말씀을 듣는 사람도 '오소서!' 하고 외치십시오. 목마른 사람도 오십시오. 생명의 물을 원하는 사람은 거저 마시십시오. 이 모든 계시를 보증해 주시는 분이 '그렇다, 내가 곧 가겠다' 하고 말씀하셨습니다. 아멘. 오소서, 주 예수여!"(묵시 22,17과 20).

"오소서, 주 예수여!"는 초대교회의 전례 용어인 '마라나타(우리 주님, 오소서)'를 그리스어로 옮긴 것이다. 오늘도 육화된 말씀이신 주 예수 그리스도의 재림을 갈망하며 거룩한 독서에 여념이 없는 모든 그리스도인에게 이 책을 바친다. 성서는 학문의 대상만이 아니다. 성서를 공부하는 것으로 만족해서는 안 된다. 공부의 목적은 객관적 진리를 추구하는 것이지만, 거룩한 독서의 목적은 생명의 말씀을 내 삶의 현장에 옮겨 실천함으로써 객관적 진리를 주관적 진리로 바꾸는 것이다. 성서를 파헤치고 그 안에서 객관적 진리를 캐내는 작업도 중요하지만, 말씀이 나에게 다가오기를 겸허하게 기다리다가 다가온 말씀을 소중한 선물로 받아들이고 삶의 양식으로 삼는 일은 더더욱 중요하다. 성서 말씀은 학문의 상아탑 속에 갇혀 객관적 진리로만 머물러 있는 한 생명과 빛 구실을 제대로 할 수 없다. 말씀을 사랑하고 기도하고 나누고 실천하는 것이야말로 거룩한 독서가 지향하는 목적이다.

　'거룩한 독서 연작'을 완성하는 동안 말씀의 여정에 동반자가 되어준 모든 이에게 감사의 마음을 전한다. 군산 팔마 · 익산 주현동 · 서산 동문을 비롯한 수많은 본당의 거룩한 독서 모임, 전국 가르멜 여자 수도회 · 수정의 트라피스트 · 익산 글라라 수도회 등 여러 수도단체, 익산 '작은 등불' · 서울 '작은 풀꽃' · 창원 한국은행 교우회 등 여러 자생적 거룩한 독서 모임, 그리고 무엇보다 소중한 군옥지구 사제 거룩한 독서 모임은 글쓴이에게 끊임없이 격려와 영감을 주었다.

　끝으로 '거룩한 독서 연작'의 출간에 직접 동참한 한님성서연구소와 성바오로딸 수도회의 노고에 깊은 감사를 드리고, 출판 전후에 꼼꼼한 교정과 적절한 제언으로 이 연작의 완성도를 높여준 호세 형에게도 감사한다. "주 예수의 은총이 모든 사람에게 내리기를 빕니다"(묵시 22,21). 마라나타!

2004년 8월 성 아우구스티노 학자 축일에
팔마 본당에서 글쓴이

이 책을 이용하여 거룩한 독서를 하는 방법

1. 개인의 거룩한 독서

• 조용한 시간과 장소를 골라 마음 준비를 한다. 촛불을 켜고 묵상에 알맞은 음악을 듣는 것도 좋다. 이 책에 예시된 시작기도를 바친다.

1) 독서: 한 주간 단위로 정해준 성서 본문을 조용히 읽는다. 읽을 때는 시간과 장소에 관한 말, 등장하는 인물들, 인물들의 언행에 유의한다. 본문의 내용과 메시지를 정확하게 읽어내기 위해서다.

2) 묵상: 본문의 내용과 메시지를 오늘 이 자리에 옮긴다. 이때 본문의 앞뒤 문맥, 본문과 관련된 다른 성서 구절과 대목을 함께 살펴본다. 마음에 와 닿는 말씀을 적어놓거나 본문에 밑줄을 쳐둔다.

3) 관상: 독서와 묵상을 하는 가운데 하느님의 현존과 사랑이 느껴지면 잠시 머무른다. 관상은 선물로 주어지는 것이지 추구하는 것이 아니다.

4) 기도: 하느님과 편안한 마음으로 대화한다. 찬미와 감사, 그리고 현실에 필요한 청원을 드린다.

- 끝기도를 바친다.

이 책은 성서 본문의 내용과 메시지를 정확하게 파악하고 묵상을 용이하게 하는 데 도움을 줄 것이다. 본문의 뜻을 파악하기 어렵거나 일반 상식으로 받아들이기 힘든 본문을 만나면 언제든지 이 책을 참조하기 바란다. 평소에 시간 나는 대로 읽어 두는 것도 좋지만 특히 거룩한 독서를 시작하기 전이나 후에 읽으면 더욱 유익하다.

2. 그룹의 거룩한 독서

말씀봉사자 또는 그룹장의 소임은 그룹원들의 적극적인 참여와 화합을 독려하고 모임의 진행을 원활하게 하는 것이다. 매주 한 번씩 7, 8명으로 구성된 거룩한 독서 그룹 모임에 오면 다음 순서로 진행한다. 진행은 그룹원들이 돌아가며 맡는 것이 좋다. 진행자는 모임의 순서와 내용을 숙지하고 특히 나눔 시간에 이야기를 독점하는 사람이 없도록 시간을 골고루 배정하는 데에 주의를 기울여야 한다.

- 성가 앞절을 부르고 시작기도를 바친다.
  1) 독서: 제시된 주제 본문을 몇 사람이 단락별로 크게 낭독하고 낭독이 끝나면 침묵 속에서 개개인이 정독한다.
  2) 묵상: 정독을 하는 동안 마음에 와 닿는 말씀이 있으면 머물러 묵

상한다.

　3) 나눔: 자기 차례가 오면 먼저 주간의 개인 독서에서 마음에 와 닿은 말씀과 묵상한 내용을 발표한다. 이어서 방금 읽고 묵상한 주제 본문에서 마음에 와 닿는 말씀과 묵상한 내용을 발표한다. 때로는 개인 독서에서 묵상한 말씀이 주제 본문과 겹칠 수도 있다. 발표할 때는 반드시 단수 1인칭(나)으로 해야 하며, 자신의 이야기를 3인칭(그 또는 그들)이나 복수 1인칭(우리)으로 객관화시키지 않도록 조심한다. 객관적 지식이나 진실은 이 책에서 제시하고 있으니 각자가 자기 수준에서 그것을 얻어내면 된다. 나눔은 남을 가르치거나 토론하는 시간이 아니라 모임 전체를 주관하시는 성령의 놀라운 활동을 감지하는 시간이다. 모임에서 나눈 개인적 이야기는 외부에 퍼뜨리지 않는 게 형제애의 실천이다.

　4) 기도: 나눔이 끝나면 그 내용을 바탕으로 돌아가며 자유롭게 기도한다. 각자의 기도 끝에는 그룹원 모두가 "주님, 저희 기도를 들어주소서!"로 응답하고, 마지막에 진행자가 "우리 주 그리스도를 통하여 비나이다" 하면 "아멘!"으로 응답한다. 특히 나눔에서 어려움을 겪고 있는 그룹원들이 드러나면 그들을 위하여 아버지 하느님께 간청한다.

　• 끝기도를 바치고 성가 뒷절을 부른다. 다음주 진행자를 선정한다.

　이상 모임의 순서와 방법은 하나의 예에 지나지 않는다. 모임의 수준이나 특성에 맞추어 얼마든지 창조적으로 변형할 수 있다.

'거룩한 독서 1'을 펴내면서 3
'거룩한 독서 4'를 펴내면서 7
이 책을 이용하여 거룩한 독서를 하는 방법 10

예언서

예언서: 희망의 메시지 21
    1. 예언서의 분류와 순서 21/ 2. 예언자는 누구인가 24/ 3. 땅의 상실과 유배 27/ 4. 문서 예언서 31/ 5. 예언자들의 메시지 34/ 6. 문서 예언서의 문학 유형 43/ 7. 예언서의 편집 과정 46

이사야서: 온 세상을 다스리시는 하느님의 주권 51
    제1주간: 메시아 왕국에 대한 약속과 주님의 징벌 57/ 제2주간: 시련을 딛고 일어서는 이들의 믿음 64/ 제3주간: 남은 자들의 보호와 구원 68/ 제4주간: 고통받는 주님의 종 74/ 제5주간: 새 하늘과 새 땅 82

예레미야서: 하느님의 새 계약 87
    제6주간: 거짓 예배의 단죄 106/ 제7주간: 예언자의 고통 112/ 제8주간: 참 예언자와 거짓 예언자 119/ 제9주간: 새 계약 125/ 제10주간: 이스라엘의 회복 130

애가: 고통을 통한 정화 135
    제11주간: 폐허의 한복판에서 부르짖는 기도 139

바룩서: 유배에 대한 신학적 반성   144

　　제12주간: 절망을 이겨내게 하는 희망의 말씀 148

에제키엘서: 바빌론 유배와 하느님의 현존   153

　　제13주간: 예루살렘의 멸망 162/ 제14주간: 하느님 이름의
　　체면 169/ 제15주간: 민족들에 대한 심판 178/ 제16주간: 회생 181/
　　제17주간: 새로운 성전과 예배 188

다니엘서: 지혜문학과 묵시문학의 조화   197

　　제18주간: 온 세상을 다스리시는 하느님 203/
　　제19주간: 미래의 세상을 주도하시는 하느님 212

열두 소예언서: 이스라엘의 구원과 메시아 왕국   220

　　제20주간: 사랑의 계약 226/ 제21주간: 진정한 참회 232/
　　제22주간: 말씀의 기근 240/ 제23주간: 만민의 주님 248/
　　제24주간: 구원의 약속 258/ 제25주간: 신실한 믿음 266/
　　제26주간: 주님의 날이 오면 273/ 제27주간: 예루살렘의 재건 279/
　　제28주간: 메시아 시대의 도래 286/ 제29주간: 새로운 메시아 시대
　　를 향하여 295

차 례

요한묵시록

요한묵시록: 심판과 구원의 드라마 305
    1. 이 책의 성격 305/ 2. 저자와 집필 연대 308/ 3. 집필 동기와 목적 311/ 4. 구조와 내용 315
    제1주간: 일곱 교회에 보낸 편지 317/ 제2주간: 천상 예배와 세말의 전조 326/ 제3주간: 시련과 선악의 대격돌 340/ 제4주간: 완결 351

■ 일러두기

1) 이 책에 인용된 성서 본문은 특별한 경우를 제외하고 모두 공동번역에서 옮겼다. 공동번역과 다른 인용은 그때마다 출처를 밝혔다.
2) 성가번호는 가톨릭 성가집에서 따왔다. 공동번역과 가톨릭 성가집을 이용한 데는 교우들이 손쉽게 접근할 수 있다는 것 외에 다른 이유는 없다. 필요에 따라 얼마든지 다른 번역본이나 성가집을 활용할 수 있다.

예언서

신명기계 문헌과 거의 같은 시기에 생겨나기 시작해서 더 늦게까지 쓰여진 예언서는 이스라엘 역사를 보는 관점이 신명기계나 역대기계 문헌과 사뭇 다르다.

  일반적으로 신명기계와 역대기계 문헌에서는 왕정제도, 가나안 정복과 소유, 예루살렘 성전과 제사 등 이스라엘의 외적 구조와 체제에 대한 건설적 충고는 있어도 그것에 대한 근본적 부정이나 통렬한 비판은 찾아보기 힘들다. 그러나 예언서에는 이스라엘의 종교·정치 구조의 붕괴는 물론 이스라엘 자체가 완전히 망하리라는 메시지가 나온다. 특히 유배 이전의 예언자들은 회개를 해도 이스라엘에 내릴 징벌과 재앙을 되돌릴 수 없다는 절망적인 메시지를 전한다. 한편 유배 기간이나 유배 이후의 예언서에는 놀랍게도 이렇게 완전히 멸망한 이스라엘의 운명이 다시 회복되리라는 메시지가 담겨 있다. 그리고 마침내 예언서의 이 같은 희망의 메시지는 이스라엘의 종교 제도를 넘어서서 메시아와 메시아 왕국에 대한 대망으로 이어지고 신약성서 저자들은 이 메시아 대망이 예수 그리스도의 삶과 하느님 나라의 선포로 실현되었다고 전한다.

예언서

1. 예언서의 분류와 순서

가. 히브리어 성서와 그리스어 성서의 예언서 분류

구약성서 정경 목록에서 어떤 책들이 예언서에 속하는지를 두고 유다교와 그리스도교, 그리고 같은 그리스도교 안에서도 여러 종파 사이에 다양한 견해를 보인다. 히브리어 성서를 경전으로 받아들이는 유다교는 이 성서를 셋으로 나누고 느비임이라 부르는 예언서를 토라(율법 또는 모세오경)와 케투빔(성문서집) 사이에 위치시킨다. 히브리어 성서의 예언서는 모두 8권인데 여호수아서, 판관기, 사무엘서, 열왕기 등 전기(前記) 예언서 4권과 이사야서, 예레미야서, 에제키엘서, 열두 소예언서 등 후기(後記) 예언서 4권이다. 여기서 전기와 후기는 시대적인 구분이 아니라(前期와 後期가 아님) 정경 안에서의 순서를 말한다. 예를 들어 열왕기에 나오는 어떤 사건들은 열두 소예언서에 나오는 사건들보다 후대에 일어난 것이다. 히브리어 성서에서 전기 예언서로 분류한 네 권의 책들은 칠십인역 그리스어 성서에서는 예언서가 아니라 역사서로 분류한다. 유다교와 그리스도교를 막론하고 대부분의 성서 학자들은 이 전기 예언서를 신명기 정신을 반영한 신명기계 역사서로 해석한다. 그리고 일반적이고 본격적인 의미의 예언서는 후기 예언서만을 가리키는 것으로 이해한다. 이 후기 예언서를 문서 예언서라고도 하는데, 요나서를 제외하고 후기 예언서의 책들은 모두 동명(同名) 예언자가 이스라엘 백성에게 공적으로 선포하고 문서화된 신탁들을 포함하기 때문이다. 최근(2004년)에 출간된「유다교 공부 성서(The Jewish Study Bible)」에서도 이를 그대로 반영하고 있다.

초대 그리스도교는 유다교와는 달리 칠십인역 그리스어 성서를 경전으로 받아들였다. 그리스도교에서는 구약성서를 넷으로 나누고 예언서를 모세오경, 역사서, 시서와 지혜서 다음 맨 마지막에 놓는다. 그리고 유다교 전통에서 전기 예언서로 분류한 책들을 역사서에 분류하고 후기 예언서만을 예언서로 분류한다. 여기에 히브리어 성서에서 성문서집에 포함시켰던 애가와 다니엘서, 그리고 히브리어 성서에는 없는 바룩서를 예언서에 편입하였다. 결과적으로 그리스어 성서의 예언서는 4대 예언서인 이사야서 · 예레미야서 · 에제키엘서 · 다니엘서와 열두 소예언서, 그리고 애가와 바룩서로 이루어진다. 대예언서와 소예언서의 구별은 예언자의 인품이나 활동에 따른 것이 아니라 순전히 문서의 길이에 따른 것이다. 이 목록에서 애가와 바룩서를 예레미야서 바로 다음에 끼워넣으면 그대로 그리스어 성서 예언서 정경의 순서가 된다. 가톨릭에서는 히브리어 성서에 없고 그리스어 성서에만 있는 애가와 바룩서를 정경에 포함시키는 반면, 개신교에서는 이 둘을 외경(外經)이라 하여 정경 목록에서 배제한다.

나. 예언서의 순서

유다교에서 성서를 셋으로 나누고 예언서를 토라(율법서) 다음에 놓은 이유는 토라에 대한 강조 때문이다. 토라는 유다교의 핵심이다. 이 토라를 해석한 책이 예언서이다. 그래서 구약성서를 '율법과 예언서'로 부르기도 한다(참조: 마태 11,13; 22,40). 유다교 안식일 예배 때의 성서 독서도 율법의 대목을 먼저 낭독하고 이에 관련된 예언서를 낭독하는 것으로 되어 있다(루가 4,16-19 참조). 율법과 예언서는 기원전 520년 제2성전 시대가 열리면서 유다교의 경전으로 자리잡는다. 하느님의 계시가 이 책들 안에서 일단 확립된 다음에는 예언자들을 통한 새로운 계시가 불필요하게 된다. 예언은 점점 율법과 예언서의 연구와 해석으로 대체되고 예언자들은 율법학자와 현자와 랍비로 대체된다. 따라서 히브리어 성서의 세번째 책인 성문서집은 예언서의 해석으로 볼 수 있다. 요약하면 토라는 유다교의 핵심이고 예언서는 토라의 해석이며 성문서집은 예언서의 해석이다. 그래서 유다교 경전인 히브리어 성서의 순서가 그 중요성에 따라 율법·예언서·성문서집으로 되어 있는 것이다.

그리스도교에서 예언서가 맨 마지막에 나오는 이유는 구세사의 관점 때문이다. 모세오경은 세상과 인간의 창조부터 하느님 백성인 이스라엘 신앙 공동체의 형성까지를 다룬다. 역사서는 하느님 백성의 가나안 점령부터 마카베오 항쟁까지의 역사를 다룬다. 시서와 지혜서는 구세사의 해석이요 구세사의 교훈과 의미를 현실의 삶에 적용하려는 시도이다. 마지막으로 구약의 예언서는 구세사의 정점인 메시아 시대를 예고하고 선포함으로써 신약과 연결된다. 신약의 저자들은 예수 그리스도의 삶과 가르침을 구약의 예언이 성취된 것으로 이해하는 초대 그리스도교의 구세사관을 충실히 반영한다.

2. 예언자는 누구인가?

가. 일반적인 인식

유배 이후의 유다교에서 '예언자'라는 말은 보통 영감을 받은 사람을 가리키는 데 사용되었다. 아브라함(창세 20,7)과 모세(신명 34,10)가 예언자로 불린 것도 이런 뜻에서이다. 신약성서에서는 세례자 요한(마태 21,26)과 예수님(마태 21,11)이 예언자로 불렸다.

구약성서와 신약성서, 초세기 외경 문헌 「예언자들의 삶」에 따르면 예언자들은 모두 순교자이다. 예언자들은 야훼 신앙을 고수하고, 변질되거나 잘못된 기존 체제를 반대하여 하느님과 율법의 참뜻에 충실하게 살려고 하다가 순교하였다. 예언자와 순교를 연결시키는 이 같은 전통은, 예언자가 되는 일은 기존의 잘못된 체제를 거슬러 진리와 정의를 위하여 외롭게 투쟁하는 것이라는 사회적 통념을 낳았다. 그러나 고대 근동의 예언자들에 관한 고찰에서 우리는 예언자의 신분이나 역할이 매우 다양하고 포괄적임을 알게 된다.

나. 이스라엘의 예언자 칭호

예언자라 번역한 히브리어 '나비'는 마리 문서에 나오는 '나부(접신가)'와, 아카드어 문서의 '나비움(불린 자)'을 '나비'의 기원으로 보는 데 별로 이의가 없다. 이보다 좀더 분명한 고대 근동 문헌과의 연결은 페니키아 문서에 등장하는 바알과 아세라에 속한 예언자들의 명칭 '나비'이다. 페니키아의 '나비'들 역시 이스라엘의 예언자들처럼 무아지경에서 신탁을 전달받았다.

'나비' 이외에도 예언자들을 일컫는 히브리어 명칭으로 '로에(선견자)', '이쉬 하 엘로힘(하느님의 사람)', '호제(환시가)'가 있는데 주로 역대기 문헌에 자주 등장한다. 또 같은 역대기 문헌 한 곳에서는 사자(使者 말르악: 2역대 36,15)라는 명칭으로 예언자를 부르고 있다.

칠십인역 그리스어 역본의 저자는 이들을 모두 '프로페테스(예언자)'로 번역하고 있는데, 원래 이 칭호는 기원전 5세기 고전 그리스 문헌에서 아폴로 신과 제우스 신의 신탁을 받아 선포하고 신탁을 구하는 사람들에게 신의 뜻을 풀이해 주는 사람, 곧 신과 인간 사이에 중개역할을 하는 사람에게 붙여진 것이었다. 프로페테스는 아마도 '앞에, 미리' 등을 뜻하는 접미어 '프로(pro)'와 '말하다' 동사 '페미(phemi)'의 합성어인 듯하나, 문헌상으로 '프로페미'라는 단어가 나온 것은 '프로페테스' 보다 약간 후대이다. 그런데 '프로페테스'가 전하는 신탁이 종종 미래의 사정에 관계된 것일 수 있기 때문에 후대에 내려오면서 예언자는 사건이 일어나기 전에 미리 말하는 사람으로도 인식되었다. 예언자와 관계된 이 세 가지 역할, 곧 신탁을 받아 선포하고 신의 메시지를 풀이해 주며 미래의 사정을 이야기하는 역할은 이스라엘 예언자들에게도 그대로 적용된다.

다. 예언자의 주요 임무와 자격

고대 근동의 문헌과 그리스 고전이 제시하는 것과 같이 이스라엘의 예언자도 자기 자신을 위해서 말하는 것이 아니라 자신을 보낸 자, 곧 야훼 하느님의 메시지를 선포하는 자로 인식되었다. 그리고 그는 일차적으로 먼 과거나 먼 미래의 사정보다는 현실에 관련된 메시지를 전달하는 것을 원칙으로 하되, 미래에 구현될 하느님의 뜻을 묻는 자에 대한 대답으로 주어지는 신탁의 성격상 미래의 사정을 선포할 수도 있다. 무엇보다 이스라엘의 예언자는 하느님의 뜻을 정확히 알리고, 그분의 명령이 담긴 율법을 수호하며 율법을 올바로 가르치는 교사이다.

이스라엘에서는 예언자가 되기 위한 전제조건을 전혀 제시하지 않았다. 예언자들은 목자·사제·농부·서기관 등 사회 각계각층에서 다양한 신분을 바탕으로 탄생되었다. 한 사람을 예언자로 만들고 그 예언자로 하여금 메시지를 선포하게 하며 다른 사람들이 그에게 귀를 기울이게 하는 원동력은 모두 하느님의 영감이었다. 예언자가 영감을 받는 상황을 더욱 오래된 기록에서는 "주님의 영이 아무개를 통하여 말씀하신다"(1사무 10,10; 1열왕 22,24)는 말로, 후대의 기록에서는 "주님의 말씀이 아무개에게 내렸다"(예레 1,2.4; 에제 1,3)는 말로 표현한다. 여기서 예언자는 하느님의 이름으로 말할 수 있는 사람을 가리킨다.

예언자는 일반적으로 사람들이 많이 모이는 장소, 이를테면 성문의 광장·성전·시장 같은 곳에서 하느님의 말씀을 전했으며, 그 청중은 초기 예언자들의 경우 주로 왕이나 고관들과 같은 개인들이고 후기 예언자들의 경우엔 성읍이나 백성 전체였다.

3. 땅의 상실과 유배

'땅'은 사람을 땅의 흙으로 빚으셨다는 창세기 기록(창세 2장)에서 '새 하늘 새 땅'의 환시를 전하는 묵시록(묵시 21장)에 이르기까지 성서 전체를 관통하는 주제 가운데 하나이다. 땅은 모세오경과 신명기계 역사서에서도 중요한 주제로 떠오르지만, 특히 예언서에 와서 가나안 복지 상실과 아시리아/바빌론 유배라는 이스라엘의 민족적 비극과 연결되며 깊은 신학적 통찰을 불러일으킨다.

가. 땅의 상실과 유배는 이스라엘의 죽음

사람들에게는 땅이 필요하다. 땅은 사람의 몸이 나온 곳이며 돌아갈 곳이다. 땅은 사람이 이 세상에 사는 동안 그가 날마다 먹는 음식과 사용하는 물건을 대주는 곳이며 편안하고 안정된 휴식처를 제공하는 곳이다. 그래서 사람들은 더 좋고 넓은 땅을 차지하기 위하여 욕심을 부리고 때로는 죽음을 무릅쓰고 싸움을 벌인다. 사람뿐만이 아니다. 동물도 배설물을 이용하여 자기 영역을 상대방에게 알리고 그곳을 침범당하면 으르렁거리며 싸울 채비를 한다.

 이스라엘이 한 민족으로 정당하게 평가받을 수 있었던 때는 그들의 조상들이 가나안에서 식객으로 몸붙여 살던 시대나 그들이 이집트에서 종살이하던 시절이 아니라 약속의 땅 가나안에 정착하고 난 다음부터이다. 하느님이 아브라함에게 그를 큰 민족이 되게 하리라는 약속과 더불어 땅을 주리라고 하신 것은 바로 이 때문이다. 민족과 땅은 언제나 함께 가는 개념이다. 고대 근동에서 땅을 빼앗기는 것은 곧바로 민족의 동질성(identity)을 상실함을 뜻하였다. 오늘날에도 거주할 땅을 빼앗긴 이들을 난민이라고 부른다. 코소보 난민과 쿠르드족 난민이 그 대표적인 예이다. 예언자들이 땅의 상실을 이스라엘의 죽음과 동일시한 것도 이런 맥락에서이다. 그런데 고대 근동 지방에서 땅을 빼앗기고 민족으로서 자격을 상실했으면서도 동질성을 잃지 않고 살아남은 민족은 유다인들뿐이다. 어떻게 이런 일이 가능하였을까?

나. 바빌론 유배와 이스라엘의 부활

 고대 근동에서 패배한 민족의 유배는 종주국 임금이 종속국의 반역을 다스리는 가장 엄한 징벌이었다. 유배는 한 백성이 조상 때부터 몸담아 왔던 전통과 생존의 뿌리에서 잘려 나가는 것을 의미한다. 예레미야는 예루살렘의 함락과 바빌론 유배를 이렇게 묘사한다. "바빌론 임금은 리블라에서 시드키야가 보는 가운데 그의 아들들을 살해하였다. 바빌론 임금은 유다의 귀족들도 모두 살해하였다. 그런 다음 그는 시드키야의 두 눈을 뽑고, 청동사슬로 묶어 그를 바빌론으로 끌고 갔다. 갈대아인들은 왕궁과 민가를 불태우고 예루살렘의 성벽을 허물었다. 바빌론의 친위대장 느부사라단은 도성에 있던 나머지 백성과, 자기에게 넘어온 자들과 그 밖에 남은 백성을 바빌론으로 잡아갔다. 그러나 이때 친위대장 느부사라단은 가진 것 없는 일부 가난한 백성에게는 포도밭과 농토를 주어, 유다 땅에 남겨놓았다"(「새번역」 예레 39,6-10). 갈대아인들이 바빌론에 포로로 끌고 간 유다인들은 임금을 비롯하여 왕족과 귀족, 사제와 서기관, 각종 장인들이었다.

고대 근동의 문헌에 보면 아시리아나 바빌론으로 끌려간 유배자들은 대부분 새로 건설한 성읍의 주민들이 되었다(예레 29,5 참조). 그들 가운데는 임금의 근위대에 차출되거나 강제노역에 동원되기도 하였다. 그러나 그들은 영구적 노예가 아니라 자유로운 신분으로 안정된 생활을 꾸려갈 수 있었다. 단 한 가지 조건은 그들이 떠나온 고국으로 돌아갈 수 없다는 것이었다. 5세기 에즈라 시대에 바빌론으로 끌려간 유다인의 자손은 페르시아 제국 여러 곳에 정착하여(에즈 2,59; 8,17.21.31) 나름대로 안정되고 편안한 생활을 꾸려가고 있었던 것으로 보인다. 그들은 유다 민족 고유의 종교와 관습을 유지할 수 있었다.

그러나 이것은 후대의 상황이고, 전쟁에 패배한 지 얼마 안 되는 유배 초기에는 사정이 달랐다. 격렬한 전투, 굶주림, 폭행,

방화, 무자비한 학살에서 가까스로 살아남은 그들은 가족과 친지를 잃은 채 삶의 터전을 뒤로하고 예루살렘에서 바빌론까지 삼천 리(약 1,200킬로미터) 길을 걸어 유배지에 도착하였다. 슬픔이 밀려오고 좌절이 그들을 덮쳤다. "밤이면 울고 또 울어 뺨 위에 눈물이 그치지 않는구나. 그 모든 애인들 가운데 위로해 줄 이 하나 없고 벗들은 모두 그를 배반하여 원수가 되었구나. 유다는 고통과 고역 끝에 유배를 당하여 안식처를 얻지 못한 채 민족들 사이에 앉아 있구나. 그를 뒤쫓는 자들이 모두 곤궁 속에 있는 그를 붙잡았구나"(「새번역」 애가 1,2-3). "우리 뼈들은 마르고 우리 희망은 사라졌으니, 우리는 끝났다"(「새번역」 에제 37,11). 시편 137장은 바빌론에 끌려간 유배자들의 회한과 분노를 잘 표현해 준다.

   이처럼 절망적인 상황에서 놀랍게도 예언자들은 이스라엘의 소생과 회복을 선포한다. 유배 이전의 예언자들이 이스라엘의 죽음을 예고하던 것과는 전혀 딴판이다. 특히 에제키엘은 유배 이전부터 유배 기간 동안에 예언직을 수행하였는데, 유배 이전의 메시지와 유배 동안의 메시지가 확연히 구분된다(에제 37장 참조). 같은 시기의 이스라엘 역사와 땅이라는 같은 주제를 다루면서도 신명기계 역사서에는 이스라엘의 죽음과 회복이 선명하게 드러나지 않는다. 신명기계 역사서에서 이스라엘의 회복을 선언하는 대목은 아마도 신명 30장이 유일한 예일 것이다.

4. 문서 예언서

가. 문서 예언서의 범위

앞에서 언급한 대로 히브리어 성서에서 예언서는 전기(前記) 예언서와 후기(後記) 예언서로 나뉜다. 전기 예언서는 여호수아, 판관기, 사무엘 상·하, 열왕기 상·하를 말하고 후기 예언서는 열다섯 권의 예언서, 곧 이사야서, 예레미야서, 에제키엘서와 열두 권의 소예언서를 말한다. 열두 소예언서는 히브리어 성서의 순서를 따르자면 호세아, 요엘, 아모스, 오바디야, 요나, 미가, 나훔, 하바꾹, 스바니야, 하깨, 즈가리야, 말라기이다. 그런데 우리의 분류에 따르면 히브리어 성서의 전기 예언서는 신명기계 역사서에 해당한다. 이 전기 예언서에 나오는 예언자들은 신명기계 역사관과 신학에 따라 회개의 선포자로 등장하는데, 그들이 선포한 회개의 권유에는 보상의 약속이 동반된다. 그러나 이처럼 보상을 약속하면서 회개를 권유하는 메시지는 후기 예언서에서는 좀처럼 찾아보기 힘들다(신명기계 역사가의 편집을 거친 예레미야서는 예외다. 특히 예레 7,5-7; 22,1-5).

히브리어 성서의 후기 예언서를 문서 예언서라고도 하는데, 이는 이 예언서에 속하는 책들이 일반적으로 책 이름과 같은 예언자들의 글이나 신탁을 포함하기 때문이다. 우리가 전통적으로 '구약의 예언서'라 할 때 염두에 두는 예언서는 바로 이 열다섯 권의 문서 예언서이다.

문서 예언서 가운데 각각 긴 두루마리로 되어 있는 앞의 세 권을 대예언서라 부르고, 뒤의 짧은 열두 권의 책(대예언서 한 개

두루마리의 분량)을 소예언서라 일컫는다. 대예언서와 소예언서의 구분은 단지 예언서의 길이에 따른 구분이지 그 메시지나 예언자의 중요성에 따른 구분이 아니다. 우리말 성서에서는 칠십인역 그리스어를 경전으로 받아들인 초대 그리스도교의 전통에 따라 문서 예언서에 예레미야의 애가, 바룩, 다니엘서를 포함시키되, 순서는 애가와 바룩을 예레미야서 바로 다음에 놓고 다니엘서는 에제키엘서 뒤에 위치시킨다. 서방 가톨릭교에서는 흔히 다니엘서를 이사야서, 예레미야서, 에제키엘서와 더불어 4대 예언서로 분류한다. 예언서 가운데 묵시적 요소나 표현은 이사야서, 에제키엘서, 요엘서, 즈가리야서 등에도 일부 나오지만, 본격적인 묵시문학은 다니엘서이다. 그래서 이 책에서는 다니엘서를 다룰 때 묵시문학과 종말론에 대한 고찰을 함께 소개할 것이다.

나. 문서 예언자들의 활동시기

문서 예언자들이 활동하던 시기는 기원전 8세기에서 5세기까지이다. 이 시기에 이스라엘은 세 번의 역사적 대변혁, 곧 사마리아의 함락과 아시리아 유배(722년), 예루살렘의 함락과 바빌론 유배(587년), 그리고 고레스의 칙령과 예루살렘 귀환(538년)을 겪는다.

신아시리아 제국이 출범한 기원전 8세기 중반 이후부터 722년 북왕국의 수도 사마리아가 함락되기까지 북쪽 이스라엘 왕국에서 아모스와 호세아가 활동하였고, 남쪽 유다 왕국에서는 이사야와 미가가 예언을 했다. 북왕국을 멸망시킨 신아시리아 제국이 붕괴되고 바빌론 제국이 비옥한 초생달의 패권을 차지한 612년 이후부터는 나훔, 하바꾹, 스바니야가, 그리고 587년 예루살렘이 무너질 때까지는 예레미야가 예언직을 수행했다. 예루살렘 함락 직후에는 오바디야가 예루살렘에 나타나 예언했다. 이보다 조금 앞서 예언을 시작한 에제키엘은 바빌론에서 유배자들에게 위로와 희망의 메시지를 전했다. 역시 6세기 중반에 제2이사야로 불리는 무명의 저자가 이사 40—55장에 담긴 내용을 선포했다. 유배지에서의 귀환과 예루살렘 재건 시작에 즈가리야가 출현했고 거의 동시에 하깨가 나타나 예루살렘 성전의 재건을 외쳤다. 5세기 페르시아 시대가 문을 열자 유배 이후의 공동체에 닥친 내적 위기와 관련하여 말라기 예언자가 율법의 철저한 준수를 요구하고 나섰다. 즈가리야서에 첨가된 부분(13,2-6)은 예언이 더이상 중요한 자리를 차지하지 못했던 시기에 기록된 것이다.

문서 예언서 안에 있는 모든 내용이 다 '전통적 예언'에 속하는 것은 물론 아니다. 어떤 대목은 전기 예언서가 형성된 뒤 거기에서 빌려와 문서 예언서에 삽입한 것이다. 이사 36—39장에 있는 설화 부분은 2열왕 18—20장에서, 요나 1—4장의 예언자 자신에 대한 전설적 내용은 2열왕 14,25에서 빌려온 것이다. 또한 상당수의 묵시적 요소가 문서 예언서 안에 끼여들어와 있는데(이사 24—27장; 요엘 1장; 즈가 12—14장) 이들은 후대에 나타난 묵시문학에서 빌려온 것이다.

5. 예언자들의 메시지

여기서 우리가 다루고자 하는 내용은 문서 예언자들이 선포한 메시지이다. 이 문서 예언자들을 다시 유배 이전과 유배 이후의 예언자들로 나눌 수 있는데, 한 예언서가 정경으로 굳혀지기까지 오랜 편집 과정을 거쳤다는 사실을 감안할 때 이 두 부류의 예언자들의 목소리가 한 책 안에 공존할 수 있음을 미리 양지해야 할 것이다. 다시 말해 유배 이전 예언자의 책 안에서 유배 이후의 상황에 맞는 메시지를, 유배 이후 예언자의 책 안에서 유배 이전 상황에 맞는 메시지를 종종 발견할 수도 있다는 것이다. 이와 관련하여 예언서의 메시지를 밝히고자 하는 사람은 두 가지 차원의 말씀을 언제나 염두에 두어야 한다. 하나는 이스라엘과 유다의 멸망이 일어난 동시대에 어울리는 말씀, 곧 무슨 일이 일어나고 있는지 그리고 무슨 일이 일어나려 하는지를 알리는 말씀이고, 다른 하나는 유배시절과 유배 이후 시대에 나온 해석 말씀, 곧 무슨 일이 일어났으며 그 일이 지금 이 책들을 믿음과 삶의 중요한 가르침으로 받아들이고 있는 공동체에 어떤 의미를 던져주는가를 깨우치게 하는 말씀이다.

가. 유배 이전 예언자들의 메시지

유배 이전 예언자들은 하느님을 인간에게 어떤 행동을 요구하시는 분으로 선포한다. 아모스와 호세아, 이사야와 미가 등 8세기 예언자들은 이스라엘이 자신의 성소(聖召)에 충실하지 못하고 기본적인 율법을 파기한 것에 분노한다. 이 예언자들은 율법을 제정해 주신 하느님께서 그 율법적 요구를 주장하기 위해 기필코 이스라엘을 찾아오시리라고 주장한다.

예언자들의 우선적인 요구사항은 이스라엘 백성이 야훼 하느님만을 섬겨야 한다는 것이다. 동시에 예언자들은 하느님께 대한 올바른 예배가 동료 인간들에 대한 올바른 대우를 동반하는 것으로 이해하여 이웃에 대한 정당한 대우와 연결되지 않은 경신례를 용납하지 않았다. 하느님의 윤리적 요구는 이스라엘이라는 한 민족에게만 한정되지 않고 다른 모든 민족에게도 보편적으로 적용된다. 하느님의 요구를 저버린 자는 누구나 그분 앞에서 심판을 받을 것이다(아모 1—2장).

예언자들은 인간에게 합당한 예배와 의로운 행동만을 요구하시는 하느님뿐만 아니라 인간에게 무한한 사랑을 쏟으시는 하느님도 강조한다. 백성에 대한 하느님의 관심과 사랑을 드러내기 위하여 어머니와 아버지·스승·치유자·조언자의 표상이 동원되기도 한다. 하느님의 정의와 사랑은 갈라질 수 없는 그분의 속성이다. 하느님의 정의는 복수의 행위가 아니라 어디까지나 사랑의 행위이다. 백성의 반역이 극에 달하여 더이상 변화될 희망이 사라졌을 때 비로소 하느님께서는 잘못된 것을 바로잡기 위해 행동을 취하신다. 이스라엘에 닥쳐오는 피할 수 없는 재앙을 선포하는 것이 유배 이전 예언자들의 특징적 메시지이지만, 이 메시지 안에는 하느님이 이 미래에 대해 후회하신다는 내용도 포함되어 있다.

예언자들의 눈에 하느님의 정의와 사랑 앞에서 이스라엘은 불충실한 백성으로 비친다. 이스라엘의 예언 운동은 그들이 가나안에 정착하여 왕정제도를 받아들이면서 생겨났다. 왕정제도는 종교적으로나 사회적으로 이스라엘 문화의 가나안화를 진작시키는 데 한몫했다. 가나안 땅의 풍산신 숭배가 왕궁에서 공공연하게 자행되었고, 유목민 시절에는 상상도 할 수 없었던 계층 간의 불평등이 생겨나 왕족과 귀족과 대지주로 형성된 특권층이 가난한 민중을 극심하게 억압했다. 이스라엘의 불충실과 불의를 고발하면서 예언자가 동원한 표상은 여성적인 것이 많지만, 이스라엘이 남성 단수나 복수로 취급되는 경우도 적지 않다. 불성실한 아내·처녀·과부·자매·창녀와 같은 여성적인 이미지들은 이스라엘을 성읍 또는 도시(히브리어에서 도시는 여성이다)로 간주할 때만 적용되고, 백성(남성 명사)을 가리킬 때는 나타나지 않는다.

 이제 심판은 돌이킬 수 없는 것이 되어버렸다. "내 백성 이스라엘도 그 모양이니, 이젠 될 대로 다 되었다. 더 용서해 줄 수도 없구나"(「새번역」 아모 8,2). 아모스는 이제 이스라엘의 죽음 이외의 다른 것을 선포할 수 없는데(5,2), 이스라엘의 끝장은 한계도 없고 남김도 없다(9,1-4). 호세아는 옛 계약의 관계마저도 부정한다. "너희는 이미 내 백성이 아니요, 나는 너희의 하느님이 아니다"(호세 1,9). 이사야는 야훼께서 옛날처럼 이스라엘을 위해 원수와 싸워주지 않으실 것임을 분명히 선언한다. 오히려 그분은 이스라엘을 거슬러 이방 민족들의 선두에서 공격해 오실 것이다(이사 28,21). 예레미야는 적국의 왕 느부갓네살을 야훼의 종으로 선포한다(예레 27,6). 미가도 예루살렘이 완전히 폐허더미로 변해버릴 것이라고 예언한다(미가 3,12).

유배 이전 예언자들의 이스라엘에 대한 고발은 회개를 유도하기 위한 것이 아니라 징벌의 원인이 된 이미 고착된 상황을 지적하기 위한 것이다. 이 시기의 예언자들 중 어느 누구도 자신의 고발을 듣고 백성이 회개함으로써 다가오는 재앙을 피할 수 있으리라고 내다보지 않았다. 이제 그들에게 구원의 길이 열린다면 그것은 그들 자신의 회개를 통해서가 아니라 그들의 절망과 불신을 무릅쓰고 야훼 하느님께서 내려주실 자유로운 선물에 의한 것이다.

나. 유배 이후 예언자들의 메시지

심판과 징벌에서 희망과 위로로!: 기원전 587년 바빌론의 침공과 예루살렘의 함락은 이스라엘로 하여금 재앙을 예고한 유배 이전 예언자들의 말을 확인하고 그들의 말을 수집하게 한 계기가 되었다. 이스라엘은 땅도 국가도 성소도 상실한 채 하느님 백성의 종말을 지켜보고 있었다. 그러나 예언자들에게 예루살렘 함락은 종말이 아니었다. 폐허의 한복판에서 예언자들은 희망과 회복의 메시지를 전하기 시작했다. 돌이킬 수 없는 재앙을 선포하던 예레미야는 재앙을 넘어서 이스라엘에 대한 하느님의 호의적 계획에 대해 언급한다. "너희에게 어떻게 하여주는 것이 좋을지 나는 이미 뜻을 세웠다. 나는 너희에게 나쁘게 하여주지 않고 잘하여 주려고 뜻을 세웠다"(예레 29,11). 희망의 메시지는 에제 36—39장과 유배 직후에 첨가된 것으로 보이는 40—48장, 그리고 특히 제2이사야서(이사 40—55장)에 두드러지게 나타난다.

이 희망은 유배 이전에 평화의 가능성이 전혀 없는데도 평화를 외쳐대고(예레 6,14) 예루살렘 성전의 안전이 위협을 받는데도 지성소의 파괴가 없으리라고 주장하던(예레 7,4) 거짓 예언자들의 말과는 아무 관련이 없다. 또한 여호야긴의 바빌론 귀양 초기에 유배 기간이 빨리 지나가고 유배 이전의 왕국이 손쉽게 재건되리라고 기대하던 일부 예언자들의 말과도 거리가 있다. 예레 28장은 하느님께서 "2년 안에 바빌론의 느부갓네살 왕이 주님의 집에서 꺼내어 바빌론으로 가져간 제구들을 다시 제자리에 돌려놓으리라"고 외쳐대는 예언자 하나니야와 예레미야가 논쟁하는 이야기를 전해준다.

유배는 하느님께 불충실한 이스라엘에게 무엇으로도 돌이킬 수 없는 재앙을 예고한 예언자들의 말이 옳았음을 증명해 준 사건이었다. 그러나 유배로서 이제 하느님의 심판이 완전하게 이행되었다는 생각과 더불어 예언자들의 메시지는 고발과 비난으로 가득찬 유배 이전의 메시지와 다른 양상을 띠게 된다. 제2이사야서의 저자는 유다의 죗값이 그들에게 내려진 징벌과 그들이 겪은 유배의 고통으로 충분히 치러졌다고 선언한다. "예루살렘 시인에게 다정스레 일러라. 이제 복역 기간이 끝났다고, 그만 하면 벌을 받을 만큼 받았다고, 야훼의 손에서 죄벌을 곱절이나 받았다고 외쳐라"(이사 40,2). 징벌의 도구로 하느님께 선정된 바빌론은 이스라엘에게 필요 이상의 고통을 주었기 때문에 이제 그들 자신이 심판의 대상이 되었다(이사 46—47장; 즈가 1,15).

물론 유배 이후의 예언에서도 이스라엘에 대한 심판 신탁들이 발견된다. 하깨는 이스라엘의 죄악상이 가뭄과 기근을 가져올 것이라고 경고하고(하깨 1,6-11), 말라기는 합당하게 바쳐지지 않는 제물이 하느님의 기분을 상하게 한다고 주장하며(말라 1,6—2,9), 제3이사야는 사회적 불의와 이교도 풍습이 사회와 종교 질서를 어지럽히고 민족적 재난을 불러일으킬 것이라고 위협한다(이사 59장). 그러나 하느님의 심판은 어디까지나 선택적이고 지엽적인 것이 될 것이고 유배 이전의 예언을 주도했던 국가적 대재난의 예고는 더이상 주어지지 않게 되었다. 선택적인 징벌 주제도 점점 빛을 잃어가고 마침내 예언자들의 역할은 이스라엘을 안심시키고 위로하며 심판은 이스라엘의 적들에게 돌리게 되었다.

회개의 촉구: 유배 이전의 예언자들이 회개를 촉구했음은 부인할 수 없는 사실이다. 예레미야는 동시대인들에게 바빌론의 위협 앞에서 저항하지 말고 항복하라고 요구했고, 이교도의 경신례를 야훼 유일신앙과 뒤섞지 말라고 경고했다. 그러나 그는 결코 이 같은 회개가 이스라엘에 대한 야훼의 계획을 쉽게 바꿀 수 있으리라 기대하지 않았다. 이스라엘 백성이 무엇을 하든 재앙은 돌이킬 수 없는 것이었기에 그들에게 남은 일은 심판 결과에 승복하는 것, 거짓 희망을 버리고 불행한 현실을 있는 그대로 받아들이는 것이었다.

같은 사상적 맥락에서 에제키엘은 바빌론의 유배자들에게 유다 왕국의 파괴가 빠른 시일내에 회복되리라는 믿음을 버리고 자신들에게 닥친 재난에 대해 스스로에게 책임을 물으면서 불운을 감수하도록 촉구한다(에제 18장). 한편 유배지에서 예언자들의 관심은 사회정의의 실현과 종교적 순수성의 보존에서 바빌론의 지배 아래 공동체의 삶을 어떻게 끌어갈 것인가 하는 문제로 옮겨간다.

539년 페르시아 고레스 대왕의 호의로 유배생활에서 해방되어 예루살렘으로 돌아온 소수의 남은 자들은 옛 이스라엘의 신앙 공동체를 재건하기 위해 온갖 노력을 기울인다. 이때의 예언자들은 폐허 앞에서 복구를 다짐하는 이 남은 자들을 가르치고 격려하는 일을 우선 과제로 삼았다. 하깨는 소수의 남은 자들을 하나로 모을 방안을 강구했는데, 그것은 예루살렘 성전을 다시 짓는 것이었다(하께 1,4.9). 즈가리야는 올바른 경신례에 바탕을 둔 종교적 삶의 회복과 유배 이후 다시 침해당하기 시작한 사회 정의를 바로잡는 두 가지 일을 동시에 추진하였다(즈가 8,16-17). 말라기는 전례 규정을 제대로 지키지 않는 사제들을 비난하면서 해이해진 율법준수 기강을 바로잡는 데 주력하였다(말라 1,6-10). 유배 이후의 예언자들은 하느님께서 새 공동체에 윤리적 개혁과 쇄신을 요구하신다는 사실과 이스라엘의 종교·사회적 회개가 신생 공동체의 안정과 발전을 위해 필요불가결하다는 사실을 부각시켰다.

메시아 사상과 종말론적 관점: 유배를 체험하면서 이스라엘은 역사와 세계를 보는 눈이 넓어졌다. 망국과 유배라는 대재앙을 겪고 난 뒤 예언자들은 민족적 죄악의 결과가 임박한 미래에 곧바로 나타나리라고 예고하는 대신 역사의 점진적 진행과정에 관심을 갖게 되었다. 유배 이전의 예언자들은 하느님이 인간의 행동에 즉각적인 반응을 신속하게 보이신다고 생각했으나, 유배 이후의 예언자들은 하느님이 모든 민족의 역사를 주관하시고 당신의 계획을 미리 설정하신 구도에 따라 정확하게 실현시켜 나가실 것으로 인식하였다. 이런 인식과 더불어 하느님께서는 결정적 시기에 메시아를 보내시어 당신의 계획을 완전하게 실현하시리라는 메시아 사상이 일어났다. 그분이 기름부어 임금으로 세우실 메시아는 아직 진행되는 인간 역사 안에서 그분의 뜻대로 모든 민족을 정의와 평화로 다스릴 것이다.

한편 에제키엘과 제2이사야와 제3이사야, 그리고 묵시록의 시조로 볼 수 있는 이사 24—27장과 즈가 9—14장과 본격적 묵시문학인 다니엘서의 저자는 역사를 질서있는 진행과정으로 보고 이 과정 안에서 인간은 하느님의 계획에 온전히 예속되어 있다고 보았다. 물론 이들의 종말론적 관점은 신약에서 이야기하는, 세상의 종말과 인간의 사후 운명에 대해 논하는 본격적인 의미의 종말론과는 아직 한참 거리가 멀다. 이 묵시적 종말론은 메시아 사상을 당연히 동반한다. '겸손하게 어린 나귀를 타고 오시는 임금님'(즈가 9장), '찔려 죽은 이'(즈가 12장), '사람의 아들'(다니 7장) 등에 대한 언급이 그 좋은 예이다.

유배 이후의 예언자들은 긴 안목으로 역사의 진행과정을 지켜보는 여유를 가질 뿐 아니라 역사 안에서 단호하게 행동하시는 하느님의 초월성도 강조하였다. 하느님은 인간 역사 안에 자유롭게 개입하시어 그 역사를 누구와 협의 없이 직접 조종하는 분이시다. 그분의 초월적 개입 앞에서 인간이 할 수 있는 일은 거의 없다. 올리브산 위에 서서 그 산을 두 쪽으로 가르시는 하느님(즈가 14장)과, 하늘의 천체를 파괴한 그 똑같은 칼로 에돔을 심판하기 위해 내려오시는(이사 34장) 하느님의 표상들은 인간의 역사를 관장하시는 그분의 초월성을 표현하기 위한 것이다. 유배 이후 예언자들의 이 같은 초월 사상은 다니엘서의 묵시적 예언에서 절정을 이룬다.

역사의 점진적 진행과정과 하느님의 초월성 이외에 유배 이후 예언자들이 종말론적 관점을 지니게 된 이유로 예언의 불발이나 실현 시기의 지연을 꼽기도 한다. 미래에 대한 예언자들의 예언이 언제나 적중했던 것은 아니다. 그리고 때로는 예언의 실현이 늦게 나타나는 수도 있었다. 이럴 경우를 대비해 예언자의 제자들은 스승의 예언이 실현될 시기를 길게 잡았을 법하다. 예언서의 종말론적 관점에 대한 이 같은 이유는 물론 예언자 자신의 전승에 기초를 둔 것이 아니라 예언자의 신탁을 수집하고 편집한 후대의 해석에 근거해서 제시된 것이다.

이상의 고찰에서 우리는 유배 이후의 예언자들이 파멸의 예고에서 희망과 위로의 메시지로, 이스라엘에 대한 심판에서 이방인들에 대한 심판으로, 즉각적으로 반응하시는 현재적인 하느님의 선포에서 장기적인 계획을 역사 안에서 실현시켜 나가시는 종말론적인 하느님의 선포로 예언의 축을 이동시키고 있음을 알 수 있다.

6. 문서 예언서의 문학 유형

가. 세 가지 기본 유형

문서 예언서는 전체적으로 세 가지 기본 문학 유형으로 분류할 수 있다. 보고와 설교와 기도가 그것이다. 보고는 예언서의 머리글(아모 1,1; 이사 1,1), 예언자의 설교나 체험이 이루어진 장소와 시간에 대한 기록(예레 21,1; 에제 8,1) 또는 예언자 자신의 신분과 언행에 얽힌 여러 가지 이야기, 예를 들면 예언자를 둘러싸고 일어나는 갈등 이야기(아모 7,10-17), 소명 이야기(이사 6장; 예레 1,4-10; 에제 1—3장), 예언자의 상징적 행동에 대한 기록(이사 8,1-4; 예레 32장) 등을 말한다. 이런 보고는 예언자 자신이 전하는 1인칭 보고도 있고 예언자 자신에 대한 3인칭 보고도 있다. 기도는 찬미(아모 4,13; 5,8 이하; 9,5 이하), 불평(예레 11,18—12,6; 15,10-21), 짧은 청원(아모 7,2.5; 이사 6,11) 등의 내용을 포함한다. 설교는 문서 예언서에서 대부분 개별 단락으로 구성되어 있는데 유배 이전 예언자들의 설교는 비교적 짧은 편이고 유배 이후 예언자들의 것은 긴 편이다. 이 세 가지 문학 유형은 서로간에 엄격한 경계를 그을 수 없다. 많은 보고가 설교를 포함하고, 기도가 환시의 보고 가운데 등장하기도 하며, 때로는 보고가 설교와 똑같은 기능을 발휘하기도 한다.

나. 신탁

단위별로 뭉쳐 있는 예언적 설교를 흔히 '신탁'이라고 부른다. 이 신탁은 사제·예언자·선견자·접신가와 같은 중개자에 의

해 이루어지는 하느님과의 통교를 말한다. 중개자는 자기 자신을 위해서 또는 제삼자를 위해서 신탁을 요청한다. 그러나 때로는 요청 없이 신탁이 주어질 수도 있다. 요청된 신탁은 특정한 질문에 대한 가부간의 대답, 지침 또는 어떤 계시를 포함할 수 있다. 요청된 신탁의 좋은 예는 구원에 관한 신탁이다(이사 41,8 이하; 43,1 이하; 44,1 이하). 요청 없이 주어진 신탁의 좋은 예는 예언자들과 기타 다른 이들의 부르심에 관한 신탁이다(이사 6,8 이하; 예레 1,5; 에제 2,1 이하; 출애 3,7 이하; 판관 6,14 이하).

예언자들은 스스로를 하느님께로부터 파견되었다고 생각하고 따라서 자신들이 선포하는 메시지 역시 하느님께로부터 받은 것으로 보았다. 예언자들이 야훼 하느님의 말씀으로 설교할 때 그들은 앞에서 살펴본 대로 고대 근동의 예언문에서도 비슷하게 등장하는 '야훼께서 이렇게 말씀하신다' 또는 '이는 야훼의 말씀이시다'라는 정식(定式)을 신탁의 처음과 끝에 덧붙인다. 이것은 특히 유배 이전 예언자들의 신탁에서 명시적으로 나타나고 유배 이후 예언자들의 신탁에서는 상투어가 되어 후렴처럼 여기저기 반복된다(하께 2,4-9; 즈가 1,2-6.14-17).

다. 예언적 설교의 다양한 양식

예언자들의 설교 안에는 이스라엘의 일상생활과 직결된 여러 가지 설교 양식이 나타난다. 그 중에서 중요한 것으로 법정에서 오가는 연설 양식을 꼽을 수 있다. 재판관의 소환, 기소자의 고발, 변호인의 변론, 정의로운 판결을 얻지 못한 피고인의 탄식 등이 이 양식의 주요 내용이다(이사 41,1 이하; 43,8 이하; 미가 6,1

이하). 다음으로 지혜문학과 연결된 양식을 들 수 있는데, 금언(아모 3,3-8)과 비유(이사 5,1-7) 및 설득과 충고와 같은 교훈적 발언이 여기에 속한다. 저주 신탁은 '저주를 받을지어다!'라는 말로 시작된다(아모 5,18-20; 6,1-3.4-7; 이사 5,8-12). 유배 이전의 예언자들은 다가오는 재앙을 설교할 때 '비난과 위협'의 연설 양식을 이용한다. 비근한 예를 들자면 "주께서 이렇게 말씀하시는도다. 너희가 이런 악을 행했기 때문에 재앙이 너희에게 닥칠 것이다"와 같은 표현이다. 이 연설 양식에서 욕설·이유·고발 등은 비난의 내용에 속하고, 심판·판결의 언도·평결 등은 위협에 속한다. 이외에도 예언자들의 신탁 안에는 결혼·경신례·장례 등 이스라엘 삶의 온갖 요소에서 갖가지 표현과 표상이 동원된다.

  이런 삶의 표현 양식을 빌려온 유배 이후의 예언자들에게는 몇 가지 특이한 점이 있다. 이들은 신탁을 위해 유배 이전 예언자들이 이스라엘인들의 일상생활 안에서 구체적으로 사용되던 풍자적이거나 냉소적인 표현(아모 4,4-5; 5,2)을 되도록 지양하고 더욱 정식화된 어휘를 사용한다. 그 대신 우화, 더욱 장황한 환시 이야기와 그것에 대한 천사의 해설, '이날에', '마지막 날에' 등의 종말론적인 표현을 자주 사용한다. 나중 두 요소는 묵시문학과 연결된다.

  이상 문학 유형의 고찰로 우리는 후대에 내려오면서 예언이 구전에서 문헌으로 정착되어 갔음을 알 수 있다. 다시 말해 고전적 예언은 이제 당대의 청중에게 전달되어 당장의 효과를 거두는 연설보다는 후대인들에게 끊임없이 기억되고 반성될 문헌으로 이스라엘 백성의 삶 안에 확고히 자리잡게 된 것이다.

7. 예언서의 편집 과정

가. 예언서의 편찬 계기와 시기

예언자들이 활동하던 시기와 그들의 말씀이 수집된 시기는 서로 다르다. 남북 왕국의 멸망 이전에 기존 체제에 대한 전면 부정과 통렬한 비판을 담은 예언자들의 메시지는 분명 동시대인들의 귀에 거슬렸을 것이다. 또 바빌론 유배시절 이스라엘의 회복을 감히 생각할 수 없던 시기에 그들이 다시 일어나리라고 외치는 예언자들의 희망찬 메시지는 매우 생소하게 느껴졌을 것이다. 그런데도 그들의 말과 그들에 대한 이야기가 수집되고 전수된 까닭은 무엇일까?

예언 문헌의 수집과 출간을 촉진시킨 계기는 앞에서 밝힌 세 번의 역사적 대변혁이다. 기원전 8세기 중엽부터 활약했던 아모스, 호세아, 미가, 제1이사야(1—39장)의 예언서 편찬은 북쪽 사마리아가 함락된 722년 이후에 이루어지고, 7세기 중엽부터 예언직을 수행한 것으로 보이는 스바니야, 나훔, 하바꾹, 예레미야의 예언서 편찬은 예루살렘이 함락되고(587년) 유다의 지도층 인사들이 바빌론으로 끌려간 뒤에 이루어졌을 것이다. 유배 직전부터 시작하여 유배 기간 동안에 예언 활동을 벌였던 에제키엘, 유배 기간의 예언자로 분류되는 제2이사야, 유배 이후에 활약했던 하깨와 즈가리야와 제3이사야의 예언서 편찬은 고레스 대왕의 해방령(539년) 이후에 이루어졌을 것이다. 그리고 하깨와 즈가리야보다 50여년 후에 나타난 말라기의 예언서 편찬은 5세기 말엽에 이루어졌을 것이다. 요나서와 요엘서의 편찬 연대는 정확하게 알 길이 없다. 북왕국 이스라엘의 멸망, 남쪽 예루살렘의 함락과 바빌론 유배, 그리고 고레스 대왕의 해방령과 예루살렘 귀환은 이스라엘의 죽음과 소생을 선포한 예언자들의 예언이 결국 옳았음을 증명해 주었다. 이제 예언자들은 더이상 조롱의 대상이 아니라 공경의 대상이 되었다.

예언자들에 대한 사람들의 관심이 곧바로 그들의 전기를 쓰자는 쪽으로 기울어지지는 않았다. 사실 예언자들 가운데 오바디야와 하바꾹의 경우에는 이름말고는 예언서 자체에서 그들의 생애에 관한 어떤 정보도 알 수 없고, 나훔의 경우에도 이름과 거주지 말고는 아무것도 알 수 없다. 이사야, 예레미야, 에제키엘의 경우에는 비교적 많은 정보가 있지만, 이를 바탕으로 그들의 전기를 엮어내기란 불가능하다. 유배자들이 그들에게 관심을 보인 까닭은, 그들이 남들보다 특이한 삶을 살아서가 아니라 하느님께 말씀을 받아 이스라엘에게 전달하였기 때문이다. 예언자들이 전한 하느님의 말씀은 시련을 맞은 이스라엘을 버려두지 않으시고 그들의 역사에 그분께서 깊숙이 개입하셨음을 전하는 힘찬 증언이다. 특히 바빌론 유배시절, 조국을 떠나 타향에서 살게 된 유다 백성의 지도자들은 유다 문화와 종교를 보존하는 일이 민족의 생존과 장래가 달린 문제였고 이를 위해 전통 문헌을 발굴·수집하는 일을 중요한 과제로 여겼다(물론 이 과제는 예언 문헌에만 해당되는 것이 아니라 나중에 모세오경으로 발전하게 될 율법서에 더욱 해당되는 것이었다).

나. 편집 과정

예언서의 편집 과정을 밝히는 일은 무척 복잡하고 어려운 과제이지만 대충 세 가지로 정리해 볼 수 있다. 첫째, 예언자들의 직접적인 예언이 때로는 연대에 따라 때로는 주제나 중요한 표제어에 따라 체계적으로 정리되었을 것이다. 둘째, 예언자에 대한 이야기가 역사적 사실이건 아니건 상관없이 수집·첨가되었을 것이다. 아모스처럼 그에 관한 전기적 자료가 무척 빈약한 예언자들도 있고, 예레미야처럼 자료가 비교적 풍부한 예언자들도 있었을 것이다. 셋째, 본 예언서와 원초적으로 관련이 없는 신탁들이 원 작품에 첨부되거나 군데군데 삽입되어 후대의 일반 독자들이 더이상 둘 사이의 차이를 알아보지 못하게 되었을 것이다. 제1(1—39장), 제2(40—55장), 제3(56—66장)으로 나뉘는 이사야서의 경우 이 세번째 편집 과정이 이 책의 상당 부분을 차지하는 것으로 확인된다.

후대 편집자들의 작업이 어느 정도까지 '예언적'인 것으로 평가될 수 있는지는 예언서 각 권의 성격에 따라 차이가 있겠으나 충분히 논란의 대상이 될 것이다. 어떤 이들은 이스라엘에서 랍비의 제자들이 자신들의 가르침에 스승의 이름을 부여함으로써 스승의 사상을 계승하고 있다고 주장하는 것과 비슷하게, 이사야나 예레미야 자신이 자신의 신탁을 수집하고 수정·편찬한 제자들을 통하여 발언을 계속하고 있다고 믿는다. 그러나 좀더 비판적인 학자들은 본 예언자 자신의 원초적인 신탁이 후대 편집자들에게 영감을 줄 수 있었음을 인정하면서도, 후대의 예언자 또는 편집자가 자신의 신탁을 이미 현존하는 예언에 덧붙이거나 아니면 아예 전혀 새로운 문헌을 만든 후 거기에 과거 예언자의 이름을 갖다 붙였을 가능성도 배제하지 않는다.

구약성서의 절반 정도를 차지하는 이스라엘의 예언문학은 그들의 정치적 흥망성쇠와 민족의 애환 속에서 탄생하여 종교·사회·문화·경제 등 삶의 모든 조건과 상황 구석구석에 지대한 영향을 미쳤다. 모세오경과 전기 예언서(신명기계 역사서)에 나오는 초창기 예언자들은 신명기계 역사관에 따라 왕정제도의 창출과 보존, 사회의 안녕과 질서 유지에 기여한 반면, 후기 예언서 또는 문서 예언서의 예언자들은 격변하는 국제정세 앞에서 이스라엘의 운명을 좌우하시는 하느님의 주권과 계획을 선포하는 데 주력하였다.

모든 문서 예언자의 공통된 주제는 이스라엘의 파괴와 재생을 불러일으킨 하느님의 심판과 약속이다. 우리는 문서 예언서의 메시지를 이민족들의 대대적인 침공과 그로 인한 사마리아와 예루살렘 함락, 바빌론 유배라는 민족적 대재앙과 가혹한 시련을 전후로 유배 이전과 유배 이후로 나누어 고찰했는데, 이 시기의 예언을 비교하면서 돌이킬 수 없는 심판과 징벌에서 희망과 위로로, 결실 없는 회개에서 개혁과 쇄신의 회개로, 근시안적 세계관에서 종말론적 세계관으로 그 메시지의 차이와 변화를 가늠할 수 있었다. 이스라엘의 재생과 예루살렘의 복구에 대한 희망의 메시지는 메시아 사상과 더불어 예수 그리스도의 신분과 그분이 선포하신 하느님 나라 사상을 이해하는 데 결정적 구실을 한다.

이사야서

― 온 세상을 다스리시는 하느님의 주권 ―

  이사야서는 예수님의 중심 사상인 '하느님 나라' 형성에 결정적 구실을 한 책이다. 이사야가 제시하는 하느님 나라는 공간적 개념이 아니라 하느님의 통치를 가리킨다. 하느님은 온 세상의 임금님으로서 당신 백성 가운데 가난하고 소외당한 이들을 돌보신다. 임금님으로서 베푸시는 하느님의 선정(善政)이 바로 이사야가 제시하는 하느님 나라의 본질이다. 예수님은 공생활을 시작하실 때 나자렛 회당에서 하느님의 자비로운 통치를 제시한 이사야 예언서의 내용을 당신·선교의 청사진으로 제시하셨다. '가난한 이들에게 복음을 전함으로써 하느님의 뜻을 이루는 것'이야말로 하느님 나라의 올바른 선포이다.

1. 이사야 예언자와 시대적 배경

  이사야의 이름뜻은 '야훼는 구원이시다' 또는 '야훼께서 구원을 주신다'이다. 이사야는 유다 임금 우찌야가 죽던 해(기원전 740년)에 예언자로 부름받았다. 그는 아모쓰의 아들이라고 전하는데(1,1), 랍비 전승에 따르면 이 아모쓰는 우찌야의 아버지 아마지야 임금의 동생이었다고 한다. 이것이 사실이라면 이사야는 왕족의 혈통을 타고난 셈이다. 그래서인지 이사야는 유다 왕궁 안에서 늘 임금들을 보필하는 조언자로 활약하였다. 그가 보필한 임금들은 요담, 아하즈, 히즈키야였다(1,1). 외경 「이사야의 순교록」에 보면 그는 므나쎄 임금 시절에 톱으로 두 동강나는 순교를 하였다(히브 11,37 참조). 그러나 이사야서에서는 그가 므나쎄 시절에 어떤 활동을 펼쳤다는 기록을 찾아볼 수가 없어 이 같은 사실을 확인할 길이 없다.

이사야는 여예언자(8,3)와 결혼하여 두 아들을 두었는데 첫째 아들의 이름은 스알-야숩이고(7,3) 둘째 아들의 이름은 마헤르-샬랄-하스-바스였다(8,3). 이사야는 늘 예루살렘에 거주하며 예언활동을 하였다. 그의 예언활동은 세 시기로 나눌 수 있다.

첫째 시기는 우찌야의 사망 이후 요담의 치세 동안이다(기원전 740-735년). 열왕기 하권에서 요담은 16년 동안 다스린 것으로 되어 있지만(2열왕 15,33), 실제로는 여섯 해 동안 짧게 다스렸다. 요담은 나병 때문에 왕직을 제대로 수행할 수 없었던 아버지 우찌야와 함께 공동 통치를 했던 것으로 보인다. 요담의 치세 아래에서 유다는 풍요로움과 가난을 동시에 겪었다. 그 시대에 그만큼 사회정의가 실현되지 않았음을 미루어 짐작할 수 있다. 이사 2—5장이 이를 반영한다.

둘째 시기는 아하즈 치세 동안이다(기원전 735-716년). 아하즈가 다스리던 때에 아람-에브라임 전쟁(734-732년)이 일어났다. 아람(시리아) 임금 르신과 북왕국 이스라엘 임금 베가가 반아시리아 동맹을 맺고 봉기한다. 이사야는 반아시리아 동맹을 거절하라고 아하즈에게 요청하고 아하즈가 이를 받아들이자 르신과 베가가 아하즈를 폐위시키려고 유다에 쳐들어온다. 이사야는 아하즈의 목숨뿐 아니라 다윗 왕조의 운명이 위기에 처했다고 말한다. 그러나 이사야는 저 유명한 임마누엘의 징표를 아하즈에게 알리면서 두려워하지 말라고 충고한다. 베가와 르신의 공격 앞에서 당황한 아하즈는 아시리아에 도움을 요청하고 그 대가로 아시리아의 이교 신앙을 받아들인다. 이는 이사야가 바라는 바가 아니었다. 이사야가 주변국들의 반아시리아 동맹에 가담하지 말라고 한 것은 근동의 초강대국인 아시리아에 무모한 대항을 하지 말라는 것이었지 아시리아에 의존하라는 것은 아니었다. 7,1—9,6; 17,1-6; 28,1-4 등이 이 시기에 해당되는 신탁들이다. 아마도 1장의 예언도 이 시기와 관련이 있을 것이다.

셋째 시기는 히즈키야 치세 동안이다(716-687년). 기원전 713년에 불레셋인들의 도시 아스돗에서 반아시리아 봉기가 일어나자, 이 봉기에 히즈키야가 동조하고 나섰다. 이사야는 이번에도 반아시리아 봉기에 반대하였다. 이 시기에 이집트에서는 에티오피아 왕조의 임금 샤바카(715-696년)가 이곳을 다스리고 있었는데 히즈키야는 반아시리아 동맹에 샤바카가 강력한 지원을 해줄 것으로 믿었다. 그러나 막상 전쟁이 터지자 이집트는 움직이지 않았고, 사르곤 2세(722-705년)는 711년 아스돗을 함락하여 아시리아의 속주로 만들어 버렸다. 아스돗에 동조했던 히즈키야는 사르곤의 충직한 신하가 될 것을 서약하고 겨우 살아남았다. 이 시기를 반영하는 신탁은 18—20장에 나온다. 사르곤이 죽자 바빌론을 비롯하여 에돔·모압·페니키아·아스돗·유다 등이 다시 아시리아를 거슬러 반란을 일으켰다. 사르곤의 뒤를 이어 아시리아의 임금이 된 산혜립(705-681년)은 국내의 모반세력을 제압하고 왕위를 튼튼히 다진 다음 제국의 서쪽에서 일어난 반란을 진압하러 나섰다. 히즈키야와 대신들은 이사야에게 조언을 구하였다. 이제까지 아시리아에 반기를 들지 말라고 충고하던 이사야가 이번에는 아시리아 군대에 용감히 대항하라고 독려하였다. 이사야의 예언대로 산혜립은 예루살렘을 함락하지 못하고 철수하였다. 30—39장이 이 시기의 역사를 반영한다. 10,5-19.28-34; 14,24-27도 이와 관련이 있을 것이다.

2. 이사야서의 구조와 내용

이사야서는 크게 두 부분으로 나눌 수 있다. 전반부(1—39장)는 바빌론 유배(기원전 587년) 이전 이사야 예언자 당대에서 나온 예언을 주축으로 하고, 후반부(40—66장)는 주로 유배 이후의 예언을 포함한다. 그러나 후반부를 다시 유배시대에 나온 부분(40—55장)과 유배 이후 시대에 나온 부분(56—66장)으로 나누기도 하는데, 이 경우 1—39장을 제1이사야서, 40—55장을 제2이사야서, 56—66장을 제3이사야서로 부른다. 그러나 이러한 시대적 구분이 본문의 내용과 정확하게 맞아떨어지지는 않는다. 전반부에서 유배 이후 시대에 해당하는 예언들을 발견할 수 있는 반면, 후반부에서는 유배 이전의 신탁들도 눈에 띤다. 그런가 하면 메시아 왕국의 태평성대를 노래하는 종말론적 예언들이 전반부와 후반부에 다 나온다. 이 같은 본문 내용은 후대의 최종 편집자(또는 편집자들)가 자신의 신학사상을 주입한 결과일 것이다.

이사야서의 주요 신학사상은 시온에서 온 세상을 다스리시는 하느님의 주권이다. 전반부를 주도하는 신학사상은 '하느님은 이스라엘의 거룩하신 분'(1,4; 5,19.24; 10,20; 12,6; 17,7; 29,19 등)이라는 것이다. 이사야 예언자는 자신을 죄스럽고 죽을 몸으로 인식한다. 인간은 하느님의 자비와 용서 없이 그분 앞에 나설 수 없다. 당신에게 불경한 자들의 죄악을 하느님은 그대로 지나치지 않으신다. 그분의 엄격한 심판은 반드시 집행된다. 오직 남은 자들만이 그 심판에서 살아남을 것이다. 새로운 미래가 남은 자들을 위하여 동터올 것이다(4,3-6; 6,13; 10,20; 11,11.16). 남은 자들의 구원은 이사야 예언자의 아들 스알-야숩의 이름이 예고한다. 스알-야숩은 '남은 자가 돌아오리라'는 뜻이다. 전반부의 예언에서 시온은 특별한 위치를 차지한다. 예루살렘 성전이 있는 주님의 처소 시온은 메시아 왕국의 중심이 될 것이다. 미래의 어느 날, 주님의 집이 서 있는 시온을 향하여 모든 민족이 모여올 것이다(2,2-4).

후반부는 '주님의 종(에벳-야훼)'이 가져올 구원과 회복, 그리고 하느님 나라의 구체적 모습을 묘사한다. '주님의 종' 네 노래가 실려 있는 40—55장은 유배시절에 나온 예언 모음이다.

여기서 주님의 종이 누구를 가리키는지를 두고 학자들 사이에 의견이 분분하다. 주님께 충실한 이상적인 이스라엘 백성, 신탁을 전한 예언자 자신, 모세 · 이사야 · 예레미야 · 요시야 · 여호야긴 · 즈루빠벨과 같은 역사적 인물들, 바빌론 유배자들에게 해방령을 내린 페르시아의 고레스 대왕 등 수많은 가능성이 제기되었다. 신약성서 저자들은 한결같이 예수님을 '주님의 종'으로 이해하였다. 56—66장은 유배에서 돌아온 이후 예루살렘과 유다의 회복을 다룬다. 그러나 이 대목의 메시지는 이스라엘 백성의 구원에만 한정되지 않고 온 세상의 구원을 향하여 나아간다. 이는 하느님 나라의 보편적 성격과 직결된다. 하느님의 심판이 모든 민족에게 주어지듯이(59,18; 60,12; 63,3-6; 64,1-3; 66,15-16), 그분의 구원도 모든 민족에게 열려 있다(56,1-8; 60,3-14; 66,18-19.21). 하느님은 우상숭배와 더불어(57,5-9; 65,3-4; 66,3.17) 사회적 불의도 단죄하신다(56,11; 57,1; 58,3-7; 59,3-9). 마침내 61장에 와서 메시아 왕국과 하느님 나라의 보편적 성격이 모두 표출된다. 주님의 영을 받고 기름부음을 받은 이가 억눌린 자들에게 복음을 전한다는 메시지야말로 예수님을 통하여 선포될 미래의 하느님 나라를 예고한 것이다.

제1주간: 메시아 왕국에 대한 약속과 주님의 징벌

범위: 이사 1—12장
성가: 98
주제본문: 이사 11장

책 제목과 서론으로 되어 있는 1장은 이사야서 전체의 요약이라 할 수 있다. 이사야서는 "아모쯔의 아들 이사야가 유다의 임금 우찌야, 요담, 아하즈, 히즈키야 시대에 유다와 예루살렘에 관하여 본 환시"(「새번역」 1,1)이다. 이사야서의 저작연대는 몇 세기(기원전 8-6세기)에 걸쳐 있지만 작중연대는 이사야 예언자가 살던 우찌야 임금부터 히즈키야 임금 때까지이다. 따라서 이사야서에서 유다의 경쟁자였던 북왕국 이스라엘을 두고는 언급이 그리 많지 않다. 이사야서의 내용을 구성하는 기본 틀은 유다 백성의 정화와 구원이다. 이 기본 틀을 바탕으로 온 세상을 향한 구원의 보편주의가 펼쳐진다.

하느님을 저버린 유다 백성은 짐승만도 못하다. "소도 제 임자를 알고 나귀도 주인이 만들어 준 구유를 아는데 이스라엘은 아무것도 알지 못하고 내 백성은 철없이 구는구나"(1,3). 하느님의 구원 계획 안에서 시온의 예루살렘은 중심 주제이다. 시온은 그곳에 사는 주민들의 죄상 때문에 소돔과 고모라(1,10) 또는 창녀(1,21)로 불린다. 그러나 소수의 의로운 남은 자들 덕분에 미래의 어느날 "정의의 도시, 성실한 마을"이라 불릴 것이다 (1,26).

2,1에는 1,1보다는 짧지만 비슷한 표제어가 나온다. "아모쓰의 아들 이사야가 유다와 예루살렘에 관하여 환시로 받은 말씀"(「새번역」2,1). 아마도 2장부터 또 다른 표제어(13,1)가 나오기 전 12장까지가 한 묶음으로 되어 있음을 시사하는 것 같다. 2장 첫 부분에는 메시아 왕국에 대한 약속이 나온다. 메시아 왕국이 도래하는 날 시온은 온 세상의 중심이 되어 주님의 법, 곧 주님의 말씀을 선포하는 도성이 될 것이다. "자, 올라가자. 야훼의 산으로, 야곱의 하느님께서 계신 전으로! 사는 길을 그에게 배우고 그 길을 따라가자. 법은 시온에서 나오고, 야훼의 말씀은 예루살렘에서 나오느니"(2,3). 유다교 전통에서는 이사야 예언자를 토라(모세오경)의 적법한 해석자로 여긴다. 메시아 왕국이 도래하면 민족들 사이에 분쟁이나 전쟁이 없는 완전한 평화가 이루어진다. "그가 민족간의 분쟁을 심판하시고 나라 사이의 분규를 조정하시리니, 나라마다 칼을 쳐서 보습을 만들고 창을 쳐서 낫을 만들리라. 민족들은 칼을 들고 서로 싸우지 않을 것이며 다시는 군사 훈련도 하지 아니하리라"(2,4).

2장 후반부부터 5장까지는 야훼 하느님께서 예루살렘과 유다의 죄를 물어 심판하시리라는 내용이다. 예루살렘과 유다의 죄목은 크게 보아, 제 손으로 만든 온갖 우상을 섬긴 죄와 사회정의를 짓밟은 죄다. 하느님은 당신을 거스르는 백성을, 어리광을 부리는 어린이로 취급하지 않고 사정없이 다루실 것이다. 5장

포도밭의 노래는 예루살렘과 유다 주민들이 저지른 잘못과 그 잘못에 대한 하느님의 엄한 징벌을 다룬다. 하느님은 기름진 가나안 땅에 이스라엘이라는 포도밭을 마련하시고 온갖 정성을 기울여 가꾸셨지만, 그 밭은 주인의 기대를 저버리고 탐스런 포도송이 대신 들포도를 맺었다. "나의 임은 기름진 산등성이에 포도밭을 가지고 있었네. 임은 밭을 일구어 돌을 골라내고 좋은 포도나무를 심었지. 한가운데 망대를 쌓고 즙을 짜는 술틀까지도 마련해 놓았네. 포도가 송이송이 맺을까 했는데 들포도가 웬 말인가?"(5,1-2). 노하신 하느님은 포도밭의 울타리와 담을 치우고 들짐승들, 곧 이방민족들을 보내시어 짓밟게 하셨다. 포도밭에는 가시덤불과 엉겅퀴가 뒤덮여 쓸모없는 땅이 되었지만, 주님께서는 그것을 한동안 그대로 방치해 두신다.

6장은 이사야가 소명을 받는 이야기를 소개한다. 예언자의 소명 이야기가 뒤늦게 나오는 것이 좀 이상하지만 예언자의 소명이 백성의 죄를 고발하고 그들을 심판하겠다는 예고 다음에 나오는 순서는 논리적으로 맞다 하겠다. 이사야는 살아 계신 하느님의 환시를 본다. 그분을 모신 천사 스랍들은 그분을 두고 "거룩하시다, 거룩하시다, 거룩하시다. 만군의 야훼, 그의 영광이 온 땅에 가득하시다"(6,3) 하고 노래한다. 이 노래는 이사야 예언자 이전에 이스라엘 백성이 전례 때 사용해 오던 찬미가였을 것이다. 하느님의 거룩함 앞에서 이사야는 자신의 더러움을 고백한다. 하느님의 말씀을 전해야 하는 예언자에게는 특히 입술이 더러우면 치명적이다. 더러운 입으로 어떻게 하느님의 거룩한 말씀을 전할 수 있겠는가! 스랍들 가운데 하나가 불집게로 분향제단에서 타는 숯을 집어 이사야의 입에 대고 그의 입을 정화한다. 스랍이라는 말 자체도 '타오르는'이라는 뜻이다. 미사 전례문에 나오는 세라핌은 스랍의 복수형이다.

입술이 깨끗해진 예언자가 제일 먼저 받은 소명은 아하즈 임금에게 간언하는 것이었다. 주님께서는 이사야에게 그의 아들 스알-야숩을 데리고 아하즈에게 찾아가도록 명하셨다(7,3). 스알-야숩의 이름뜻은 '남은 자가 돌아오리라'이다. 당시의 상황은 시리아 임금 르신과 이스라엘 임금 베가가 아시리아를 거슬러 동맹을 맺고 유다 임금 아하즈를 끌어들이려 했으나 아하즈가 거부하자 두 임금이 유다를 치러 내려왔을 때였다. 이런 위급한 상황에서 아시리아에 도움을 청하려는 아하즈에게 이사야가 나아가 어느 누구도 믿지 말고 주 하느님만을 믿으라고 충고한다. 하느님은 예언자를 시켜 아하즈에게 주 하느님께 징조를 청하라고 하셨지만, 아하즈는 징조를 요구하여 주님을 시험해 보지 않겠다고 거절한다. 겉으로 보기엔 아하즈의 거절이 "주님을 시험하지 말라"(출애 17,2; 신명 6,16; 시편 78,18)는 계명을 실천하는 것 같지만, 실제로는 모험을 하지 않으려는 안이한 태도와 불신을 감추기 위한 비겁한 태도이다. 이때 이사야는 저 유명한 임마누엘 신탁을 전한다. "다윗 왕실은 들어라. 사람들을 성가시게 하는 것도 부족하여 나의 하느님까지도 성가시게 하려는가? 그런즉 주께서 몸소 징조를 보여주시리니, 처녀가 잉태하여 아들을 낳고 그 이름을 임마누엘이라 하리라"(이사 7,13-14). 여기서 다윗 왕실이 귀찮게 한 사람들은 이사야 예언자와, 다윗 왕실이 위기를 제대로 대처하지 못하여 분열과 혼란을 겪게 만든 예루살렘 주민들이었을 것이다. 임마누엘은 '하느님께서 우리와 함께!'라는 뜻으로 본디 전례 중의 환호였던 것 같다. 그리고 이 임마누엘을 낳게 될 '처녀'는 본디 히브리어로 '젊은 여자'인데, 칠십인역에서는 '동정녀'로 옮겼다. 기원전 2세기부터 유다교에서는 이 구절을 처녀에게서 태어날 메시아에 대한 신탁으로 받아들였고, 초기 그리스도교에서는 칠십인역에 힘입어 동정 마리아에게서 태어날 예수 그리스도에 대한 예언으로 이해하였다.

아하즈의 불신을 징벌하시려고 하느님은 아시리아 군대를 파리떼와 벌떼처럼 유다 땅으로 불러들이실 것이다(7,18-25). 그리되면 반아시리아 동맹을 맺었던 시리아와 북왕국 이스라엘이 멸망할 것이다(8,1-4). 하느님은 아시리아 임금을 시켜 유다도 심판하시겠지만, 유다는 이사야가 아하즈 임금에게 하달한 임마누엘 신탁 덕분에 끝내 멸망하지는 않을 것이다. 임마누엘이 사람 이름으로 나오는 것은 이사야서뿐이다. 아시리아의 군대가 물밀듯이 밀려와 유다를 몰아붙이더라도 임마누엘이 날개를 펴서 아시리아의 땅을 뒤덮으면 결국 그들의 시도가 실패로 끝날 것이다(8,8). 다른 민족들도 유다를 거슬러 어떤 모의와 결의를 해도 성공하지 못할 것이다. 하느님께서 유다와 함께 계시기 때문이다(8,10).

9장에서 임마누엘 신탁은 메시아의 통치 신탁으로 이어진다. 즈불룬과 납달리는 요르단 동쪽의 길르앗 지방에 속하는 땅으로 북왕국 사마리아와 시리아 왕국 사이에 패권 다툼의 격전지였다. 평화와는 거리가 먼 이 어둠의 땅에 큰 빛이 비치게 될 날이 온다. "어둠 속을 헤매는 백성이 큰 빛을 볼 것입니다. 캄캄한 땅에 사는 사람들에게 빛이 비쳐올 것입니다"(9,1; 마태 4,16; 루가 1,79). 미래에 다윗 왕손 가운데서 나타날 임금은 정의와 공정으로 평화를 굳건하게 이룩할 것이다. "우리를 위하여 태어날 한 아기, 우리에게 주시는 아드님, 그 어깨에는 주권이 메어지겠고 그 이름은 탁월한 경륜가, 용사이신 하느님, 영원한 아버지, 평화의 왕이라 불릴 것입니다. 다윗의 왕좌에 앉아 주권을 행사하여 그 국권을 강대하게 하고 끝없는 평화를 이루며 그 나라를 법과 정의 위에 굳게 세우실 것입니다. 이 모든 일은 만군의 야훼께서 정열을 쏟으시어 이제부터 영원까지 이루실 일이옵니다"(9,5-6).

임마누엘 신탁이 전해진 아하즈의 위기 상황과 평화의 임금이 출현할 메시아 시대 사이에 야훼 하느님의 계약을 저버리는 자들에게 저주와 징벌이 떨어질 것이다(9,7-10,34). 물론 이 저주와 징벌에서 계약에 충실한 남은 자들은 예외이다(10,20-22). 메시아가 다스릴 평화로운 왕국에 대한 11,1-9의 묘사는 구약성서에서 가장 아름다운 대목 가운데 하나로 수많은 예술가들에게 영감을 불어넣었다(예를 들어 샤갈의 그림). "늑대가 새끼 양과 어울리고 표범이 숫염소와 함께 뒹굴며 새끼 사자와 송아지가 함께 풀을 뜯으리니 어린아이가 그들을 몰고 다니리라. 암소와 곰이 친구가 되어 그 새끼들이 함께 뒹굴고 사자가 소처럼 여물을 먹으리라. 젖먹이가 살무사의 굴에서 장난하고 젖뗀 어린아기가 독사의 굴에 겁없이 손을 넣으리라. 나의 거룩한 산 어디를 가나 서로 해치거나 죽이는 일이 다시는 없으리라. 바다에 물이 넘실거리듯 땅에는 야훼를 아는 지식이 차고 넘치리라"(11,6-9).

　12장은 하느님의 구원과 보호와 위로에 대한 감사의 노래 두 편을 소개한다. 하느님은 당신의 계약에 불충한 유다 백성의 잘못을 엄격하게 징벌하시지만, 당신께 충실한 남은 자들을 중심으로 이스라엘을 다시 회복하실 것이다. 평화의 임금 메시아가 도래하면 유다의 수도 시온을 중심으로 모든 민족이 몰려와 '이스라엘의 거룩하신 하느님'을 찬양하며 태평성대를 이룰 것이다.

　1—12장의 신탁을 요약하면 다음과 같다. 하느님은 이스라엘의 잘못을 반드시 징벌하신다. 그분은 징벌의 도구로 여러 민족을 끌어들이신다. 그러나 징벌의 도구로 이용된 민족들이 스스로 그분의 단순한 도구라는 사실을 잊고 만용을 부리기 때문에 하느님은 그들도 응징하신다. 한편 이스라엘에는 소수의 남은 자들이 하느님께 충성을 보일 텐데, 그분은 이들을 중심으로 당신 백성의 회복에 나서실 것이다. 마침내 이 모든 위업, 곧 이스라엘의 징벌과 이민족들의 심판과 이스라엘의 회복은 메시아 왕국이라는 종말론적 희망으로 이어진다.

제2주간: 시련을 딛고 일어서는 이들의 믿음

범위: 이사 13—27장
성가: 92
주제본문: 이사 26장

이번 주 범위에 속하는 이사 13—27장에는 아시리아, 바빌로니아, 불레셋, 시리아, 에돔, 모압, 암몬과 이집트 등 앞에서 언급한 민족들이 다시 나온다. 여기에 다른 민족들, 예를 들어 띠로와 시돈, 에티오피아, 아랍, 케달 등이 덧붙여진다. 여러 민족에 대한 이사야서의 신탁과 관련하여 두 가지 사실을 염두에 둘 필요가 있다. 첫째, 이사야 예언자가 살던 유다는 고대 근동에서 정치적으로 보잘것없는 나라였고 스스로 자기 방어와 생존을 하기가 어려웠다. 둘째, 고대 근동인들의 사고방식에 따르면 특정한 나라나 민족의 신이 얼마나 위대한가를 판가름하는 기준은 그 신을 섬기는 민족이 얼마나 강력한가에 달렸다. 이런 당대의 상식에 맞서서 이사야는 비록 유다가 고대 근동에서 소수 민족이요 작은 나라이긴 하지만 유다가 섬기는 야훼 하느님은 온 세상을 다스리시는 하느님이시며 그분에 맞설 수 있는 신은 없다고 주장한다. 그분만이 홀로 역사의 주인이시다.

다른 민족들에 대한 신탁은 자주 성전(聖戰)과 연결된다. 야훼 하느님이 총사령관이 되시어 다른 민족들의 군대를 사열하신다. "이 산 저 산에서 웅성대는 소리를 들어라. 많은 사람이 모인 것 같다. 나라들이 떠드는 소리를 들어라. 여러 민족이 모였다. 만군의 야훼께서 군대를 사열하신다. 그들은 먼 땅, 하늘 끝에서 온 땅을 잿더미로 만들려고 야훼의 징벌의 채찍이 되어 야훼와 함께 온다"(13,4-5).

세상의 여러 민족은 하느님의 위대한 계획에 따라 통제된다. 하느님의 계획은 단순히 예언자가 살던 시대나 나라의 상황에만 국한되지 않고 온 세상에 영향을 미치는 우주적 변화로 발전한다. "내가 하늘을 흔들면 땅이 진동하여 제자리에서 밀려나리라"(13,13; 24,18-23). 하느님은 온갖 민족과 기존 관계를 재편하신다. 이집트나 아시리아처럼 이스라엘에 적대적 민족들도 야훼 하느님을 예배하고 그분께서는 그들을 통하여 세상에 복을 내리실 것이다. "그날에 이집트에서 아시리아로 가는 큰길이 트여 아시리아 사람과 이집트 사람이 서로 오가며 이집트 사람이 아시리아 사람과 함께 예배하리라. 그날에 이스라엘은 이집트와 아시리아 다음의 셋째 번 나라가 되어 세상에서 복을 받으리라"(19,23-24). 여기서 셋째 번이라는 말은 서열 순서를 가리키는 것이 아니라 이집트와 아시리아와 더불어 이스라엘도 복을 받고 세상 만민에게 복을 전해주는 나라가 되리라는 뜻으로 쓰였다. 하느님은 서로가 원수처럼 지내는 이 나라들을 당신 백성으로 끌어안으실 것이다. "만군의 야훼께서 복을 주시며 이르시는 말씀을 들어라. '복을 받아라. 내 백성 이집트야, 내가 손수 만든 아시리아야, 나의 소유 이스라엘아!'"(19,25). 하느님께서 이집트와 아시리아를 당신의 백성으로 삼으신다 하더라도 이스라엘은 여전히 그분의 '소유'(히브리어로 '스굴라'는 본디 임금이 아끼는 가장 귀중한 보석을 가리킨다)로 다른 민족보다 우월한 위치를 차지한다.

24—27장은 주석가들 사이에서 이사야의 대묵시록으로 불린다. 여기에는 묵시문학적 요소와 문체로 기술된 온 세상에 대한 보편적인 심판과 예언, 감사기도와 신앙고백이 뒤섞여 나온다. 하느님은 바로 이스라엘의 수도 시온산, 예루살렘에서 임금님으로 온 세상을 다스리실 것이다. "만군의 야훼께서 시온산, 예루살렘에서 왕이 되시고 당신의 장로들 앞에서 영광을 받으실 때에 달은 창백해지고 해는 부끄러워 얼굴을 붉히리라"(24,23). 만군의 주님이신 하느님이 임금님으로 영광을 받으실 때 은빛으로 빛나는 달은 빛을 잃고 뜨거운 열기를 뿜어내는 해는 움츠러들 것이다. 해와 달은 고대 근동에서 셈족들이 숭배하던 두 큰 신이었다. 만군의 주님이신 이스라엘의 하느님 앞에서 해신과 달신은 힘을 못쓴다.

만군의 주님이 시온산 위에서 온 세상의 임금님으로 등극하시는 날, 잔치가 베풀어진다. 고대 근동 문화에서 새 임금이 등극하면 제사와 잔치를 곁들였다(참조: 1사무 11,15; 1열왕 1,25). 하느님께서는 친히 시온산 위에서 모든 민족에게 풍요로운 잔치를 베풀어 주실 것이다. "이 산 위에서 만군의 야훼, 모든 민족에게 잔치를 차려주시리라. 살진 고기를 굽고 술을 잘 익히고 연한 살코기를 볶고 술을 맑게 걸러 잔치를 차려주시리라. 이 산 위에서 모든 백성들의 얼굴을 가리던 너울을 찢으시리라. 모든 민족들을 덮었던 보자기를 찢으시리라. 그리고 죽음을 영원히 없애버리시리라. 야훼, 나의 주께서 모든 사람의 얼굴에서 눈물을 닦아주시고, 당신 백성의 수치를 온 세상에서 벗겨주시리라. 이것은 야훼께서 하신 약속이다"(이사 25,6-8). 얼굴을 가리는 너울은 슬픔과 절망의 표지요, 몸 전체를 가리는 보자기는 수치의 표지이다. 만군의 주님께서 친히 너울과 보자기를 찢으시어 모든 민족의 슬픔과 수치를 없애버리실 것이다.

메시아 잔치에 관한 신약성서의 언급(마태 8,11; 22,2-10; 루가 14,15-24; 묵시 19,9)은 바로 이사야서에서 영감을 받은 것이다.

제3주간: 남은 자들의 보호와 구원

범위: 이사 28—39장
성가: 434
주제본문: 이사 33장

　이 대목의 주요 메시지는 외세의 억압과 침략에서 민족을 구하기 위하여 야훼 하느님말고 다른 어떤 나라에도 의존해서는 안 된다는 것이다. 앞 대목에서는 이스라엘이 사신들의 하느님이신 야훼를 저버리고 낯선 신들에게 넘어간 것을 비난했으나, 여기서는 국가적 위기 앞에서 야훼 대신 낯선 나라, 구체적으로는 이집트에 의존하는 것을 비판한다. 그러나 외세의 지배를 받으면 그 나라의 신도 섬겨야 하던 고대 근동의 관례에 비추어 볼 때 낯선 신과 낯선 나라는 하나로 볼 수도 있다.
　유다는 아시리아의 침공을 막기 위하여 이집트에 의존하려 했다. 이런 상황에서 이사야는 사마리아가 멸망한 예를 들며 술에 절어 비틀거리는 주정꾼들처럼 흥청대지 말고 정신을 똑바로 차리고 주님의 말씀을 들으라고 외친다(28장). 그러나 유다의 종교 지도자들은 이사야의 말투를 흉내내며 빈정거린다. "차브 라차브 차브 라차브 카브 라카브 카브 라카브 저에르 샴 저에르 샴"(28,10.13 「공동번역」: 사울라사우, 사울라사우! 카울라카우, 카울라카우! 즈에르삼, 즈에르삼!). 이 말을 직역하면 '명령에 명령 명령에 명령, 규칙에 규칙 규칙에 규칙, 여기에 조금 저기에 조금'이 되겠는데 하느님의 명령과 규칙을 따르라는 예언자의 질책과 호소로 추측할 수 있다.

29장에서 예언자는 정신을 차리지 않는 백성에게 아리엘의 징벌을 예고하지만 동시에 하느님께서 남은 자들을 중심으로 이스라엘을 회복하시리라는 약속의 말씀도 전한다. 아리엘은 '하느님의 성읍'을 뜻하며 예루살렘이나 그 도성 일부를 가리킨다. 하느님은 입술로만 당신을 섬기는 백성을 용납하지 않으실 것이다. "이 백성은 말로만 나와 가까운 체하고 입술로만 나를 높이는 체하며 그 마음은 나에게서 멀어져만 간다. 그들이 나를 공경한다 하여도 사람들에게서 배운 관습일 따름이다"(29,13). 그런데 놀랍게도 하느님께서 이 불충한 백성을 치시는 날, 귀머거리가 책 읽는 소리를 듣고 소경이 눈을 뜨며 천대받는 이들이 주님 앞에서 기뻐하고 가난한 이들이 흥겨워할 것이다(29,18-19).

앞 대목에도 볼 수 있듯이 징벌의 예고와 구원의 약속은 이사야서에서 끊임없이 되풀이된다. 하느님의 뜻도 물어보지 아니하고 이집트로 특사를 보내 파라오에게 기대려는 정치적 줄타기는 실패하고 말 것이다(30,1-6). 오히려 이스라엘의 거룩하신 주 하느님을 고요히 믿고 의지하는 것이 큰 힘을 얻는 길이다(30,15). 만일 이스라엘이 하느님께 충성을 다하면 그분은 틀림없이 당신 백성을 돌보시기 위해 오실 것이다. 주님께서 은혜를 베푸실 날이 오면 예루살렘에 사는 시온 백성들은 다시는 울지 않아도 될 것이다. "그때 달빛은 햇빛처럼 밝아지고, 햇빛은 일곱 배로 밝아져, 이레 동안 비추는 빛을 한데 모은 것처럼 되리라. 그날이 오면, 야훼께서 당신 백성의 상처를 싸매시고 그 터진 곳을 치료해 주시리라"(30,26).

주님께서 노기가 충천하여 위엄을 갖추시고 친히 아시리아를 심판하러 오신다(30,27-33). 그러니 이스라엘은 아무런 도움도 못되는 이집트에 매달려서는 안 된다. "이집트인들은 사람이요, 신이 아니다. 그들이 타는 말은 고깃덩이요, 정신이 아니다. 야훼께서 팔을 휘두르시면, 돕던 자도 비틀거리고 도움을 받던 자도 쓰러지리라. 모두 함께 멸망하리라"(31,3). 그날이 오면 아시리아와 그 동맹군들이 예루살렘에 모여와 어떤 위협을 가해도 만군의 주님께서는 아무런 동요 없이 예루살렘을 지켜주실 것이다. "사자와 새끼 사자가 사냥한 것을 물고 으르렁거리다가, 목동들이 몰려와 고함친다고 해서 겁내겠느냐? 소란을 피운들 아랑곳이나 하겠느냐? 만군의 야훼도 이렇게 시온산과 그 언덕에 내려와 싸워주리라. 만군의 야훼가 수리처럼, 예루살렘 위를 날며 지켜주리라. 지켜주고, 건져주고, 아껴주고 구원해 주리라"(31,4). 하느님을 사자로 비유한 것은 유다를 공격하는 아시리아 임금들을 떠올리게 한다(5,29-30). 아시리아 임금들은 흔히 자신들을 사자로 비유하였고 나훔 예언자는 아시리아의 수도 니느웨를 사자굴이라 하였다. 이 구절은 먹이를 물고 있는 사자가 목동들을 두려워하지 않듯, 하느님은 목동들로 표현된 아시리아와 그 동맹군들을 아랑곳하지 않고 당신이 하실 일을 이루실 것이라는 뜻이다. 이사야서에 사자의 표상이 자주 등장하는 것은 그 시대에 요르단강 주변에 사자들이 자주 출몰하였기 때문이다.

32—33장에는 약속과 심판, 유배 이전의 상황과 유배 이후의 반성이 뒤섞여 있다. 통치자들이 법과 정의대로 백성을 다스리면 태평성대가 오고(32,1-8) 태평무사한 여인들처럼 비천한 자들과 가난한 자들을 억누르고 사치와 향락에 젖어 지내면 백성의 농토에는 가시덤불과 엉겅퀴가 자라나고 도시와 마을은 텅 비어 버릴 것이다(32,9-14). 그러나 주님께서 정의와 평화를 하늘에서 내리시면 사막은 과수원이 되고 과수원은 풍요로운 숲이 될 것이다.

그때에 주님의 백성은 정의와 평화가 넘치는 곳에서 태평성대를 누릴 것이다(32,15-20). 예언자는 하느님께 눈을 돌리고 그분이 직접 내려오시어 법과 정의로 당신 백성을 다스려 주시기를 청한다(33,1-6). "야훼께서는 아득하게 높이 계시면서 시온을 법과 정의로 가득 채우십니다. 당신께서 다스리시는 안정된 시대가 옵니다. 지혜와 지식이 구원의 힘이 되고 야훼를 공경하는 것이 보물이 됩니다"(33,5-6).

34—35장은 '이사야의 대묵시록'(24—27장)에 대비시켜 '이사야의 소묵시록'이라 불린다. 앞의 대묵시록에 비하여 이 대목은 신탁 내용이 주로 에돔에 집중되어 있으면서 묵시문학적인 요소와 문체를 드러낸다. 사해 남동쪽 메마른 광야에 위치한 에돔은 야곱의 형 에사오의 후손들이 살던 곳이다. 오랫동안 유다 왕국의 속국이었으나 기원전 587년 예루살렘이 바빌론 군대에 함락당하자 이때를 틈타 유다를 배신하고 괴롭혔다. 그래서 구

약성서에는 에돔을 단죄하는 신탁들이 많이 나온다(이사 63,1-6; 예레 49,7-22; 에제 25,12-14; 35장; 요엘 4,19; 말라 1,3-5; 시편 137,7; 애가 4,21-22). 35장은 정의와 평화가 넘치는 태평성대를 노래한 32,15-20의 내용과 비슷하다. 황무지에는 기쁨의 꽃이 활짝 피고 힘없는 자들은 건강해지며, 사막에 샘이 솟아나고 메마른 곳이 샘터가 되며, 맹수와 들짐승들이 폐허가 된 성읍에 더이상 돌아다니지 않을 것이다. "그때에 소경은 눈을 뜨고 귀머거리는 귀가 열리리라. 그때에 절름발이는 사슴처럼 기뻐 뛰며 벙어리도 혀가 풀려 노래하리라. 사막에 샘이 터지고 황무지에 냇물이 흐르리라. 뜨겁게 타오르던 땅은 늪이 되고 메마른 곳은 샘터가 되며 승냥이가 살던 곳에 갈대와 왕골이 무성하리라"(이사 35,5-7). 35장의 신탁에 나오는 표현은 주석가들이 '위로의 책'이라 부르는 이사 40—55장의 신탁을 미리 인용하거나 암시한다. "용기를 내어라 무서워하지 마라"(35,4)는 이사야서의 중심 메시지 가운데 하나이다. 주님의 이 격려의 말씀을 들은 남은 자들은 갖가지 장애에서 풀려나 기뻐 뛰는 장애인들과 같다.

 36—39장은 죽을 병에서 나은 것을 감사하는 히즈키야의 기도(38,9-20)만 제외하고 2열왕 18,13—20,19을 거의 그대로 되풀이한다. 여기서 저자는 히즈키야 임금 시절에 일어났던 아시리아 침공과 히즈키야 개인의 중병 사건을, 당신께 충실한 남은 자들을 하느님께서 어떻게 구원하시는가를 밝혀주는 좋은 실례로 제시한다. 39장은 독자의 관심을 아시리아 침공에서 기원전 587년에 있었던 바빌론 침략으로 돌리는데, 38장의 히즈키야

기도는 하느님께서 바빌론 유배를 풀어 유다의 남은 자들을 구원하실 것을 미리 예상하게 하면서 이사야서의 후반부(40—66장)를 준비한다.

제4주간: 고통받는 주님의 종

범위: 이사 40—55장
성가: 489
주제본문: 이사 52,13—53,12

이 대목은 첫 구절의 표현이 시사하듯이 '위로의 책'으로 알려져 있다. "'위로하여라. 나의 백성을 위로하여라.' 너희의 하느님께서 말씀하신다"(40,1). 하느님의 위로는 제2이사야서 전체를 관통하는 주요 메시지 가운데 하나이다. '나의 백성'과 '너희의 하느님'은 이스라엘과 하느님 사이의 친밀한 관계를 반영한다. 40,2은 바빌론 유배가 끝났음을 알린다. 이사야서 후반부에서 유일하게 역사적 상황을 명시하는 곳은 이 구절뿐이다. 후반부와 대조적으로 전반부에는 역사적 상황을 자주 명시한다. "사막에 길을 내어라"는 3절의 명령은 이 대목의 문맥에서 보면 유배자들이 예루살렘에 편안하고 신속하게 돌아갈 수 있도록 하라는 뜻이지만, 유다 사막에서 은둔생활을 하던 쿰란 공동체는 이를 사막으로 돌아가라는 뜻으로 이해했고 신약성서 복음서 저자들은 주님의 길을 준비한 세례자 요한의 소명과 연결시켰다(마태 3,3; 마르 1,2-3; 루가 3,4-6; 요한 1,23).

예언자의 삶과 예언자가 전한 하느님의 말씀 사이의 관계를 이해시키는 데 40장의 말씀은 매우 중요하다. "한 소리 있어 명하신다. '외쳐라.' '무엇을 외칠까요?' 하고 나는 물었다. '모든 인생은 한낱 풀포기, 그 영화는 들에 핀 꽃과 같다! 풀은 시들고 꽃은 진다, 스쳐가는 야훼의 입김에. 백성이란 실로 풀과 같은 존재이다. 풀은 시들고 꽃은 지지만 우리 하느님의 말씀은 영원히 서 있으리라'"(이사 40,6-8). 예언자는 특정한 역사적 상황에 몸담고 있으면서 일차적으로는 그 상황에 맞는 말씀을 전한다. 그런 다음 예언자는 역사의 무대 뒤편으로 사라진다. 그러나 그가 전한 하느님의 말씀은 현재와 미래에 계속해서 영향을 미치며 영원히 남는다. 모세오경의 마지막 본문도 이를 증언한다. "이렇게 내가 벌칙을 붙여서 맺는 이 계약은 너희하고만 맺는 것이 아니다. 오늘 여기에 우리와 함께 우리 하느님 야훼 앞에 서 있는 사람들뿐 아니라, 오늘 여기에 우리와 함께 있지 않은 사람과도 맺는 것이다"(신명 29,13-14; 참조: 31,24-29; 이사 59,21). 한 시대에 선포된 예언의 말씀은 새로운 상황에 거듭거듭 적용됨으로써 하느님의 보편적 구원 역사를 실현하는 데에 이바지한다(예: 1열왕 14,11; 16,4; 21,19.24; 22,38; 2열왕 9,10). 그러므로 인간은 덧없이 사라지되 그가 전한 말씀은 영원히 남게 되는 것이다.

'위로의 책'(40—55장)에서 가장 주목을 받는 것은 야훼의 종에 관한 신탁이다. 네 개의 노래(42,1-7; 49,1-7; 50,4-11; 52,13—53,12)로 되어 있는 이 신탁은 다른 신탁과 뚜렷하게 구별된다. 이 네 노래에서 야훼의 종은 누구를 가리키는가? 바빌론을 멸망시키고 유배자들에게 해방령을 내린 페르시아 임금 고레스,

이상적 이스라엘 백성 또는 소수의 경건한 남은 자들, 모세·이사야·예레미야와 같은 예언자, 요시야·여호야긴·즈루빠벨 같은 유다 왕족 등 여러 가지 견해가 있으나 본문 자체로는 분명하게 확정할 수 없다. 또 네 노래에서 야훼의 종이 모두 동일한 존재인지 저마다 다른 존재인지도 분명하지 않다. 이 야훼의 종을 어느 특정한 역사적 인물과 동일시할 수는 없다 할지라도 이사야서 본문이 묘사하는 바로는 이스라엘과 다른 민족들에게 구원을 가져올 예언자이면서 임금의 모습을 지닌 인물인 것만큼은 확실하다.

41장은 이스라엘의 구원자이신 하느님이 동방에서 승리자를 일으키시어(41,2) 민족들을 굴복시키시고 당신의 친구 아브라함의 후예요 당신의 종인 이스라엘을 먼 곳에서 불러모으실 것(41,8-9)임을 예고한다. 동방의 승리자는 메대 임금으로 바빌론을 정복하고 페르시아 제국을 건설한 고레스를 가리키고 먼 곳에서 불러모으신다는 것은 바빌론 유배에서 해방을 가리킨다. 구원자(고엘) 개념은 이사야서 후반부에 자주 나온다. '위로의 책'(40—55장)에서 17번, 56—66장에서 6번 나오는 반면 전반부에서는 한번도 나오지 않는다.

하느님은 이스라엘과 민족들을 구원하시기 위해서 고레스와 같은 큰 인물을 도구로 이용하신다. 그러나 그분의 가장 뛰어난 도구는 야훼의 종이다. 칠십인역 그리스어 성서에는 42,1에 '나의 종' 다음에 '이스라엘'을 덧붙임으로써 첫번째 노래(42,1-7)에서 야훼의 종을 이스라엘 백성과 동일시한다. 여기서 야훼의 종은 온 세상에 정의를 세움으로써(42,1.4) 모든 민족의 빛이 된다. "나 야훼가 너를 부른다. 정의를 세우라고 너를 부른다. 내가 너의 손을 잡아 지켜주고 너를 세워 인류와 계약을 맺으니 너는 만국의 빛이 되어라"(42,6). 이 구절은 만민의 복이 되는 이스라엘의 조상 아브라함의 소명과 일치한다(창세 12,3).

43—48장에는 야훼 하느님께 대한 전통적 진리를 순서 없이 나열한다. 첫째, 하느님은 온 세상 만물의 창조주이시다(43,1.7; 44,2.21.24; 45,7.9-12.18; 48,12-13). 둘째, 하느님 홀로 구원자이시다(43,1.11-21.25-28; 44,6-8.24; 45,17.21; 47,1-4; 48,17-19). 셋째, 하느님 홀로 미래를 열어 보이신다(43,8-10.14-21; 44,6-8; 44,24—45,1; 45,21; 48,3-5.14-16). 넷째, 하느님은 어느 존재와도 비교될 수 없으시고(44,7.24; 46,5-11) 그분만이 거룩한 분이시다(43,3.15; 45,11; 47,4). 다섯째, 야훼 홀로 하느님이시고 그분말고는 어떤 존재도 신이 아니다(43,10-13; 44,6-8; 44,24—45,7; 45,14-25; 46,8-11). 이 가르침들은 유일신 사상을 분명하게 드러낸다. 이스라엘의 과거와 현재와 미래는 한 분이신 야훼 하느님께 달려 있다. 유일신 사상이야말로 이스라엘의 희망 신학을 떠받치는 주춧돌이다. 이사야서 저자는 손으로 만든 우상들과 그것들을 섬기는 자들의 허상과 몰락을 신랄하게 폭로한다(44,9-20; 46,1-2). 그러면서 다른 한편으로는 자신들에게 정의와 승리와 구원을 가져다 주실 유일하신 하느님의 개입을 애타게 기다린다. "하늘아, 높은 곳에서 정의를 이슬처럼 내려라. 구름아, 승리를 비처럼 뿌려라. 구원이 피어나게, 정의도 함께 싹트게 땅아 열려라. 이 모든 것을 창조한 것은 나 야훼다"(45,8). 이 구절은 교회가 구세주 그리스도의 탄생을 기다리는

대림절에 부르는 찬가이기도 하다.

49장부터는 신탁의 내용과 분위기가 사뭇 달라진다. 저자는 이제 더이상 고레스에 대하여 이야기하지 않고 회개의 희망과 더불어 동족들의 잘못을 질책하는 말도 하지 않는다. 그 대신 이제껏 언급하지 않던 하느님의 자애에 대해 자주 말하고, 주님을 경외하는 이들(50,10), 주님을 찾는 이들(51,1), 주님의 가르침을 마음에 간직한 이들(51,7), 하느님의 말씀에 굶주리고 목마른 이들(55,1)에게 위로와 격려의 말을 아낌없이 쏟아놓는다. 그러면서 야훼의 종의 노래가 다시 나온다.

야훼의 종의 둘째 노래(49,1-7) 역시 첫째 노래와 같은 내용을 담고 있다. 곧 주님의 종은 모태에서 부르심을 받아 먼저 남의 나라 땅에서 종살이하는 이스라엘을 해방시켜 돌아오게 하고(제2의 출애굽), 이 구원이 이스라엘 민족의 경계를 넘어서 만국에 미치게 할 것이다. "네가 나의 종으로서 할 일은 야곱의 지파들을 다시 일으키고 살아남은 이스라엘 사람을 돌아오게 하는 것으로 그치지 않는다. 나는 너를 만국의 빛으로 세운다. 너는 땅끝까지 나의 구원이 이르게 하여라"(49.6).

야훼의 종의 셋째 노래(50,4-11)는 이 종이 주님의 백성처럼 큰 고통을 당하면서도 그들처럼 불충하지 않고 성실하게 주님을 섬긴다고 증언한다. 주님의 종은 하느님께서 자기 옆에 서 계시면서 자기를 도와주신다는 것을 확신하기 때문에 흔들리지 않는다. "주 야훼께서 나를 도와주시니, 나 조금도 부끄러울 것 없어 차돌처럼 내 얼굴빛 변치 않는다. 나는 수치를 당하지 않을 줄 알고 있다. 하느님께서 나의 죄 없음을 알아주시고 옆에 계시는데, 누가 나를 걸어 송사하랴? 법정으로 가자. 누가 나와 시비를 가리려느냐? 겨루어 보자"(50,7-8). 그러니 백성은 종의 말을 듣고 주님을 경외하며 그분의 이름에 희망을 걸어야 한다(50,10).

야훼의 종의 넷째 노래(52,13—53,12)는 성서 신학에서 가장 중요한 대목 가운데 하나이다. 신약성서 저자들은 이 노래를 예수님의 선교활동과 죽음을 예시한 것으로 이해한다. 주님의 종은 엄청난 고통을 겪어낸 다음에야 높이 솟아오를 것이다. 민족들과 이스라엘 백성은 종의 처참한 고통을 보며 놀라겠지만, 그 고통이 그들을 위한 빛으로 떠오르게 됨을 보게 될 것이다. 53장 내용을 네 가지 단계로 나누어 생각할 수 있겠다. 첫째, 종은 사람들의 주의를 끌 만한 육체적 아름다움이 전혀 없다. 그래서 사람들은 그의 모습을 보지 않으려고 얼굴을 돌리고 그를 경멸한다(1-3절). 둘째, 종의 고통은 우리가 저지른 죄를 속죄하기 위한 것이다(4-6절). 셋째, 겸허하고 부당하고 비천하게 죽은 종의 죽음도 우리 죄를 대신 갚아주는 대속 죽음이다(7-9절). 인간의 대속 죽음은 구약성서에서 이곳 외에는 어디에서도 찾아볼 수 없다. 레위기에서는 희생제물이 된 짐승이 공동체의 죄를 뒤집어쓰거나 가져가 버린다(레위 10,17). 특히 속죄의 날에 백성들은 속죄염소에 공동체의 죄를 뒤집어씌우고 광야로 쫓아버림으로써 공동체의 죄와 벌을 모두 털어내는 예식을 행하였다(레위 16,22). 야훼의 종의 넷째 노래에서 저자는 종의 비극적 운명을 속죄염소의 죽음과 연결지으려는 것으로 보인다. 넷째, 종의 성실한 삶과 대속적 죽음은 보상을 받는다(이사 53,10-12). "그

극심하던 고통이 말끔히 가시고 떠오르는 빛을 보리라. 나의 종은 많은 사람의 죄악을 스스로 짊어짐으로써 그들이 떳떳한 시민으로 살게 될 줄을 알고 마음 흐뭇해하리라"(53,11).

신약성서 저자들은 예수님을 이사야서가 묘사하는 야훼의 종으로 여겼다. 마태 8,17과 12,18-21은 예수님의 치유 행적과 관련하여 이사 53,4과 42,1-4을 각각 인용하고, 마태 26,67과 루가 22,63은 조롱과 때림과 침뱉음을 당하시는 그리스도와 관련하여 이사 50,4-9을 암시적으로 끌어들인다. 백성의 불신을 지적하는 이사 53,1은 요한 12,38과 로마 10,16에서 인용된다. 로마 4,25과 1베드 2,24은 이사 53,5을 예수님의 대속 죽음을 예고한 것으로 이해한다. 사도 8,26-39에서 필립보는 에티오피아 내시에게 그가 읽고 있는 이사 53,7-8이 예수님의 수난과 죽음을 예시한 것임을 밝혀준다.

이사 55장은 주님께서 남은 자들을 구원하시리라는 약속과 더불어 말씀의 중요성을 일깨운다. 하느님의 말씀은 목마른 자들의 음료요 굶주린 자들의 양식이다. 더구나 우리의 삶에 생기를 주는 이 말씀을 주님은 거저 주신다. "너희 목마른 자들아, 오너라. 여기에 물이 있다. 너희 먹을 것 없는 자들아, 오너라. 돈 없이 양식을 사서 먹어라. 값 없이 술과 젖을 사서 마셔라. 그런데 어찌하여 돈을 써가며 양식도 못 되는 것을 얻으려 하느냐? 애써 번 돈을 배부르게도 못하는 데 써버리느냐? 들어라, 나의 말을 들어보아라. 맛좋은 음식을 먹으며 기름진 것을 푸짐하게 먹으리라. 귀를 기울이고 나에게로 오너라. 나의 말을 들어라. 너희에게 생기가 솟으리라"(55,1-3). 우리는 주님의 말씀

안에서 지혜를 배운다. 주님의 길과 생각은 우리 것과 다르고 우리 것에 비할 바 없이 높다. "'내 생각은 너희 생각과 같지 않다. 나의 길은 너희 길과 같지 않다.' 야훼의 말씀이시다. '하늘이 땅에서 아득하듯 나의 길은 너희 길보다 높다. 나의 생각은 너희 생각보다 높다'"(55,8-9). 하느님의 말씀은 힘이 있어, 하늘에서 쏟아지는 비와 눈이 땅을 적시고 곡식을 자라게 하듯 그분의 입에서 한번 나오면 반드시 그분의 뜻을 이루고야 만다(55,10-11).

제5주간: 새 하늘과 새 땅

범위: 이사 56—66장
성가: 441
주제본문: 이사 66장

　이사야서의 마지막 부분(56—66장)은 흔히 바빌론 유배에서 돌아온 유다 백성을 대표하는 제3이사야의 작품으로 여기기도 한다. 그러나 이 대목을 한 사람의 저자가 썼다고 생각하는 것은 잘못이다. 다양한 역사적 삶의 배경에서 나온 여러 신탁을 한데 모아놓은 것으로 보아야 한다. 이 신탁들에는 몇 가지 공통된 주제가 있다. 첫째, 이스라엘 백성 가운데 주님께 충실한 남은 자들만 구원을 받게 될 것이다(57,13; 58,13-14; 60,21; 65,13-16; 66,2.17). 둘째, 시온 또는 예루살렘은 참다운 예배의 중심이 될 것이다(60,4-7.10-14; 66,10-13). 셋째, 하느님의 심판은 이스라엘과 그 주변의 경계를 넘어서 모든 민족에게 미칠 것이다(59,18; 60,12; 63,3-6; 64,1-3; 66,15-16). 넷째, 주님의 구원은 모든 민족에게 확장된다(56,1-8; 60,3-14; 66,18-19.21).

　구원의 약속으로 마무리를 지은 55장에 이어, 56장은 최종 구원이 오기까지 남은 자들이 무엇을 실천하며 살아야 할지를 가르쳐 주는 권고의 말로 시작한다. 주님께서는 이스라엘이건 이방인이건 구별하지 않고 당신께 충성을 다하는 남은 자들을 정의의 실천과 참다운 예배로 부르신다. "야훼께서 말씀하신다. '너희는 바른길을 걷고 옳게 살아라. 나 너희를 구하러 왔다. 나의 승리가 나타날 때가 왔다.' 복되어라, 옳게 사는 사람, 옳은 길을 끝내 지키는 사람, 안식일을 속되지 않게 잘 지키는 사람, 온갖 악에서 손을 떼는 사람"(56,1-2). 그러나 이스라엘의 못된 지도자들과 그 추종자들(개들)은 남은 자들을 박해하고 죽이려 한다(56,9—57,13). 그들에게는 하느님의 진노가 내리는 반면, 남은 자들에게는 그분의 치유와 위로가 내릴 것이다(57,14-21).

하느님은 예언자를 시켜 백성의 죄를 고발하고 그들의 위선을 폭로하게 하신다(58장). 진정한 회개는 단식과 같은 외적 겉치레가 아니라 정의와 공정을 실천하는 것이다. "내가 기뻐하는 단식은 바로 이런 것이다. 주 야훼께서 말씀하신다. 억울하게 묶인 이를 끌러주고 멍에를 풀어주는 것, 압제받는 이들을 석방하고 모든 멍에를 부수어 버리는 것이다. 네가 먹을 것을 굶주린 이에게 나눠주는 것, 떠돌며 고생하는 사람을 집에 맞아들이고 헐벗은 사람을 입혀 주며 제 골육을 모르는 체하지 않는 것이다"(58,6-7). 이렇게 남은 자들이 정의와 공정을 실천하면 그 빛이 어둠이 새벽 동이 트듯 터져 나오면서 동족의 상처를 치유하고 주변의 어둠을 대낮처럼 밝게 비추게 될 것이다(58,8-10).

남은 자들의 빛은 60장에서 시온 또는 예루살렘의 빛이 된다. 그러나 남은 자들이나 시온의 빛은 자체의 빛이 아니라 하느님에게서 받은 빛이다. "일어나 비추어라. 너의 빛이 왔다. 야훼의 영광이 너를 비춘다. 온 땅이 아직 어둠에 덮여, 민족들은 암흑에 싸여 있는데 야훼께서 너만은 비추신다. 네 위에서만은 그 영광을 나타내신다"(60,1-2; 60,19-20). 야훼의 빛을 반사하는 시온의 빛을 보고 뭇 민족들과 제왕들이 사방에서 모여들 것이다.

58,6과 더불어 61,1-2의 내용은 루가가 제시한 예수님의 공생활 청사진을 구성한다(루가 4,18-29 참조). 이사 1—35장에서는 다윗 가문의 임금이 주님께 기름부음을 받고 이스라엘의 구원을 위한 하느님의 도구로 쓰인다. 40—55장에서는 야훼의 종이 이 소명을 맡는다. 그리고 이제 61장에서는 주님의 영을 받고 기름부음을 받은 이가 같은 소명으로 불린다. "주 야훼의 영을 내려주시며 야훼께서 나에게 기름을 부어주시고 나를 보내시며 이르셨다. '억눌린 자들에게 복음을 전하여라. 찢긴 마음을 싸매주고 포로들에게 해방을 알려라. 옥에 갇힌 자들에게 자유를 선포하여라. 야훼께서 우리를 반겨주실 해, 우리 하느님께서 원수 갚으실 날이 이르렀다고 선포하여라. 슬퍼하는 모든 사람을 위로하여라'"(61,1-2).

62장은 다시 예루살렘과 시온의 중요성을 떠올린다. "시온을 생각할 때, 나는 잠잠할 수가 없다. 예루살렘을 생각할 때, 나는 가만히 있을 수가 없다. 그의 정의가 동터오고 그의 구원이 횃불처럼 타오르기까지 어찌 잠잠할 수 있으랴?"(62,1). 예루살렘과 혼인한 하느님은 이 도읍을 다시는 '버림받은 여자', '소박데기'라 하지 아니하시고(62,4-5; 참조: 54,6-7), 이 도읍을 재건하시고 보호하시며(62,6-9), 구원하실 것이다(62,10-12). 예루살렘에 대한 야훼 하느님의 이 특별한 배려를 보고 "사람들은 그들을 '거룩한 백성'(참조: 이사 4,3; 출애 19,5-6)이라 '야훼께서 구해내신 자들'이라 부르겠고 너를 '그리워 찾는 도시', '버릴 수 없는 도시'라 부르리라"(62,12).

63—66장은 아브라함에서(63,16) 종말까지 이스라엘의 역사를 통한 구세사를 한눈에 펼쳐 보인다. 저자는 과거에 하느님께서 이스라엘 백성에게 베푸신 은덕을 기리고(63,7-14) 폐허가 된 유다의 성읍들과 쑥밭이 된 예루살렘을 바라보면서 참회하는 동시에 자비를 베풀어 주시기를 간청한다(63,15—64,11). "당신의 이름을 불러 예배하는 자도 없고 당신께 의지하려고 마음을 쓰는 자도 없습니다. 당신께서 우리를 외면하시므로 우리는 각자 자기의 죄에 깔려 스러져 가고 있습니다. 그래도 야훼여, 당신께서는 우리의 아버지이십니다. 우리는 진흙, 당신은 우리를 빚으신 이, 우리는 모두 당신의 작품입니다. 야훼여, 너무 노여워 마십시오. 우리 죄를 영원히 기억하지는 마십시오. 굽어 살펴주십시오. 우리는 모두 당신의 백성입니다"(64,6-8). 야훼 하느님은 백성의 호소를 들어주시어 새로운 창조를 이루신다.

65—66장은 새로움으로 가득하다. 그분을 섬기는 종들은 새 이름을 받고 암담하던 지난 일을 잊을 것이다(65,15-16). 새로운 창조가 일어나고 예루살렘도 새로 건설되며 그곳 주민들도 새로 태어날 것이다. "보아라, 나 이제 새 하늘과 새 땅을 창조한다. 지난 일은 기억에서 사라져 생각나지도 아니하리라. 내가 창조하는 것을 영원히 기뻐하고 즐거워하여라. 나는 '나의 즐거움' 예루살렘을 새로 세우고 '나의 기쁨' 예루살렘 시민을 새로

나게 하리라"(65,17-18). 새로운 창조는 이미 앞에서 예고한 평화가 넘치는 메시아 시대를 말한다(65,25; 66,12; 참조: 11,7-9). 그때가 오면 주님께 충실한 남은 자들은 새로 돋은 풀잎처럼 싱싱하게 되어(66,14) 뭇 민족과 더불어 자신들을 구원하신 분께 마음껏 예배를 바치겠지만, 주님을 거역하던 자들은 영원한 벌을 받게 될 것이다(66,22-24).

예레미야서

- 하느님의 새 계약 -

문서 예언서 가운데 예레미야서는 여러 면에서 독보적 위치를 차지한다. 우선 길이에서 예레미야서는 다른 어느 예언서도 능가한다. 장으로 따지면 이사야서(66장)가 예레미야서를 앞지르나 단어와 절의 수로 보면 전자는 후자에 미치지 못한다. 다음으로 예레미야서는 단순히 길이뿐 아니라 그 내용의 절절함과 세기를 두고 반복되는 영향력에서도 다른 예언서를 앞지른다. 다른 예언서의 경우 메시지만 주로 등장할 뿐이지 메시지를 전달하는 사람이 메시지 자체 안에 뛰어드는 일이 그리 흔치 않다. 이에 비해 예레미야서는 예언자 자신의 격렬한 고뇌와 감정을 메시지 안에 담는 경우가 허다하다. 예언자는 흔히 고통당하는 백성과 스스로를 동일시하기도 하고 그 백성을 징벌하시는 하느님의 입장에 서서 백성을 맹렬하게 비난하기도 한다. 비록 이 책에 나오는 예레미야에 관한 많은 전기적 설화와 심지어 운문으로 된 예언자 자신의 감정 표현까지 후대 저자들의 손을 빌려 기록된 것일지라도 예레미야라는 이름을 지닌 인물의 파란

만장한 삶은 독자를 강렬하게 사로잡기에 충분하다.

무엇보다 예레미야서의 위대한 점은 이 책이 쓰여진 역사적 배경과 시대적 상황과 깊이 연결된다. 기원전 7세기 말엽과 6세기 초엽은 고대 근동의 역사에서 격변기에 해당한다. 장구한 세월을 두고 이 지역을 풍미했던 대제국들이 급속도로 붕괴되어 갔고 새로운 세력들이 패권다툼에 뛰어들었다. 급변하는 국제 정세와 새 질서의 우발적인 등장 앞에서 유다와 같은 약소국가 민족은 불안과 공포에 떨며 자국의 생존에 급급하였다. 국가의 운명은 풍전등화와 같았지만 나라의 지도자들은 한치 앞을 내다보지 못한 채 거짓으로 백성들의 안전을 장담하고 불의와 부패로 백성들을 도탄에 빠뜨렸다. 그리고 정작 급박한 상황에 몰리면 주변의 강대국 가운데 어느 세력에 빌붙어서 그나마 기울어져 가는 국운을 지탱할 수 있을까 우왕좌왕하였다. 당혹과 혼돈의 한복판에서 젊은 예레미야는 비전을 지닌 인물로 떠올랐다. 실제로 그는 하느님의 비전을 보고 전하는 환시가이기도 했다. 그는 역사의 대변혁이 하느님 손안에서 이루어지고 있음을 똑바로 내다보고, 사악하고 무능한 지도자들과 당황하는 백성들에게 민족 전체가 나아가야 할 방향과 정신적·윤리적 지침을 제시하였다. 밖으로는 뭇 민족에게, 안으로는 이스라엘 백성에게 하느님께 받은 메시지를 선포하였다.

그리스도인들에게도 예레미야 예언서는 특별한 의미를 지닌 책이다. 초대교회에서 스스로의 신분을 규정할 때 사용하던 '하느님의 새로운 계약의 백성'이라는 표현은 예레 31,31에 이미 예언된 것이다. "앞으로 내가 이스라엘과 유다의 가문과 새 계약을 맺을 날이 온다. 나 야훼가 분명히 일러둔다."

1. 사료

예레미야서는 현대인들이 생각하는 '책'의 개념과는 거리가 멀다. 이 책은 앞뒤 문맥과 논리가 전혀 연결되어 있지 않은 하나의 선집(選集)이다. 운문으로 된 신탁과 고백, 산문으로 된 설화와 담화 등으로 엮어진 이 선집 안에는 유배 이전, 유배 중, 유배 이후 세대들에게 보내는 메시지가 일정한 순서나 질서 없이 혼합되어 나타나며, 때때로 누가 누구에게 전하는 메시지인지도 분명치 않다. 곳곳에 반복되는 구절과 연대기적 기록의 혼란과 문체의 돌연한 변경 등은 이 책을 더욱 난해한 것으로 만들고 있다. 이 같은 예레미야서의 혼란스런 구조와 문체, 복합적인 내용은 이 책의 기록과 편집, 그리고 그 전수 과정이 단순하지 않으리라는 사실을 전제한다.

더구나 히브리어 마소라 본문과 그리스어 칠십인역의 두드러진 차이는 문제를 더욱 복잡하게 만들고 있다. 쿰란 넷째 동굴(4Q)에서 발견된 예레미야서의 히브리어 단편 사본들은 마소라 본문과 유사한 것도 있고 그리스어 역본에 더 가까운 것도 있다. 우리는 이러한 여러 문제와 관련하여 상이한 견해를 간략하게 소개하면서 가능한 한 가장 설득력 있는 해설을 제공하고자 한다.

예레미야서에 동원된 문학양식은 시 · 설화 · 신탁 · 설교 · 예언 등 실로 다양하기 그지없다. 다양한 자료에 덧붙여 이 책이 예레미야 생전에 시작하여 사후에 이르기까지 긴 세월 동안 완성되었다는 사실을 감안할 때 그 사료와 저자를 밝히는 작업이란 그리 간단한 일이 아님을 예상할 수 있다.

금세기 초 예레미야서의 3출전 가설이 정립된 이래 최근에 이르기까지 잔 수정을 거치면서 예레미야서 해석의 중요한 시금석으로 자리잡고 있다. 3출전 가설이란 예레미야서가 세 가지 기록 문서로 된 사료를 포함한다는 것이다. 첫째 사료는 예언자 자신의 시어로서 주로 예레미야서의 초반부에 등장하고, 둘째 사료는 궁중의 서기관이자 예레미야의 비서요 제자이며 목격증인이었던 바룩이 예언자의 생애와 활동에 대해 기록한 전기적 설화로서 주로 후반부(26—29장; 34—44장)에 자리잡고 있으며, 마지막 셋째 사료는 후대의 신명기계 저자(또는 저자들)가 작성한 산문체 설교와 수사학적 기교로 가득찬 담화들로서 예레미야서 전체에 산재되어 있다(7,1—8,3; 11,1-5.9-14; 18,1-12). 그리고 이 가설에 따르면 마지막 사료의 저자가 예레미야서 전체를 최종적으로 편집했다.

이 가설이 예레미야서 본문의 기본적인 구조와 내용을 설명하는 데 큰 공헌을 해왔음은 사실이나 그 자체의 취약점도 많다. 예를 들어 일반적으로 초반부(위에서 첫째 사료로 분류함)에 나오는 예레미야의 고백(11,18—12,6; 15,10-21; 17,14-18; 18,18-23; 20,7-13)은 이 세 사료 중 어느 범주에 집어넣기가 곤란한 독특한 문학 유형을 이룬다. 또 어떤 학자들은 3출전 가설이 구전 전승 과정을 소홀히 취급하고 있음을 지적한다. 곧 최종 편집이 이루어지기까지 예레미야의 메시지는 추종자들의 설교를 통하여 입에서 입으로 전달되었고 이 과정에서 잡다한 요소가 끼여들게 되었다는 것이다. 또 다른 학자들은 3출전 가설이 이 책 전체에 흐르고 있는 신학적 구도와 집필 동기, 그리고 사료 간에 문체나 어휘의 유사성을 간과하고 있다고 주장한다.

그래서 우리는 3출전 가설을 일반적으로 받아들이면서 동시에 앞에서 제기한 문제점을 인정하고 다양한 방법론을 최대한 이용하여 예레미야서 본문을 올바로 읽고 그 깊은 메시지를 밝혀나가는 데 심혈을 기울이고자 한다.

2. 저자

세 사료의 실제적인 저자에 대해서도 학자들간에 의견이 분분하다. 극단적인 두 이론을 소개하자면 하나는 운문과 산문 모두 예레미야의 언행을 충실히 반영하고 있다고 주장하는 한편 셋째 사료의 저자까지도 예레미야로 추정하는 가설이고, 다른 하나는 어느 사료이든 예레미야의 친저성을 부인하면서 산문 부분은 유배 이후 신명기계 역사를 쓴 저자들의 작품이고 운문은 유배 기간중에 활약했던 이름 모를 예언자의 작품이라는 가설이다. 이 가설에 따르면 예레미야는 후대인들이 만들어 낸 허구의 인물이다. 이 두 극단의 가설 중 전자가 옳다면 예레미야서는 유배 이전 유다 왕국의 백성들을 위해 집필된 것이고, 후자가 옳다면 이 책은 디아스포라 유다 공동체를 위해 집필된 것이다.

우리는 이 두 극단을 피하면서 운문은 대부분 예레미야가 유배 이전 예루살렘의 종교적 공동체를 대상으로 설교한 심판의 신탁으로 구성되어 있는 데 반해, 산문은 유배 기간이나 그 이후의 유다 공동체를 위해 작성된 후대인(들)의 설교와 예레미야 생애 말기나 사후에 추종자들에 의해 작성된 전기적 설화로 구성되어 있다고 본다. 이러한 구분의 근거는 운문과 산문이 어휘나 표현뿐 아니라 그 형식과 구조, 문체와 신학적 관점에서도 현저한 차이를 드러낸다는 사실이다. 운문의 경우 그 심판의 신탁이 유배 이전에 베델 또는 사마리아와 예루살렘의 종교적 공동체를 향하여 선포했던 다른 예언자들, 이를테면 아모스, 호세아, 제1이사야, 미가, 스바니야의 신탁과 비슷한 문학적 양상을 나타낸다. 산문의 경우 일부는 유배 중의 유다인들에게 전달되었던 에제키엘서의 설화와 설교에 가깝고 다른 일부는 신명기의 후대 문서(특히 신명 5—11장)와 후기 히브리어의 특징을 지닌 열왕기 문서에 가깝다.

운문의 저자를 예레미야라고 주장한 데 비해 과연 산문의 저자가 누구인지를 밝힐 수 있을까? 예레 36장에 보면 예언자가 자신의 비서 또는 서사(書士)인 바룩에게 신탁을 받아 적도록 부탁한다. 이 두루마리 문서가 파괴되자 다시 새로운 두루마리를 작성하게 되는데 이번에는 몇 가지 기록이 덧붙여진다(36,32). 이 이야기를 접하면서 우리는 옛 것이건 새 것이건 이 두루마리 문서에 어떤 내용이 기록되어 있었는지 명확히 밝힐 수는 없지만, 입으로 전달된 예언자의 본디 예언이 나중에 문서로 정리되었을 것이라는 추측이 전혀 엉뚱한 것은 아니라는 사실을 인정하게 된다. 예레미야의 전기적이고 역사적인 설화는 분명 바룩이나 그 밖의 예언자의 삶과 유다의 역사 안에서 일어나는 사건을 기록하는 일에 가담한 서사들에 의해 수집·기록되었을 것이다. 그리고 이 설화들은 대부분 예언자의 설교를 특정한 삶의 현장과 접목시키는 구실을 한다.

바룩 또는 그와 비슷한 임무를 지닌 서사말고 앞에서 밝힌 대로 산문의 또 다른 저자로서 그리고 예레미야서의 최종 편집자로서 신명기계 사가가 금세기 초부터 계속 주목을 받아왔다. 그러나 이를 부정하는 학설도 만만치 않다. 그 근거로 학자들은 예레미야서에 나오는 산문 설교나 신명기계 기록이 다같이 기원전 9세기에서 7세기에 유행하던 신바빌론(후기 바빌론)과 아시리아의 계약문에 채택된 고정된 언어를 반영한다는 사실을 지적한다. 최근에 이 언어를 좀더 구체적으로 예언자가 살던 기원전 7세기에 유행하던 '운율 없는 시어(Kunstprosa)'라고 규정하는 연구논문도 나왔다. 이 논문에 의거하여 예레미야가 자신의 설교 안에 이 언어를 바탕으로 운문체와 산문체를 함께 사용했으리라고 추정하는 일은 그리 어렵지 않으며, 나아가 앞에서 언급한 3출전 가설에서 첫째 사료와 셋째 사료의 저자를 예레미야로 주장할 수도 있을 것이다. 실제로 그렇게 주장하는 학자들이 있다.

우리가 보기에 이 같은 주장은 받아들이기 어렵다. 예레미야를 그 저자로 삼는 운문의 경우 그가 비록 다른 예언자들, 특히 호세아 예언자로부터 신부로서 이스라엘(2,2), 고발자로서 주님 (2,9), 창녀로서의 이스라엘(2,4; 4,12) 등의 고전적 이미지를 빌려 쓰고 있지만 2장의 경우를 제외하고 다른 예언자의 신탁이나 언어를 모방하는 예가 그리 많지 않다. 나아가 자신이 창작한 이미지조차 획일적으로 반복하는 일이 없다. 무엇보다 그의 운문 예언은 고정된 정식을 취하지 않고 언제나 생생하고 독창적이며 극히 구체적이다. 반면에 운문과 병행해서 1—25장에 등장하는 산문은 고정된 정식 안에서 똑같은 주장만을 되풀이한다. 좀더 자세히 관찰해 보면 누구나 구체적이고 생생한 이미지를 결여한 이 산문이 대부분 신명기계 문헌의 모방임을 쉽게 알 수 있다.

여기서 우리는 셋째 사료의 저자가 결코 운문의 저자로 보이는 예레미야일 수 없다는 결론에 도달한다. 이 산문이 예레미야와 동시대의 언어를 사용하고 있다 해서 그 저자를 예레미야로 보려는 견해는 근거가 빈약한 가설이요 논리적 비약이다. 예레미야서의 산문에 나오는 메시지와 언어가 신명기계 문헌에 근접해 있다는 사실과 이 문헌의 문체가 예레미야 시대의 문체와 유사하다는 사실은 별개의 문제이다. 단순히 예레미야서의 산문 문체가 예레미야가 살던 시대의 문체를 닮았다 하더라도 이 산문이 적어도 그 메시지와 표현에 관한 한 신명기계 문헌과 맺고 있는 긴밀한 관계를 구태여 부정할 이유가 없다. 역으로 신명기계 문헌이 예레미야와 동시대의 언어를 사용하고 있다 해서 이 문헌의 저자를 예레미야로 주장할 수는 없지 않은가? 그리고 오랜 편집 과정을 겪었을 것으로 추정되는 신명기 안에는 예레미야 시대나 그 이전 시대에 유행하던 계약 조문과 운율 없는 산문체뿐 아니라 비교적 후대의 것으로 보이는 히브리 문법이나 표현들도 혼합되어 나타난다. 예레미야서와 신명기계 문헌 사이의 밀접한 관계에 대해서는 앞으로 자주 입증할 기회가 있을 것이다.

이상의 고찰을 통해서 우리는 3출전 가설과 병행하여 예레미야서의 저자를 세 무리로 분류할 수 있다. 운문의 신탁 또는 예언은 그 친저성을 예레미야에게 돌리고, 산문으로 된 전기적 설화와 설교 및 담화는 바룩처럼 예언자의 삶과 유다의 역사 안에서 일어나는 사건을 기록하는 서사들과, 이 책의 최종 편집에 손을 댄 신명기계 역사가에게 돌린다. 그 밖에 구전 전승 과정이나 기록 전승 과정에서 여러 가지 문학적 또는 신학적 요소를 다른 곳에서 소개하여 덧붙이거나 스스로 만들어 삽입한 이름 없는 저자들의 존재와 공헌에 대해서도 우리는 그냥 지나치지 말아야 할 것이다.

3. 역사적 배경

우리는 앞에서 예레미야서의 복잡한 형성 과정과 본문의 전달과정을 살펴보았다. 여기서는 예레미야서 본문에 일정한 순서 없이 등장하는 잡다한 역사적 사건과 인물들을 유다 임금들의 치세와 고대 근동의 역사적 맥락에서 연대기적으로 정리하여 간략하게 소개하고자 한다. 이 연대기적 역사는 예레미야서 본문을 대하는 독자에게 본문의 배경과 신탁을 더 쉽고 깊게 이해하는 데 적지 않은 도움이 되리라 믿는다.

예레미야의 생애와 예언 활동은 기원전 627년에서 587년(또는 그보다 몇 년 뒤) 사이에 자리잡고 있다. 이 시기는 고대 근동의 세력 판도에서 격변기에 해당하며, 이 시기에 팔레스티나의 유다 왕국은 이집트 · 아시리아 · 바빌론 등과 같은 강대국 틈바구니에서 생존을 위한 처절한 몸부림을 계속하고 있었다.

가. 요시야 이전의 아시리아와 이스라엘(740-640년)

기원전 740년 이후부터 아시리아의 영향력은 팔레스티나에서 점점 강화되어 갔다. 722년 북왕국 이스라엘이 아시리아에 멸망하고 701년 남왕국 유다도 이집트를 공략하기 시작한 아시리아를 완전히 종주국으로 받들어 모시기로 결정하기에 이른다. 당연한 결과로 비록 아시리아가 자신의 신들을 속국 소수 민족들에게 강요하지는 않았지만 종주국의 눈치를 살피는 속국의 군주들이 그 신들에 대한 예배를 자기네 경신례에 혼합시켰다. 이스라엘도 예외가 아니었다. 2열왕 21장에 보면 므나쎄 통치 기간(687-642년)에 그와 같은 혼합주의가 절정에 달한 것으로 되어 있다. 그러나 2역대 33장에는 므나쎄가 아시리아에 반란을 일으켰다가 실패한 사건을 암시적으로 언급하면서 만년에 그의 치세를 긍정적으로 평가하고 있는데, 그가 받아들인 아시리아 신들에 대한 예배가 결코 당시 속국 민족들에게 강요된 것 이상의 범위를 넘지 않았던 것으로 보인다.

므나쎄의 긴 통치 기간이 끝나고 그의 아들 아몬(642-640년)이 왕위에 올랐으나 2년도 안 되는 짧은 기간 유다를 다스리다 반아시리아파에 의해서 살해된다. 그러나 '그 땅의 백성들'이 아몬 임금을 살해한 신하들을 죽이고 당시 여덟 살 난 그의 아들 요시야를 왕위에 앉혔다(2역대 33,24-25).

나. 요시야(640-609년)

요시야 임금은 고대 근동 지방의 격변기 한복판에서 외세로부터의 정치적 독립운동과 신명기 정신에 입각한 종교개혁을 주도하였다. 아시리아의 아쑤르바니팔 임금(668-627년)은 부왕 에살하똔(680-669년)으로부터 거대한 영토를 물려받았지만, 안으로는 왕위를 찬탈하려는 모반 세력과 끊임없이 맞서야 했고 밖으로는 종주와 신하의 관계에서 벗어나려는 속국들에 맞서 전쟁의 소용돌이에 휘말려 들었다. 우선 이집트가 665년경에 아시리아로부터의 독립을 선언하고 나섰다. 대제국의 북쪽에서도 메대와 그 동맹국 리디아와 심메리아가 줄기찬 독립 항쟁을 벌였다. 652년에는 바빌론이 반란을 일으켰고 아시리아는 그것을 평정하는 데 무려 4년이라는 세월을 보냈다. 내부의 왕위를 둘러싼 정쟁과 외부의 독립 항쟁은 아시리아의 인적·물적 자원을 고갈시켰고 마침내 대제국은 서서히 붕괴하기 시작하였다.

안팎으로 아시리아가 고전을 겪고 있는 틈을 타 요시야 임금은 종교적이고 정치적인 개혁을 단행함으로써 이스라엘 민족의 부흥을 꾀하였다. 요시야 임금의 개혁을 두고 우리는 두 가지 다른 기록을 전해 받는다. 역대기 하권에 따르면 개혁은 628년 이방신들의 신당과 이교적 경신례를 제거하면서 시작된다(2역대 34,3-7). 이 같은 종교개혁 조치는 일찍이 선왕들도 시도한 바 있었지만 요시야에게서처럼 전반적이고 지속적으로는 진행되지 못하였다. 개혁은 622년 예루살렘의 성전을 재건하던 도중 신명기 법전의 두루마리를 발견하면서 새로운 국면을 맞게 되는데 요시야 임금은 법전에 기록된 대로 정확하게 예루살렘의 경신례를 준수할 것을 명하고, 특히 과월절을 철저하게 지킬 것을 강조한다(2역대 34,8—35,19).

이와는 달리 열왕기 하권에서는 요시야의 종교개혁이 622년 신명기 법전 발견으로 시작되고 이 법전 내용에 따라 개혁이 진행되었다는 인상을 준다(2열왕 22,3—23,25). 아마도 627년 아시리아 임금 아쑤르바니팔이 죽고 나서 생긴 정치적 공백을 이용하여 요시야가 평소 생각해 왔던 개혁을 단행하기 시작했고 622년 법전 발견, 그의 개혁이 전면적이고 조직적인 양상으로 확산되었던 것으로 보면 무리가 없겠다.

요시야가 개혁을 한창 진행시키고 있는 동안에도 근동의 정치 판도는 급속도로 바뀌고 있었다. 아쑤르바니팔이 죽은 다음 해인 626년 나보폴라살이 바빌론을 아시리아의 세력권에서 완전히 해방시키고 스스로를 바빌론 임금으로 선언하였다. 이어 614년에는 메대가 아시리아의 옛 수도 아쑤르를 점령했고 612년에는 수도 니느웨가 바빌론과 메대의 동맹군에게 함락되었다. 나훔 예언서는 니느웨의 함락을 직접 목격하고 기뻐하는 유다인의 증언을 전하고 있다. 한편 하란으로 도망친 아시리아의 잔여 군대는 610년 패망한다.

　이렇게 되자 바빌론의 세력이 급속도로 부상하는 것을 두려워한 이집트의 느고 임금(기원전 610-594년)이 하란을 탈환하려고 바빌론에 대항하는 아시리아의 마지막 군대를 돕기 위해 북쪽으로 진격해 올라왔다. 609년 요시야는 군대를 이끌고 므기또에 나가 북진하는 이집트 군대와 싸우다 적군이 쏜 화살에 맞아 전사하였다(2열왕 23,29-30; 2역대 35,20-24). 요시야 임금 이후 22년 동안 유다의 통치자들은 이집트와 바빌론 사이를 오락가락하면서 한쪽에 대한 충성을 여섯 번이나 번복한다. 이는 당시 근동의 국제 정세가 매우 불안하고 예측하기 어려웠다는 것을 단적으로 보여준다.

　요시야의 치세와 관련한 예레미야의 신탁을 정확하게 가려내기란 그리 쉬운 일이 아니지만 일반적으로 예레 1—6; 8—9; 14—16; 18; 23장이 이에 해당되는 것으로 간주할 수 있다.

다. 여호야킴(609-598년)

　요시야 임금이 므기또에서 전사한 이후 4년간(609-605년)은 이집트가 팔레스티나와 시리아를 장악하던 시기이다. 이집트의 파라오 느고는 아시리아 동맹군과 함께 하란을 탈환하려다 바빌론에 패했지만 이집트의 국경을 시리아까지 넓히는 소득을 얻었다. 유다인들은 요시야의 후계자로 그의 아들 여호아하즈를 왕위에 앉혔으나 석 달 뒤 느고가 리블라에 자리잡은 자신의 진지로 불러 그 자리에서 그를 폐위시키고 이집트로 압송시켰다. 느고는 여호아하즈의 후계자로 동생 여호야킴을 이집트의 꼭두각시 임금으로 내세웠다. 여호야킴은 이집트의 속국 군주 역할을 충실하게 수행하면서 책임있는 통치보다는 자신의 지위를 강화하는 데 더 골몰하였다(예레 22,13-19). 여호야킴의 치세 아래 다시 우상숭배와 이교적 각종 풍습이 판을 치게 되었고 요시야 임금의 개혁은 물거품이 되어갔다.

605년 바빌론의 느부갓네살은 가르그미스에서 이집트를 대파하고 남쪽 시리아의 하맛까지 이집트 군대를 추격해 내려갔다. 이집트 임금 느고는 본국으로 군대를 후퇴시켰다. 느부갓네살이 604년 바빌론의 왕권을 이어받은 후 아스켈론을 치자 이집트에 조공을 바치던 여호야킴을 비롯한 팔레스티나 지방의 군주들은 모두 바빌론과 계약을 맺고 느부갓네살의 신하가 되었다. 느부갓네살은 그들에게 조공을 받으면서 제국의 세력을 급속도로 넓혀 나갔다.

601년 느부갓네살과 느고는 이집트 국경 근처에서 다시 만나 치열한 공방전을 벌였지만 어느 쪽도 승산이 없자 본국에서 멀리 떠나온 느부갓네살이 군대를 재충전하기 위하여 먼저 바빌론으로 철수한다. 이때를 틈타 여호야킴이 느부갓네살에게 반기를 들었다. 여호야킴의 반역에 느부갓네살은 즉각적인 보복 조치를 취하지는 않았지만 속국 민족인 아람과 모압과 암몬을 부추겨 유다를 괴롭혔다.

598년 느부갓네살은 다시 팔레스티나로 진격해 왔는데 모반을 일으킨 예루살렘을 공략하는 것이 목적이었다. 바빌론 군대가 예루살렘을 포위 공략하던 중 여호야킴이 죽고(아마도 살해된 것으로 추정됨), 그의 아들 여호야긴이 음력 3월 16일 이 도읍이 함락되기까지 석 달 가량 예루살렘에서 유다를 다스렸다. 느부갓네살이 예루살렘을 점령한 후 첫번째 취한 조치는 여호야긴을 왕위에서 끌어내리고 대신 그의 삼촌 시드키야를 임금으로 내세운 것이었다. 폐위된 여호야긴은 칠천 명에서 만 명에 이르는 종교·정치 지도자들과 장인들과 함께 바빌론에 포로로 끌려갔다. 이것이 첫번째 바빌론 귀양 사건이다. 여호야긴은 포로 생활을 하면서도 유다인과 바빌론인 모두에게 합법적인 임금 대접을 받았다. 바빌론의 한 식량 배급 목록에는 그의 이름이 서부에서 잡혀온 다른 통치자들의 이름에 섞여 발견된다.

이 시기에 해당되는 예레미야서의 본문으로는 여호아하즈가 이집트로 귀양갈 것이라는 내용의 예레미야 신탁(22,10-12), 여호야킴의 왕궁 건축에 대한 예레미야의 부정적 신탁(22,13-19), 예레미야의 저 유명한 '성전 설교'(7,1—8,3; 26,1-24), 깨진 질그릇의 상징(19,1-15), 성전 대문간 문설주에 묶였다 풀려난 예레미야의 항변(20,1-6), 느부갓네살의 침략에 대비한 단식 요청(36,9), 예레미야의 신탁을 기록하는 바룩(36,1-31; 45,1-12), 바룩에 대한 소개(45,1-5), 아람인들을 피해 도피중인 레갑인들에 대한 예레미야의 가르침(35,1-19), 여호야긴에 관한 기록(22,24-30), 두 과일 바구니의 환시(24,1-10) 등을 들 수 있다.

라. 시드키야(597-587/6년)

시드키야는 심성은 바르지만 의지가 약한 임금이었다. 더구나 아직도 많은 사람들이 바빌론에 잡혀간 여호야긴을 합법적인 유다 임금으로 간주했기 때문에 시드키야는 왕족이나 귀족들, 그리고 일반 여론을 몹시 두려워하며 살았다.

시드키야의 치세 동안 유다 안에는 각기 다른 정치 성향을 띤 무리들이 세력 확장을 위해 살벌한 경쟁을 벌이고 있었다. 친이집트파 · 친바빌론파 · 독립파 등으로 갈라진 이들의 당쟁은 시드키야가 올바른 판단을 내리고 슬기로운 정치를 펼치는 데 큰 걸림돌이 되었다.

595/4년 바빌론 제국에 내란이 일어나고 동쪽에서 엘람인들이 쳐들어오는 바람에 느부갓네살은 속국 민족들에 대한 경계를 다소 늦추게 되었다. 이 기회를 놓칠세라 에돔과 모압과 암몬과 띠로와 시돈의 대표들이 예루살렘에 모여 바빌론의 멍에를 벗어버리고자 모의를 꾸몄으나 별다른 결정을 내리지 못하고 헤어졌다. 그러나 589년 시드키야는 드디어 독립을 쟁취하기로 결심하고 이집트의 설득과 지원에 힘입어 띠로와 시돈을 반란에 가담시키는 데 성공했다.

588년 정월 느부갓네살은 유다에 진격해 들어와 예루살렘을 완전히 포위한 뒤 다른 도시와 성읍을 차례로 파괴시켰다. 여름이 되면서 이집트 원정군이 예루살렘을 향해 온다는 희망찬 소식이 전해져 왔고(37,5) 바빌론이 포위를 한때 풀기도 하였다. 그러나 이집트 원정군은 바빌론군에 쉽게 격퇴되고 예루살렘의 공략은 계속되었다. 그해가 저물어 갈 무렵 유다의 성읍 가운데 남은 것은 예루살렘 이외에 아제카와 라기스뿐이었다(34,6-7). 587/6년 시드키야는 항복하기를 원했으나 신하들이 두려워 결단을 내리지 못하였다. 그해 7월 마침내 바빌론 군대는 예루살렘 성벽을 파괴하고 성안으로 들어갔다. 시드키야는 가까스로

성을 탈출하여 유다 사막으로 도주하기 위해 요르단강으로 도망쳤으나 예리고 근처에서 붙잡혀 시리아의 리블라에 진을 친 느부갓네살 앞까지 도보행진을 강요당하였다. 거기서 시드키야는 눈앞에서 두 아들이 살해당하는 끔찍한 현장을 목격해야 했고 그런 다음 두 눈이 뽑힌 채 바빌론에 포로로 끌려갔다(2열왕 25,5-7). 8월에 느부갓네살은 친위대를 직접 이끌고 유다의 수도 예루살렘에 입성하여 성전을 약탈하고 도시를 완전히 불태워 폐허로 만들었다. 그러고는 종교 지도자들과 행정 관리들을 다수 살해하고 나머지 왕족과 사제와 관리와 장인들은 포로로 붙잡아 바빌론으로 끌고 갔다. 이것이 두번째 바빌론 귀양 사건이다.

이 시기와 관련된 예레미야서의 대목은 속국 대표들의 방문에 즈음해 소 멍에를 걸머진 예레미야의 상징적 행위(27,1-22), 예레미야와 하나니야의 대결(28,1-17), 바빌론과 관련된 물에 가라앉는 돌의 상징(51,59-64), 바빌론 포로들에게 보내는 예레미야의 편지(29,1-32), 예레미야에게 자문을 구하는 시드키야(24,1-10), 임금에 대한 메시지(34,1-7), 노예들의 해방과 재속박(34,8-22), 이집트 군대의 진격과 바빌론의 예루살렘 포위 해제(37,1-10), 예레미야의 수감(37,11-21), 웅덩이에서 구제된 예레미야(38,1-28), 밭을 사는 예레미야의 상징 행위(32,1-15) 등이다.

마. 예루살렘 함락 이후

예루살렘을 황폐화시킨 느부갓네살은 유다를 바빌론 제국의 한 지방으로 편입시키고 예루살렘에서 약간 북쪽에 위치한 미스바를 새 수도로 정해준 후 유다의 귀족 가문 출신이요 시드키야 왕궁의 의전관리(儀典官吏)였던 게달리야를 이곳의 지방장관으로 임명하였다(2열왕 25,22-23; 예레 40,5). 게달리야는 유다 지방의 남은 자들에게 더이상의 비극을 당하지 않도록 바빌론의 예속을 받아들이라고 권고하였다(2열왕 25,24). 그러자 요르단강을 넘어 도피했던 많은 유다인들이 게달리야를 믿고 다시 돌아왔다(예레 40,11-12). 그러나 옛 왕족의 후예인 이스마엘이 몇몇 유다인 관리와 더불어 게달리야의 통치를 배척하고 그를 배신자로 규정하여 살해하였다. 그들은 게달리야뿐 아니라 그 측근의 바빌론 경비병들과 무죄한 미스바 주민들까지 살해하고 바빌론 수비대의 요새를 파괴한 후 암몬으로 도망쳤다(2열왕 25,23-25; 예레 40,7—41,15). 게달리야의 친구들과 미스바의 남은 주민들은 느부갓네살의 보복이 두려워 이집트로 도망쳤다. 이때 그들은 느부갓네살의 복수를 피하기 위한 한 방법으로 그가 아끼던 예레미야를 바룩과 더불어 인질로 삼아 동행시켰다(2열왕 25,26; 예레 42,1—43,7). 예레미야의 최후에 대한 기록이 우리에게 전해지지 않은 것으로 보아 예레미야의 전기를 기록한 것으로 알려진 바룩이 그보다 먼저 사망하지 않았나 추측된다.

예레 52,30에 보면 582년 느부갓네살의 치세 23년에 유다인들이 또다시 포로가 되어 바빌론에 끌려간 것으로 되어 있다. 이 세번째 귀양은 다소 늦은 감이 없지 않으나 게달리야를 살해하고 미스바를 파괴한 유다인들에 대한 느부갓네살의 복수 행위로 보인다.

이 시기에 속하는 본문으로는 예루살렘의 파괴(39,1-14), 예레미야의 선택(40,1-6), 게달리야의 살해와 이집트 피신(40,7─43,7), 역청으로 포장된 길에 돌을 묻는 상징 행위(43,8-13), 이집트에서 당할 유다인들의 재앙(44,1-30) 등을 들 수 있다.

제6주간: 거짓 예배의 단죄

범위: 예레 1—10장
성가: 64
주제본문: 예레 10장

　1장은 예레미야의 소명 이야기이다. 그의 고향은 베냐민 땅에서 레위인들이 모여 살던 마을 아나돗이다. 이곳은 예루살렘에서 북쪽으로 5킬로미터 떨어진 오늘의 아나타 마을 근처에 있었다. 예레미야의 활동시기는 요시야 치세 13년(기원전 627년)부터 시드키야 치세 11년(기원전 587년) 말까지 40년 동안이다. 주님께서 예레미야에게 소명을 주시는 말씀은 이러하다. "내가 너를 점지해 주기 전에 나는 너를 뽑아 세웠다. 네가 세상에 떨어지기 전에 나는 너를 만방에 내 말을 전할 나의 예언자로 삼았다"(1,5). 태어나기 전부터 하느님이 '성별'하신 인물로는 예수님(루가 1,35; 요한 10,36)을 비롯하여 삼손(판관 13,5), 세례자 요한(루가 1,15.41), 바오로(갈라 1,15) 등이 있다. 예레미야가 받은 소명은 '만방에 내 말을 전할 나의 예언자' 곧 '민족들의 예언자'이다. 본문 자체로 보아서는 '유다의 예언자'나 조금 넓게 '이스라엘 전체의 예언자'여야 마땅한데, 왜 이런 이름이 예레미야에게 부여되었을까? 그가 전한 신탁 내용이 유다 민족과 다른 민족들의 관계, 그리고 많은 민족 사이의 상호관계에 대해 언급하는 국제적인 성격을 띠고 있기 때문이다.

예레미야의 소명은 민족들의 파괴와 건설을 알리는 것이다. "보아라! 나는 오늘 세계 만방을 너의 손에 맡긴다. 뽑기도 하고 무너뜨리기도 하고 멸하기도 하고 헐어버리기도 하고 세우기도 하고 심기도 하여라"(1,10). 앞의 네 동사는 민족들에게 내릴 하느님의 징벌을(2—25장; 46—51장), 뒤의 두 동사는 재건의 희망을(30—33장) 시사한다. 이어지는 두 개의 환시(1,11-13) 곧 감복숭아 가지(더 정확하게는 편도나무 가지)의 환시와 북쪽에서 쏟아지려는 끓는 솥물의 환시는 예레미야를 시켜 전한 하느님의 말씀이 반드시 실현될 것임을 예시한다. 감복숭아꽃은 이른 봄에 제일 먼저 꽃망울을 터뜨린다. 하느님은 감복숭아꽃을 기다리듯 당신의 말씀이 성취되기를 기다리신다. 북쪽에서 쏟아져 내리려는 끓는 솥물은 북쪽에서 쳐들어오는 수많은 적군을 말한다. 어떤 주석가들은 그들을 노략질을 일삼던 마적단 스키타이인들과 동일시하기도 하지만, 예레미야 시대에 남쪽 유다 왕국을 침략한 아시리아와 바빌로니아 군대로 보는 게 더 타당하다.

예레미야는 자신이 전한 하느님의 말씀 때문에 험난한 일생을 보냈다. 하느님은 이 사실을 예레미야에게 미리 알려주시며 당신께서 함께해 주실 테니 두려워하지 말라고 안심시키신다. "너는 허리를 동이고, 일어나 나의 백성에게 일러주어라. 내가 시키는 말을 모두 전하여라. 이 백성을 두려워하지 마라. 그러다가 그들 앞에서 오히려 두려워하게 되리라. 유다의 임금이나 고관들, 사제들이나 지방 유지들과 함께 온 나라가 달려들어도 내가 오늘 너를 단단히 방비된 성처럼, 쇠기둥, 놋담처럼 세우리니, 아무리 덤벼도 너를 당하지 못하리라. 내가 네 옆에 있어 도와주리라. 이는 내 말이라, 어김이 없다"(1,17-19). 마지막에 덧붙인 말 '이는 내 말이라, 어김이 없다'는 '이는 내 말이니, 잘 들어라'와 더불어 예레미야의 신탁에서 후렴처럼 반복된다. 하느님의 말씀은 반드시 이루어진다는 사실을 강조하는 말이다.

예레미야의 소명 이야기는 곧잘 모세의 소명 이야기(출애 3—4장)와 비교된다. 예레미야와 모세 둘 다 소명의 어려움을 깨닫고 말을 잘 못한다는 핑계를 댄다. 그러자 이 두 예언자에게 하느님께서는 당신께서 함께해 주시며 도와주시겠다고 약속한다. 그리고 두 예언자는 이런 약속에도 아랑곳하지 않고 어려운 고비마다 하느님이 제대로 도와주시지 않는다고 불평하며 좀더 분명하게 도와주시라고 호소한다.

이스라엘의 배반에 대한 예레미야의 고발과 단죄는 2장부터 곧바로 시작된다. 한때 진정한 유일신 야훼를 섬기다가 그 믿음을 내팽개치고 빈 껍데기뿐인 이방신들을 섬기기로 작정한 민족은 도대체 이스라엘 이외에 어디서 찾을 수 있겠는가? "어떤 민족이 섬겨오던 신을 바꾸어 신도 아닌 것을 섬기는 일이 있더냐? 그런데 내 백성은 영광스럽게 모실 나를 버리고 아무데도 쓸모없는 것을 잡았다"(2,11). 이제 주님께서는 하늘을 증인삼아 이스라엘이 범한 두 가지 중대한 과오, 곧 당신을 버리고 다른 신들을 찾아 나선 행위를 고발하신다. "하늘도 놀랄 일이다.

기가 막혀 몸서리칠 일이다. 이는 내 말이니, 잘 들어라. 나의 백성은 두 가지 잘못을 저질렀다. 생수가 솟는 샘인 나를 버리고 갈라져 새기만 하여 물이 괴지 않는 웅덩이를 팠다"(2,12-13). 맑은 샘물을 제공하는 우물은 생명과 행복을 주시는 하느님을, 깨어지고 갈라진 웅덩이는 아무런 도움도 주지 못하는 공허한 우상을 가리키는 표상이다.

2,22의 표상은 얼룩이다. 이스라엘이 저지른 죄, 곧 하느님을 저버리고 풍산신들을 섬기게 된 죄악은 하느님 앞에서 아무리 강한 표백제를 사용해도 지워지지 않는 얼룩과 같다. 그가 바알을 섬기지 않았다고 억지 주장을 해도 소용없는 일이다. 다른 예언자들과 마찬가지로 예레미야도 이스라엘의 우상숭배를 창녀짓으로 묘사한다. 「공동번역」이 미진해서 23-24절을 「새번역」에서 옮긴다. "네가 어찌 부정하지 않다고 바알들을 따라다니지 않았다고 말할 수 있느냐? 골짜기에서 걸었던 네 길을 살펴보고 네가 무슨 짓을 했는지 깨달아라. 너는 가는 길 종잡을 수 없는 경박한 암낙타로구나. 광야에 익숙한 들나귀가 몸이 달아 냄새를 찾아 킁킁거리니 누가 그 발정을 막겠느냐? 이런 암나귀를 찾아 애쓸 필요도 없이 수컷들은 발정기에 있는 그를 쉬이 발견하리라"(2,23-24). 여기서 두 동물의 표상이 이스라엘의 부정한 행위와 연관되어 등장한다. 먼저 젊은 암낙타는 이스라엘의 종잡을 수 없는 방황을 상징한다. 일정한 박자나 이유도 없이 이리 뛰고 저리 뛰는 이 젊은 낙타는 그 방향을 도저히 예측할 수 없고 사막의 골짜기에 제멋대로의 발자국만 남길 뿐이다. 또 이스라엘은 수컷을 찾아 발광하는 야생 암나귀처럼 풍산

신 숭배 풍습에 정신없이 빠져들고 있다. 짝짓고 싶은 본능으로 몸이 달아오른 암나귀가 흙먼지에도 아랑곳하지 않고 바람결 따라 실려오는 수컷의 냄새를 찾아 코를 벌름거리는 꼴이, 음욕의 노예가 되어 그 욕정을 채우려고 풍산신 숭배에 빠져드는 이스라엘 백성과 꼭 같다는 것이다.

3장에서 하느님은 예언자를 시켜 우상숭배에 빠진 이스라엘 백성에게 호소하신다. "배반한 자식들아, 돌아오너라. 너희의 마음을 바로잡아 나를 배반하지 않게 하여주리라"(3,22ㄱ). 그러자 이스라엘 백성은 주님께 돌아가겠다고 약속한다. "우리가 지금 야훼께 돌아갑니다. 우리 하느님은 야훼뿐이십니다. 언덕 위의 산당들은 모두가 헛된 것이었습니다. 이 산 저 산에서 수선을 떨어보았지만 모두 헛된 일이었습니다. 우리 하느님 야훼 밖에 이스라엘을 건져주실 분은 없사옵니다"(3,22ㄴ-23). 그러나 이스라엘은 말과 행동이 다르다. 그래서 하느님은 이스라엘의 배반을 징벌하시려고 북쪽에서 적군들을 일으켜 예루살렘을 공격하게 하신다(4-6장). 적들이 쳐들어오는데도 예루살렘 주민들은 주님께 돌아올 생각은 하지 않고 성전을 두고 "이것은 야훼의 성전이다, 야훼의 성전이다, 야훼의 성전이다"(7,4) 하고 주문만 외우고 있다. 설마 주님께서 당신의 성전을 원수들의 말발굽에 짓밟히도록 버려두실 리가 있겠는가 하는 생각에서다. 예레미야는 이런 태도를 비판하며 주님 앞에서 바른 행실을 보이라고 충고한다. "너희의 생활 태도를 깨끗이 고쳐라. 너희 사이에 억울한 일이 없도록 하여라. 유랑인과 고아와 과부를 억누르지 마라. 이곳에서 죄 없는 사람을 죽여 피를 흘리지 마라.

다른 신을 따라가 재앙을 불러들이지 마라"(7,5-6). 사회 정의를 실천하고 우상숭배를 근절하는 것만이 살 길임을 제시한다.

 이런 예레미야의 호소에도 이스라엘은 죄악에서 돌아서지 않는다. 이제 이스라엘은 하느님이 징벌로 내리시는 재앙을 면할 길이 없다. 예언자는 이스라엘 백성이 얻어맞고 상처를 입는 것을 미리 내다보며 하느님의 고통과 자신의 고통을 뒤섞어 전한다. "내 딸 내 백성이 치명상을 입었는데 전들 어찌 아프지 않겠습니까? 앞이 캄캄하고 마음은 떨립니다. 길르앗에 약이 떨어질 리 없고 의사가 없을 리 없는데, 어찌하여 내 딸, 이 백성의 상처를 치료하지 못합니까? 내 머리가 우물이라면, 내 눈이 눈물의 샘이라면, 밤낮으로 울 수 있으련만, 내 딸 내 백성의 죽음을 곡할 수 있으련만"(8,21-23). 하느님은 비록 이스라엘을 징벌하셨지만 사랑하는 당신 백성이 고통당하는 모습을 지켜보는 것이 괴로우셨을 것이고, 예레미야는 동족의 고통을 지켜보는 것이 괴로웠을 것이다.

 하느님은 이스라엘 백성을 버리고 광야로 떠나고 싶지만, 차마 그렇게 못하신다. "사막에 머물 만한 으슥한 데라도 있다면 내 백성을 버리고 그리로 떠나가련만"(9,1). 그 대신 예루살렘에 남아 당신 백성의 고통을 지켜보시며 슬퍼하신다(9,16-17).

제7주간: 예언자의 고통

범위: 예레 11—20장
성가: 222
주제본문: 예레 20장

예레 11—20장에서 두드러지게 눈에 띄는 대목은 다섯 개의 고백(11,18—12,6; 15,10-21; 17,14-18; 18,18-23; 20,7-18)이다. 이 고백들은 예레미야를 불완전하고 심지어는 부도덕한 예언자로 오해할 소지를 낳는다. 대부분 운문으로 된 이 고백들은 애도의 시편과 그 내용이 흡사하여 '애가'라고도 하고 학자들에 따라서는 '불평'으로도 부른다. 하느님이 자신의 한계를 망각하고 계시다는 불평과 자신을 박해하는 사람들 앞에서 토로하는 분노의 울부짖음, 끊임없는 자기 비하와 연민, 원수들에 대한 복수 요청 등은 예레미야가 예언자의 소양을 제대로 갖추었는지 의심할 정도로 부정적이다. 그러나 다른 한편 이 고백들은 예레미야의 인간적 약점과 개인적 갈등을 정직하게 드러냄으로써 하느님의 부르심에 충실하고자 하지만 역부족을 느끼는 평범한 사람들에게 커다란 위로가 될 수도 있다.

이처럼 다소 부정적인 요소를 내포하는 고백의 성격을 두고 학자들은 다양한 해석을 한다. 어떤 사람들은 이 고백을 예레미야 자신의 비극적 체험에 바탕을 둔 자서전적 문헌으로 보는가 하면, 어떤 사람들은 예언자 자신의 체험이 아니라 공동체의 비극적 체험을 경신례 안에서 노래로 지어 반복하던 공동체 문헌으로 여긴다. 또 다른 사람들은 이 고백이 예레미야 자신도 함께 겪은 유다 공동체의 비극과 재앙을 예언자가 자신의 불행한 삶으로 구체화해 묘사함으로써 한층 더 극적인 효과를 얻어낼 목적으로 작성된 개인의 체험과 공동체의 체험을 연결시킨 혼합문헌으로 생각한다. 이 마지막 세번째 견해가 가장 그럴듯하다.

예레미야의 고백록에서 강조하는 것은 세 가지 고통, 곧 하느님의 고통과 백성의 고통과 예언자 자신의 고통 가운데서 마지막 세번째 고통이다. 첫째 고백(11,18―12,6)은 주님의 대변자가 받는 박해를 다룬다. 예레미야의 고향 아나돗 사람들은 주님의 이름으로 예언한다 하여 그를 죽이려 한다. 그래서 예레미야는 하느님께 정의에 관한 질문을 하나 여쭙는다. 의인을 박해하는 악인들은 왜 성공하는가? 욥기에서처럼 하느님은 질문에 대한 직접적 답변 대신 다소 엉뚱한 말씀을 하신다. "네가 사람과 달리기를 하다가 지쳐버린다면, 어떻게 말과 달리기를 하겠느냐? 편안한 곳에서나 마음놓고 살 수 있다면 요르단 강가 깊은 숲속에서는 어떻게 살겠느냐?"(12,5-6). 발로 사람들과 달리기를 하면서 벌써 지친다면 말들과 뛸 때는 어떻게 되겠느냐? 지금 안전한 땅에 머무는 데 집착하면 거친 숲속에서 지내야 할 미래의 삶(유배를 연상할 수 있다)은 어떻게 견뎌내겠느냐? 두 말씀 모두 현재의 삶이 앞으로 더욱더 어려워질 것임을 시사하고 15장에서처럼 불가해한 하느님의 정의에 대해 더이상 쓸데없는 관심을 기울이지 말고 오히려 닥쳐오는 미래의 어려움 앞에서 예레미야가 구체적으로 취해야 할 올바른 태도를 제시한다.

13장에는 두 가지 상징이 나온다. 모시 잠방이와 술독의 상징이다. 모시 잠방이는 속옷처럼 허리에서 무릎 위까지를 가리는 아마포 천을 말한다. 주님께서 예레미야에게 이르시기를, 허리에 걸쳤던 아마포 천을 벗어서 물에 적시지 말고 바위 틈에 숨겨두라고 하셨다. 물에 적시지 말라는 명령은 빨지 말라는 분부이다. 오랜 시일이 지난 다음 주님께서는 예레미야에게 다시 그 천을 가져오라고 하셨는데, 숨겨둔 곳에서 꺼내보니 몸에서 묻어난 땀과 때로 그 천은 썩어서 아무짝에도 쓸모가 없게 되었다. 주님한테서 떨어져 나간 이스라엘 백성도 제 죄 탓에 이처럼 망하고 말 것이다. 술독의 상징은 지도자건 일반 주민이건 주님의 말씀을 듣지 않고 온갖 죄악으로 가득찬 이스라엘 백성이 서로 부딪쳐 큰 혼란 속에서 멸망하리라는 뜻이다. 하느님은 이렇게 이스라엘이 망해도 동정하지 않겠다고 하신다(13,14). 그들은 이제 그분의 징벌을 피할 수 없다(15,1-4).

둘째 고백(15,10-21)이 지향하는 목표는 예레미야를 반대하는 무리 앞에서 그의 예언직을 정당화하는 데 있다. 먼저 예언자는 어머니에게 자신을 낳아준 것에 대해 불평한다. "아아, 어머니! 왜 나를 낳으셨습니까? 온 나라 사람이 다 나에게 시비를 걸고 싸움을 걸어옵니다. 나는 아무에게도 빚진 일이 없고 빚을 준 일도 없는데, 사람마다 이 몸을 저주합니다"(15,10). 그러나 이 불평은 예언자의 출생 자체에 대한 원망이 아니라 시비와 갈등으로 점철된 그의 예언적 삶 전체에 관한 것이다. 그는 자신이 시비와 갈등과는 전혀 무관한 사람이라고 항변하며 세상 모든 사람이 자기를 저주하는 것을 한탄한다. 이런 예언자의 불평과 원망에 대해 하느님은 그를 박해하는 원수들 손에서 예언자를 반드시 구출하고 더 나아가 그들을 북방 민족들에게 넘겨 그들이 모르는 땅으로 끌려가도록 하겠다고 약속하신다(15,13-14). 그러나 맹세까지 곁들인 하느님의 약속에도 사정은 별로 나아지지 않는다. 그래서 예언자는 불평과 원망을 하느님께 직접 토로한다. 그는 고통의 원인을 모두 주님께 돌리며 그분을 믿을 수 없는 도랑, 곧 우기철에 물이 철철 넘쳐흐르다 건기철엔 바짝 말라버리는 와디라고 부른다. "이 괴로움은 왜 끝이 없습니까? 마음의 상처는 나을 것 같지 않습니다. 주께서는 물이 마르다가도 흐르고, 흐르다가도 마르는 도무지 믿을 수 없는 도랑같이 되셨습니다"(15,18).

 그러자 하느님은 당신께 대한 신뢰심을 저버리고 입을 함부로 놀리는 예언자를 타이르시며 진정한 예언자가 되기 위한 조건을 제시하신다. 그가 주님께 돌아와 다시 그분에 대한 신뢰심을 회복하면 그의 예언직을 새롭게 회복시켜 주실 것이요, 그가 참된 말을 전하고 지나친 불평이나 원망과 같은 쓸모없는 말을 삼간다면 그를 당신의 대변인으로 삼아주시겠다는 것이다. 이렇게 하여 사람들 앞에 주님의 대변인으로 나선 예언자는 하느님과 인간 사이의 참다운 중개자가 되겠지만 불충스런 백성들에게 휘말려 하느님의 말씀을 왜곡시키거나 그들의 구미에 맞는 말을 전해서는 안 된다. 오히려 백성들이 그가 전하는 하느님의 말씀에 돌아오기를 기다려야 한다(15,19). 마지막으로 하느님은 예레미야가 소명을 받을 때 해주셨던 보증을 다시 한번 확인시켜 주신다. 하느님은 그를 튼튼한 놋쇠 성벽으로 만들어 주시어 아무도 그를 대적하지 못하리라고 약속해 주신다(15,20).

16장에서 하느님은 예레미야 예언자의 삶 자체를 징벌의 상징으로 만드신다. 예레미야는 장가들어 아들딸을 낳아서도 안 되고 사람들이 북적대는 초상집이나 혼인잔칫집에 가서도 안 된다. 그는 사람들에게서 떨어져 고독하게 살아야 한다. 하느님이 이제 곧 이스라엘을 징벌하시어 그들에게서 기쁨을 거두시고 낯선 땅으로 쫓아내실 것이기 때문이다.

예레미야의 셋째 고백(17,14-18)은 하느님께 대한 예언자의 신뢰를 다른 어느 고백보다 크게 부각시킨다. 예언자는 이 신뢰를 바탕으로 그분께 내적인 치유와 외적인 공격에서 자신을 구원해 주시기를 간절히 호소하고, 아울러 주님께서 자신이 발설한 예언 내용을 성취시켜 주심으로써 그가 참 예언자임을 원수들 앞에서 증언해 주시라고 간청한다. 예레미야가 예언의 성취를 바라는 것은 이스라엘 백성 위에 재난이 닥치는 것이 좋아서가 아니다. 그는 악을 재촉하거나 재난의 날을 기원한 적이 없음을 강조하며 자신의 모든 발언이 하느님께 기원을 두고 있음을 분명히 밝힌다. 예레미야가 자기 예언이 실현되기를 바라는 진짜 이유는 예언의 성취가 참 예언자로서 자신의 신원을 확인시켜 줄 뿐만 아니라 결국 하느님의 권능을 증언해 주기 때문이다.

예레미야의 넷째 고백(18,18-23) 역시 다른 고백에서 볼 수 있는 제반 요소를 대부분 다 가지고 있다. 하느님께 직접 호소함(19절), 자신의 불행한 처지에 대한 불평(20ㄱ.22.23절), 무죄함의 변호(20ㄴ절), 중재의 간청(21-23절) 등. 그러나 이 넷째 고백은 처음 두 고백(11,18 이하; 15,10 이하)과 두 가지 면에서 다르다. 첫째, 이 고백 안에는 예언자가 개인적으로 당한 박해를 그리 크게 부각시키지 않고 그 대신 하느님의 중재에 대한 간청에 더 큰 관심을 기울인다. 둘째, 하느님께 대한 고발이 간접적으로 또는 암시적으로만 나올 뿐 전면에 드러나지 않는다. 우리는 이 두 가지 사실에서 고백의 강조점이 분노에 찬 불평과 하느님께 대한 고발로부터, 셋째 고백에서 이미 드러나기 시작한 하느님께 대한 신뢰로 점점 옮겨지고 있음을 감지할 수 있다.

이 넷째 고백을 둘러싸고 옹기와 관련된 두 가지 상징(18,1-12; 19장)이 나온다. 주님께서 예레미야에게 옹기장이 집으로 내려가라고 명령하신다. 내려가라는 명령을 내리시는 분도 주님이시고 예언자가 본 일들의 상징적 의미를 밝혀주시는 분도 주님이시다. 옹기장이는 진흙덩이의 주인이다. 그는 자기가 만드는 옹기의 형태가 마음먹은 대로 구어져 나오지 않으면 그것을 부수고 다시 만들 수 있다. 이와 마찬가지로 당신 백성에 대한 주권을 가지신 주님께서는 그들을 만드실 수도 없애실 수도 있다. 19장에서 하느님은 예언자에게 오지그릇을 하나 사가지고 백성들의 대표들과 우상숭배의 본거지인 벤힌놈 골짜기로 나가라고 명령하신다. 그리고 그들이 보는 앞에서 오지그릇을 깨어 산산조각으로 만들면서 이런 말씀을 전하게 하신다. "만군의 야훼가 말한다. 이 옹기그릇이 부서져 다시는 주워 맞추지 못하게 된 것처럼 나는 이 백성과 이 도읍을 그렇게 부수리라. 마침내 사람 묻을 자리가 없어 이 도벳에마저 무덤을 쓰게 되리라"(19,11).

다섯째 고백(20,7-18)은 주님의 말씀을 전하는 소명 때문에 예언자가 겪는 비극적 운명을 가장 적나라하게 드러낸다. 예레미야는 어수룩하게도 주님의 꾐에 넘어가고 억지에 말려들어 모든 사람의 웃음거리와 놀림감이 되었다고 하소연한다. 그래서 예언자는 주님의 이름을 입에 올리지 않고 그분의 말씀도 전하지 않겠다고 작정한다. 그러나 자신의 뼛속에 갇힌 주님의 말씀이 심장 속에서 불처럼 타올라 견디다 못해 그 말씀을 어쩔 수 없이 다시 토해내고 만다. 예언자는 주님께서 자신의 편에 서시어 악인들의 손에서 자신을 지켜주시리라고 확신하면서도 자신의 험난한 운명을 한탄한다. "저주받을 날, 내가 세상에 떨어지던 날, 어머니가 나를 낳던 날, 복과는 거리가 먼 날. 어찌하여 모태에서 나와 고생길에 들어서 이 어려운 일을 당하게 되었는가! 어떻게 수모를 받으며 생애를 끝마쳐야 하는가!"(20,14.18).

주님의 말씀을 전하는 소명 때문에 고통을 받아야 하는 예언자, 그렇다고 그 소명을 저버릴 수도 없는 예언자는 그 소명을 주신 하느님께 매달리고 하소연할 수밖에 다른 도리가 없다.

제8주간: 참 예언자와 거짓 예언자

범위: 예레 21—29장
성가: 142
주제본문: 예레 27장

  이 대목은 예레미야가 겪은 총체적인 갈등 곧 임금·예언자·사제·뭇 민족·이스라엘 백성들과의 갈등을 다룬다. 21,1—23,8은 유다의 마지막 임금들, 곧 살룸(여호아하즈), 여호야킴(엘리야킴), 고니야(여고니야 또는 여호야긴), 시드키야(마따니야)에 대한 신탁이다. 이 신탁은 임금들의 통치 순서를 따르지 않고 오히려 최후의 시드키야에 관한 예언부터 시작한다. 예언자는 신명 17,14-20에 기초하여 임금들이 어떻게 행동해야 하는지를 제시한다. 임금은 동족 가운데 하느님이 골라주시는 사람이어야 한다. 임금은 자신의 마음을 하느님과 백성에게서 멀어지게 할 만큼 군마와 후궁과 재산을 많이 두어서는 안 된다. 왕위에 오른 뒤에도 이 가르침을 사제를 시켜 두루마리에 베껴 늘 옆에 두고 날마다 읽어야 한다. 그리하여 주님을 경외하고 그분의 가르침을 마음을 다해 지켜야 한다. 마음이 교만해져 백성을 얕잡아 보는 일이 있어서는 안 되고 주님의 계명을 하나라도 어겨서는 안 된다. 그러나 유다의 마지막 임금들은 대부분의 선왕들이 그러했듯이 주님의 법을 지키고 정의를 실천하는 임금의 첫번째 의무를 소홀히 하였다. 비천하고 가난한 백성들을 돌보는 대신, 힘없는 백성을 억압하고 착취하며 사치와 향락에 빠졌다. 그 결과 이민족에게 나라를 넘겨주고 자신들도 파멸로 이끌었다.

임금들에 관한 신탁의 결론 부분(23,1-8)은 주님께서 당신 백성을 공정과 정의로 돌볼 현명한 임금을 세워주시겠다는 약속으로 되어 있다(에제 34장 참조). 이 신탁에서 예레미야는 이사야처럼 민족의 미래를 다윗 왕손에서 태어날 참 목자의 출현과 연결한다.

예레미야의 신탁은 정치 지도자에 이어 종교 지도자에게 관심을 돌린다. 거짓 예언자들에 관한 언급은 이미 4,10과 14,13에도 나왔다. 그러나 본격적인 언급은 23,9-40과 27-29장에 있다. 23,9-15에서 예레미야는 거짓 예언자들을 두 종류로 나눈다. 하나는 이미 멸망해 버린 북왕국의 바알 예언자들이고 다른 하나는 당대의 예루살렘 예언자들이다. 예루살렘 예언자들은 종교적 탈선에 윤리적 탈선까지 덧붙였다는 점에서 북왕국 예언자들보다 더 악하다. 거짓 예언자들은 세 가지 점에서 빈 껍데기들이다. 첫째, 주님의 어전회의에 참석한 적이 없기 때문에 그분의 말씀을 전해 듣지 못했다(23,16-24). 둘째, 그들은 설교할 때 주님의 말씀을 받아 전하기는커녕 자신들의 망상이나 허망한 꿈 이야기만 한다(23,25-32). 셋째, 그들은 주님의 말씀이 짐이 된다는 말을 자주 하는데, 이런 말을 자주 하는 그들이야말로 주님께 짐이 된다(23,33-40). 이런 말을 하는 자들을 주님께서는 번쩍 들어 내던져 버리실 것이고, 그러면 그들은 영원히 잊을 수 없는 수치를 당하게 될 것이다. 예레미야와 같은 참 예언자는 주님의 친구로서 그분의 어전회의에 참석하여 그분의 말씀을 직접 전해 듣고 자기 생각이 아니라 그분의 말씀만을 전하며 주님의 말씀을 짐스럽게 생각하지 않는다.

24장은 무화과 두 바구니의 환시를 통하여 일반 백성의 죄악을 고발하는 내용이다. 백성의 지도자들이 바빌론으로 끌려간 뒤 어느날 주님께서는 예레미야에게 무화과 바구니의 환시를 보여주신다. 주님의 성전 앞에 무화과가 담긴 두 바구니가 놓여 있는데, 한 바구니에는 맏물처럼 썩 좋은 무화과가 담겨 있고 다른 바구니에는 썩은 무화과가 담겨 있었다. 기원전 597년 첫 번째 바빌론 유배 때 예루살렘에 남아 있던 사람들은 포로로 끌려간 사람들만이 죄인이고 자신들은 죄가 없다고 생각하였는데, 무화과 바구니 환시는 이런 생각을 뒤바꾼다. 하느님은 오히려 어려운 처지에 빠진 바빌론 유배자들을 좋은 무화과처럼 잘되게 해주시고 예루살렘에 남은 자들과 이집트 땅으로 피난 간 자들은 나쁜 무화과처럼 다루겠다고 하신다. 그러나 두 바구니가 주님의 성전 앞에 놓여 있다는 것은 주님께서 예루살렘에 남은 자들이나 유배자들이나 다같이 당신의 백성이므로 결국에는 둘 다 돌보아 주실 것임을 시사한다. 예루살렘에 남은 자들에게 주어진 희망의 메시지는 32,15과 33,1-18에서 확인할 수 있다.

25,1-14은 유배 이전까지 예레미야가 전한 예언을 요약한다. 여기서 두 가지 새로운 사실이 덧붙여진다. 하나는 징벌의 기간

을 70년으로 밝히는 것이고(29,10; 참조: 2역대 36,21; 다니 9,2) 다른 하나는 하느님께서 이스라엘을 징벌하는 도구로 삼으셨던 바빌론을 이제 징벌의 대상으로 만드시리라는 것이다. 70년이라는 기간을 두고 여러 가지 추측이 난무하다. 기원전 539년 바빌론이 고레스 대왕에게 멸망한 해를 유배의 끝으로 본다면 70년 전은 609년인데, 이해는 요시야가 죽은 해로 유배의 시작과는 연관이 없다. 반대로 597년 제1차 바빌론 유배부터 계산하면 527년이 되고, 아니면 본격적인 바빌론 유배(제2차 유배)가 시작되는 587년부터 계산하면 517년이 되는데 둘 다 바빌론 유배의 끝으로 보기에는 부적합하다. 오히려 70이라는 숫자를 완전을 뜻하는 성서적 상징수로 보는 것이 타당하다(창세 46,27; 50,3; 출애 15,27; 24,1; 판관 1,7; 8,30; 9,5; 12,14; 이사 23,15 등). 이 대목을 레위 26,35; 2역대 36,21과 연관시켜 풀이하면, 그 땅이 안식년 규정을 지키지 않은 세월을 완전하게 보상하기까지 충분히 쉬어야 한다는 것이다. 여기서 70이라는 숫자는 '완전한 휴식 기간'을 뜻한다. 이 기간이 끝나면 주님께서는 징벌의 도구로 삼았던 바빌론 임금과 그의 민족을 치시어 그들이 다른 민족을 섬기게 하실 것이다. 그들이 징벌의 도구 이상으로 다른 민족을 괴롭혔기 때문이다.

25,15-38은 뭇 민족에 관한 신탁이다. 19-26절에 나오는 민족의 목록은 동서남북 사방의 민족을 열거한다. 주님께서는 예레미야에게 명하신다. "나의 분노가 흘러넘치는 이 잔을 받아라. 내가 너를 뭇 민족에게 파견한다. 너는 이 잔을 모든 민족에게 주어 마시게 하여라. 내가 일으킨 싸움이 한창인데도 사람들은

이 술을 마시고 정신없는 사람처럼 비틀거릴 것이다"(25,15-16). 예레미야는 주님의 손에서 그 잔을 받아 모든 민족에게 마시게 하였다. 이로써 그가 받은 '민족들의 예언자'라는 소명이 확인되었다.

26장은 예레미야의 성전 설교(26,2-6)를 소개한다. 성전 설교의 요지는 주님의 성전에 예배하러 오는 유다의 모든 성읍 주민들이 주님의 말씀을 듣지 않고 그들 앞에 세워주신 법대로 따라 걷지 않으며 그들에게 보낸 주님의 종 예언자들의 말을 듣지 않는다면, 주님께서는 당신의 집을 폐허로 만드시고 예루살렘 도성을 세상 모든 민족에게 저주의 대상이 되게 하시겠다는 것이다. 이 성전 설교를 계기로 유다의 종교 지도자들, 곧 예언자들과 사제들은 예레미야를 죽이기로 작정한다. 이는 예수님의 성전 정화 사건을 떠올리게 한다. 그런데 유다의 종교 지도자들과 달리 유다 백성과 시민의 대표자인 대신들과 원로들은 "이 사람은 사형선고를 받을 만한 죄가 없소. 이 사람은 우리 하느님 야훼의 이름으로 말했을 뿐이오"(26,16) 하면서 오히려 예레미야를 두둔한다. 예언자들 가운데 예레미야의 강력한 후원자는 예레미야와 같은 말로 예루살렘 도성과 유다가 망하리라고 주님의 이름으로 예언한 키럇여아림 사람 스마야의 아들 우리야였다. 그러나 애석하게도 그는 여호야킴 임금의 손에 잡혀 죽었다.

27장에는 예언자의 또 다른 상징 행위가 소개된다. 예레미야는 주님의 명에 따라 목에 멍에를 메고 나타나, 유다를 비롯하여 주변의 모든 민족이 바빌론 임금의 멍에 밑에 제 목을 내밀어야 한다고 말한다. 그렇게 하지 않으면 칼과 기아와 흑사병으로 멸망하고 말 것이다. 이미 주님께서 바빌론 임금 느부갓네살을 징벌의 도구로 선정하셨기 때문에 그 뜻에 저항하는 자는 재앙을 면치 못할 것이다. 재앙보다는 항복을 택하는 것이 더 낫다.

28장은 거짓 예언자 하나니야와 참 예언자 예레미야의 대결을 전한다. 하나니야는 주님께서 597년 바빌론에 끌려간 유다 임금 여고니야와 다른 유배자들을 돌아오게 하시고 성전에서 탈취해 간 기물들을 되돌려 놓으시리라고 예언한다. 그러면서 예레미야의 목에서 멍에를 벗겨내 부순다. 예레미야는 하나니야의 예언을 정면으로 부정한다. 주님께서는 하나니야가 예레미야의 나무멍에를 벗겨내어 부숨으로써 오히려 쇠멍에를 만들었다고 하신다. 그분은 하나니야가 만든 이 쇠멍에를 모든 민족의 목에 씌우겠다고 하신다. 백성을 오도한 거짓 예언자 하나니야는 예레미야의 예언대로 그해 일곱째 달에 죽었다.

29장은 597년의 첫번째 유배 때 바빌론에 끌려간 포로들에게 예레미야가 보낸 편지를 소개한다. 첫번째 유배자들은 절망적인 현실과 유배중에 거짓 예언자들이 불러일으킨 조기 귀환의 희망 사이에서 갈팡질팡하였다. 예레미야는 그들의 유배생활이 오래갈 것이므로 바빌론에 정착할 생각을 굳히라고 권고한다. 집을 짓고 과수원도 만들며 아들딸들을 출가시켜 그곳에서 번성하게 하라고 한다. 유배는 거짓 예언자들의 예상과 달리 포로들이 주님의 공정한 징벌 기간을 완전히 다 채우기까지 꽤 긴 세월 동안 계속될 것이다.

제9주간: 새 계약

범위: 예레 30—45장
성가: 514
주제본문: 예레 31,23-40

　이제까지 예레미야의 신탁은 뽑고 무너뜨리고 멸하고 헐어버리는 파괴적인 일에 집중되었으나, 31—33장에서는 파괴 다음에 따라오는 백성의 쇄신과 땅의 회복에 대한 희망의 메시지를 전한다. 먼저 30—31장의 신탁들은 하느님 백성의 쇄신을 묘사한다. 지금 그들은 흩어져 학대받고 있지만, 주님께서 그들을 다시 시온으로 불러들이시어 완전히 새로운 환경 속에서 살도록 해주실 것이다. 하느님께서는 그들과 새로운 계약을 맺으실 터인데, 이 계약은 그들 조상들이 이집트에서 탈출할 때 맺었다가 깨뜨려 버린 계약과는 다르다. 새 계약은 주님께서 돌(십계석판)이 아니라 백성들의 마음에 직접 써넣으실 것이고 그렇게 되면 저마다 다른 사람들에게 가르침을 받을 필요 없이 주님의 뜻을 깨우칠 것이다. "그날 내가 이스라엘 가문과 맺을 계약이란 그들의 가슴에 새겨줄 내 법을 말한다. 내가 분명히 말해둔다. 그 마음에 내 법을 새겨주어, 나는 그들의 하느님이 되고 그들은 내 백성이 될 것이다. 내가 그들의 잘못을 다시는 기억하지 아니하고 그 죄를 용서하여 주리니, 다시는 이웃이나 동기끼리 서로 깨우쳐 주며 야훼의 심정을 알아드리자고 하지 않아도 될 것이며, 높은 사람이나 낮은 사람이나 내 마음을 모르는 사람이 없으리라. 이는 내 말이라, 어김이 없다"(31,33-34). 새 계약의 성취는 예수님이 세우신 성찬으로 보증된다(루가 22,30; 1고린 11,25).

　백성의 쇄신에 이어 32—33장은 땅의 회복을 선언한다. 예언자는 땅의 회복을 알리는 상징 행위를 한다. 예루살렘이 바빌론 군대에 포위되었을 때(기원전 588-587년) 예레미야의 숙부 살룸은 베냐민 지방 아나돗에 있는 자기 밭을 팔려고 내놓았다. 이때 주님께서는 예레미야에게 숙부를 구제할 권한 또는 의무를 행사하여 그 밭을 사라고 분부하신다. 상식 밖의 이 거래는 유다 땅이 지금은 갈대아인들(바빌론인들)의 손에 넘어갔지만 오래지 않아 되찾게 되리라는 희망을 전달한다. "너희 예언자들은 이 땅이 바빌론 사람들의 손에 넘어가 쑥밭이 되어 사람이나 짐승의 그림자도 어른거리지 않겠다고 하였지만, 이 땅에서 다시 밭을 사고 팔게 되리라"(32,43). 마침내 폐허가 되었던 유다의 성읍들과 예루살렘이 번영하고 그곳 주민들은 행복의 노래를 부를 것이다(33,1-13). 그때가 오면 다윗 왕조와 레위 지파의 사제직도 완전하게 회복될 것이다(33,14-22).

　34—45장은 신명기계 역사서의 관점을 재조명한다. 여호수아서에서 열왕기에 이르는 신명기계 역사서는 신명 27—28장의 내용에 바탕을 둔다. 이스라엘 백성은 주님의 말씀에 순종할 때 축복을 받고 순종하지 않으면 불행을 겪게 될 터인데, 불행

의 가장 큰 결과는 유배살이다.

　사마리아의 멸망에 즈음하여 2열왕 17장은 선택된 백성이 예언자들의 거듭된 경고에도 아랑곳하지 않고 우상숭배의 죄를 짓고 결국 유배의 형벌을 받게 되었다고 밝힌다. 예레 34─45장은 신명 27─28장과 2열왕 17장의 내용을 거의 같은 용어와 표현으로 반복한다.

　신명기계 역사서의 중요한 신학사상 가운데 하나는 주님의 관용이다. 주님께서는 유다의 징벌을 늦추시고 예언자를 보내시어 회개를 촉구하시며 당신 백성이 회개하기를 참을성 있게 기다리신다. 이런 신학적 전망에 맞게 예레미야는 시드키야 임금에게 하느님이 징벌의 도구로 이용하시는 바빌론에게 저항하지 말라고 충고한다(34,1-7; 37,1-10.17-21; 38,17-28). 그러나 시드키야는 예언자의 말을 무시하고 오히려 그를 물 없는 진흙구덩이에 가둔다(37,11-16; 38,1-6). 또 여호야킴 시절 초기에 예레미야는 비서이자 제자인 바룩을 시켜 주님의 말씀을 받아 적게 하고 그 두루마리를 백성 앞에서 읽게 하였다. 두루마리에 관한 이야기를 전해 들은 여호야킴 임금은 그것을 가져와 자기 앞에서 낭독하게 하였다. 임금은 서너 단이 낭독될 때마다 칼로 두루마리를 베어 화톳불에 살라버렸다(36,21-24). 아마도 두루마리에 적힌 유다의 멸망에 관한 신탁이 성취될까 두려워서였을 것이다.

　주님께서는 임금이 태워버린 두루마리를 내용 그대로 다시 만들라고 분부하시고 여호야킴과 유다 백성이 받을 큰 벌을 예고하신다(37,28-30).

39장은 예루살렘의 함락, 시드키야의 체포, 성전 파괴를 묘사한다. 정복자 바빌론 임금 느부갓네살은 자기 근위대장에게 예레미야를 데려다가 잘 보살펴 주라고 명령한다. 예레미야가 시드키야와 유다 백성에게 바빌론에 항복하라고 충고했기 때문일 것이다. 예레미야는 총독 게달리야의 보호 아래 자유의 몸이 되어 예루살렘에 머물 수 있었지만, 이 특전을 제대로 누릴 사이도 없이 게달리야를 살해한 폭도들에게 인질로 잡혀 자신이 원하지도 않는 이집트로 끌려갔다(40—43장).

이집트에 끌려가서도 예레미야는 예언을 계속하였다. 그는 먼저 이집트의 우상숭배를 단죄하고 그 때문에 바빌론이 이집트를 정복할 것이라고 말한다(43,8-13). 그 다음 44장에서 예레미야는 이집트의 유다인 유배자들에게 그들이 지금 고통을 당하는 이유는 역시 우상숭배 탓이라고 역설한다. 유배자들은 약속의 땅을 잃고 쫓겨나 유배살이를 하고 있는데도 우상숭배를 계속한다.

그들은 회개하기를 거부하고 그 대신 자신들에게 내린 재앙이 자기네를 도와 바빌론에 대항하여 싸워줄 이집트의 신들을 섬기지 않은 탓으로 엉뚱하게 이해한다(44,15-19). 그러나 모든 것을 낱낱이 지켜보시는 주님께서는 우상숭배에 빠진 이집트의 유배자들을 반드시 징벌하실 것이다(44,27-29).

45장의 내용은 바룩에게 내린 신탁이다. 초기에 바룩은 어떤 정치적 야망을 가졌던 것 같은데, 예레미야는 그런 야망을 버리라고 충고한다. 살아남는 것만으로도 다행스럽게 여겨야 할 재난의 시기에 그런 야망은 사치스러운 것이다. 바룩은 예레미야의 고통에 동참하고 주님께서 유다 백성에게 내리시는 고통을 받아들여야 한다. 주님은 이스라엘의 땅을 세우시고 심으신 뒤, 허물고 뽑으실 수 있는 분이다. 그분의 뜻에 순종하는 것만이 재앙에서 살아남는 길이다.

제10주간: 이스라엘의 회복

범위: 예레 46—52장
성가: 424
주제본문: 예레 51,17-46

　이제까지 예레미야서의 신탁은 몇몇 대목(10,1-16; 25,7-26; 33,9; 43,8-13)을 제외하고 대부분 유다에 집중되었다. 46—51장의 내용은 유다 이외의 여러 민족에 관한 본격적인 신탁이다. 이 신탁 덕분에 '민족들의 예언자'라는 이름이 왜 예레미야에게 주어졌는지를 이해할 수 있다. 여러 민족에 대한 신탁의 핵심은 이사 24—27장과 아모 1,2—2,16과 같이 하느님의 주권에 바탕을 둔다. 하느님은 역사의 주인이시다. 바빌론은 하느님께서 여러 민족의 우상숭배를 징벌하는 데 이용하는 도구에 지나지 않는다. 따라서 바빌론도 우상숭배에 빠지거나 도구 역할 이상의 폭력을 행사하였을 경우에는 하느님께 가차없이 책벌을 받을 수밖에 없다.

　이 대목에는 열 민족이 거론되는데, 바빌론이 맨 나중에 덧붙여 나온다. 거론되는 순서에 따라 이집트·불레셋·모압·암몬·에돔·시리아 등 처음 여섯 나라와 바빌론은 다른 예언서에서도 단죄의 대상으로 자주 등장한다(참조: 이사 13—23장; 에제 25-32장; 아모 1,3-2,3). 46장에 나오는 이집트 신탁은 주로 가르그미스 전투와 관련있다. 가르그미스는 오늘날 시리아와 터키 사이의 국경 도시 제라블루스에 자리잡았던 성읍이다. 기원전 605년 아시리아와 바빌론이 맞붙었을 때 아시리아를 돕기 위해 올라갔던 이집트 느고의 군대가 바로 이곳에서 대패하였다. 47장에는 불레셋 신탁이 나온다. 에게해의 해양 민족이었던 불레셋은 이집트 북단에 자리잡았다가 기원전 12세기 초 람세스 3세 때에 쫓겨나 팔레스티나 해변에 길게 자리잡게 되었다. 그들은 다섯 족장 가자 · 아스돗 · 아스클론 · 갓 · 에크론이 다스리던 성읍들끼리 동맹 국가를 세우고 오랫동안 이스라엘을 괴롭혔다. 47장의 신탁은 가르그미스 전투 이후 느부갓네살이 여러 민족을 계속 정벌해 나간 상황과 그뒤에 이집트인들의 침략을 받은 상황과 관련있는 것으로 보인다.

48장은 모압에 관한 신탁이다. 모압은 사해 동쪽에 자리잡은 이스라엘의 이웃이다. 모압과 이스라엘은 이스라엘 역사 초기부터 적대관계에 있으면서도 둘 사이의 교류는 단절되지 않았다. 유다에 기근이 들었을 때는 모압으로 이주하기도 하였고(룻기 참조) 유배 때는 일부 유다인들이 모압으로 피신하기도 하였다(40,11). 사해 동부에 자리잡은 지리적 특성 때문에 모압의 역사에는 비교적 큰 재앙이 없었다. 이 모압 신탁은 특정한 역사적 사건에 맞추어 내려진 것이 아니라 주님께서는 모든 민족의 주인이시라는 예레미야의 생각을 드러내기 위한 것이다.

49장에는 그 밖의 다른 민족들의 운명을 다룬다. 암몬은 요르단 동부 모압보다 북쪽에 위치한 나라로 옛날부터 이스라엘과 원수지간이었다. 49,1-6에서 예레미야는 암몬인들이 기원전 721년 북왕국이 멸망한 뒤에 가드 땅을 차지한 것을 질책한다. 에돔은 이스라엘과 같은 조상의 피를 나눈 민족으로 가나안 남동쪽에 자리잡고 이스라엘과 지속적으로 갈등을 겪어왔다(참조: 창세 25,22-23; 2사무 8,14; 1열왕 9,26; 2열왕 8,20-22; 16,6). 49,7-22의 신탁은 예루살렘 멸망(기원전 587년) 때 에돔이 보여준 태도에 초점을 맞춘다(오바 1,11 참조). 49,23-27에 나오는 시리아 신탁은 기원전 605년 가르그미스 전투 직후에 나온 것이 확실하다. 가르그미스 전투에서 이집트와 아시리아의 동맹군을 격파한 느부갓네살이 다마스쿠스·하맛·아르밧 등 시리아인들의 성읍을 점령하기 시작한 것은 이 신탁이 내린 다음부터이다. 49,28-33에 언급된 케달과 하솔은 아랍 부족들이다. 기원전 599년 느부갓네살은 아랍 부족들의 땅 아라비아를 약탈했다. 케달은 아라비아 북부에 정착한 유목민들로서 양을 치고(이사 60,7) 페니키아와 무역을 하며(에제 27,21) 활을 잘 쏘는(이사 21,16-17) 부족이었다. 이사 42,11에 따르면 하솔은 아랍 부족들을 통칭하는 이름이다. 49장 마지막 부분(34-39절)에 나오는 엘람은 기원전 2천년대에 바빌론 동쪽에 자리잡았던 나라로 그 수도는 수스였다. 오랜 역사를 지닌 엘람은 이 신탁이 내려진 기원전 597년에는 아시리아에 잃었던 주권을 되찾았으나 고대 근동에서 더이상 중요한 구실을 하지 못한다.

  50-51장에서 예레미야는 민족들에 관한 신탁을 바빌론 신탁으로 마무리한다. 바빌론의 몰락에 관한 신탁에 지면을 이처럼 많이 할애한 데는 그만한 이유가 있다. 바빌론의 운명은 유

배를 체험하고 있는 예레미야의 동시대인들에게 가장 큰 관심사일 수밖에 없었다. 이스라엘의 회복과 쇄신은 바빌론의 멸망을 전제로 한다. 또 하느님께서 만일 초강대국 바빌론을 통제하지 못하신다면 온 세상의 창조주시요 역사의 주인이시며 만물의 주재자로서 그분의 권위가 심각하게 도전을 받을 것이다. 바빌론 신탁은 바빌론의 몰락과 흩어진 이스라엘의 구원을 두 축으로 삼는데, 바빌론과 이스라엘에 관한 언급이 번갈아 나오는 신탁의 구성 자체가 이를 잘 보여준다. 주님께서는 벨과 마르둑 같은 바빌론의 신들을 쓰레기요 무능한 허상에 지나지 않는다고 선언하신다(50,1-10). 오직 이스라엘의 주님만이 살아 계신 하느님이요 온 세상의 주인이시다. 이스라엘의 진정한 희망은 야훼와 이방신들을 함께 섬기는 혼합주의나 온갖 잡신을 섬기는 다신주의에 있는 것이 아니라 이스라엘과 모든 민족의 과거와 현재와 미래를 정확하게 통제하시는 유일하신 주님께 있다.

민족들에 관한 신탁은 개별적 특성을 지니면서도 세 가지 공통점이 있다. 첫째, 이사 13—23장에서 볼 수 있듯 하느님은 민족들의 거만함을 반드시 징벌하신다. 이 거만함은 자신들이 가진 금은보화(예레 48,7), 지혜(49,7), 군사력(50,29; 51,53)을 과시하는 것으로 드러난다. 둘째, 하느님은 그들의 우상숭배를 징벌하신다. 우상들은 자기네 손으로 만든 것이므로 우상을 숭배한다는 것은 결국 자기 자신들을 숭배한다는 말이다(51,17; 참조: 10,1-16; 이사 44,9-20). 셋째, 하느님은 민족들의 경거망동함을 징벌하신다. 민족들은 이스라엘을 징벌하기 위한 하느님의 도구에 지나지 않는다(51,20-24). 그런데 그들은 이 사실을 인식하지 못한 채 필요 이상으로 이스라엘을 무자비하게 다루고 자신들의 힘만을 과시하다 망하였다. 대표적인 예가 이집트와 바빌론이다(46,1-26; 51,25-33).

  52장은 2열왕 24,19—25,30의 내용을 거의 그대로 반복한다. 차이가 있다면 여기서는 게달리야의 살해 이야기(2열왕 25,22-26)를 빠뜨린 대신 유배자들의 수를 밝힌 것뿐이다(예레 52,28-30). 이 차이를 빼고는 두 기록 모두 예루살렘의 함락, 시드키야의 운명, 포로로 끌려간 여호야긴 임금에게 베풀어진 은전(기원전 560년경), 그의 37년 유배살이를 전한다. 이 마지막 장은 예레미야가 전한 예언이 성취되었다는 것을 보여줄 목적으로 덧붙여진 것이다. 예레미야서의 마지막이 비극적이긴 하지만, 포로로 끌려간 다윗의 후손 여호야긴이 바빌론 임금에게 품위있는 대우를 받게 되었다는 기록은 이스라엘의 미래에 희망의 빛이 비칠 것임을 예시한다.

애가

- 고통을 통한 정화 -

　히브리어 성서에서 애가는 성문서집으로 분류된 축제오경(아가, 룻기, 전도서, 애가, 에스델) 가운데 네번째 책이다. 이 다섯 권의 책은 이스라엘의 축제 기간에 읽혔는데 아가서는 과월절에, 룻기는 오순절에, 애가는 압 달(음력 7월경) 7일의 성전 방화일에, 에스델서는 아달 달(음력 12월경) 14일의 부림제에 봉독하였다. 축제의 순서가 히브리어 성서에서 책의 순서를 결정짓는 근거가 되었다.

　애가는 전통적으로 기원전 587년 바빌론 침공과 예루살렘의 함락을 애도하는 성전 방화일(압 달 7일)에 낭독하였다. 오늘날에도 유다 회당에서는 이날 예루살렘 성전 파괴를 기념하며 애가를 봉독하는데, 서기 70년 아빕 달(음력 3월경) 9일에 있었던 로마군의 제2성전 파괴도 함께 기념한다. 로마 가톨릭에서는 그리스도의 수난과 죽음을 기념하는 성주간 전례에 특별한 곡조를 붙여 애가를 낭송하고 성금요일 성무일도에도 애가의 일부를 포함시킨다. 또한 애가는 독일 나치의 유다인 대학살과 같은 민족적 재앙이나 콘스탄티노플 함락과 같은 대도시의 멸망을 애도할 때 불리기도 한다.

　히브리어 성서에서 애가의 명칭은 첫 낱말을 그대로 딴 '에카'('아!' 또는 '어찌하여!')인데, 탄식을 나타내는 이 감탄사는 둘째와 넷째 노래의 시작에도 나온다. 그러나 탈무드에 따르면 본디 히브리어 성서에서 이 책의 이름은 단순한 감탄사를 뜻하는 '에카'가 아니라 죽은 이를 애도하며 부르던 만가(輓歌)를 뜻하는 '키노트'였다고 하는데, '키노트'는 이 책의 내용에 잘 어울린다. 칠십인역에서도 이 책에 애가를 뜻하는 '트레노이' 라는 이름을 붙여주었다. 대중 라틴어 성서에서는 이를 라틴어로 음역한 '트레니(Threni)'라는 이름을 사용하기도 하고, 본디 애가를 뜻하는 라틴어 낱말 '라멘타씨오네스(Lamentationes)'를 사용하기도 한다.

　애가는 다섯 개의 알파벳 노래로 짜여져 있다. 히브리어 22개의 글자 순서에 따라 지어진 이 노래는 기억하기에 편리하고 주제를 완벽하게 다루었다는 인상을 주지만, 언제나 첫번째 낱말이 알파벳 순서에 따라 미리 정해져 있기 때문에 표현의 제약을 받을 수도 있다. 1장과 2장은 저마다 히브리어 자음 수대로 22절이고 각 절은 다시 세 줄로 구성되어, 한 장은 22절 66줄을 이룬다. 3장 역시 22절 66줄로 되어 있지만, 절마다 첫 낱말만 알파벳 순서에 따른 자음을 갖는 1—2장과는 달리 한 절을 구성하는 세 줄의 첫 낱말들이 모두 같은 자음을 가짐으로써 더욱 치밀한 구성을 보인다. 4장에서는 다시 처음 두 장처럼 첫번째 낱말만 알파벳 순서에 따른 자음을 갖고, 이번에는 각 절이 세

줄이 아니라 두 절로 구성된다. 그러니까 4장은 22절 44줄이다. 마지막 5장은 알파벳 노래가 아니지만 22절로 되어 있어서 절 수만 알파벳 노래의 흉내를 낸다. 그런데 여기서는 각 절이 한 줄뿐이어서 5장과 4장을 합해야 앞의 장들처럼 66줄이 된다.

이처럼 잘 짜여진 애가를 누가 언제 어디서 지었을까? 전통적인 견해는 예레미야 예언자를 애가의 저자로 여긴다. 이는 예레미야가 유다 임금 요시야의 죽음을 애도하는 애가를 지었다고 전하는 2역대 35,25에 따른 것이다. 그러나 예레미야 예언서와 애가의 내용은 서로 일치하지 않는다. 예레미야 자신이 저자라면 "예언자들은 야훼께 계시도 받지 못하게 되었도다"(애가 2,9) 라는 자기 모순적 발언을 하지는 않았을 것이다. 애가의 저자가 예레미야가 아니라면 누구인가? 그리고 한 개인이 이 다섯 개의 노래를 다 지었는지, 아니면 어느 특정 집단이 지었는지는 알 수 없다.

저작연대는 바빌론 유배시절이 거의 확실하다. 적어도 애가 1장, 2장, 4장은 분명하게 폐허가 된 예루살렘 도성을 애도하며, 개인 탄원기도 형식을 취하는 3장과 공동체 탄원기도로 되어 있는 5장도 바빌론의 통치 아래에서 겪는 유다 주민들의 고통을 다루기 때문이다.

이 노래를 지은 장소는 바빌론이 아니라 예루살렘이다. 저자 또는 저자들은 예루살렘 폐허를 바라보면서 이 노래를 불렀을 것이다. 고대 근동의 문학 전통에는 폐허가 된 도시를 기리며 이와 비슷한 애가를 불렀다. 바빌론에 끌려가지 않고 팔레스티나에 남게 된 유다인들은 유배 기간 동안 해마다 성전 파괴일이

다가오면 단식을 하면서 파괴된 성전터에서 이 노래를 불렀을 법하다(즈가 7,1-7; 8,19 참조). 메소포타미아에서는 무너진 옛 신전터를 정화하거나 신전을 재건할 때 이와 비슷한 애가를 부르는 관습이 있었다.

제11주간: 폐허의 한복판에서 부르짖는 기도

범위: 애가 전체
성가: 222
주제본문: 애가 3장

애가의 내용은 이스라엘의 죄악이 재앙을 불러들였다는 예언서와 신명기 사상을 반영한다. 애가의 저자는 폐허 앞에서 먼저 슬퍼하고 분노한다. 그런 다음 민족 전체에 닥친 이 고통과 재앙에 무슨 윤리적·신학적 의미가 있는지 반성한다. 이 반성은 잘못에 대한 참회와 큰 희망과 믿음 속에서 하느님의 개입을 끈기있게 기다리며 바치는 탄원기도로 이어진다. 이를 장별로 좀 더 가까이 살펴보자.

1장 전체는 정확히 반절로, 곧 시인 개인의 애가(1-11절)와 인격화된 도시 딸 시온의 애가(12-22절)로 나뉜다. 시인과 시온이 다같이 알리는 상황은 비참하다. 도성은 폐허가 되었는데도 위로받을 길이 없다. 정복자들의 지배 아래에 들어가자 이전의 동맹국들은 시온을 배반하여 돌아선다. 원수들은 으스대며 시온의 불행을 기뻐한다. 예루살렘의 인구는 죽음과 유배로 줄어들고 성전은 더럽혀진다. 축제도 멈추고 사람들은 먹을 것이 없어 힘없이 죽어간다. 저자는 이 비참한 상황을 주님께서 당신 백성에 대한 의로운 분노를 드러내신 것으로 표현한다. "길 가는 나그네들이여, 나를 보시오. 야훼께서 노여움을 터뜨려 나를 내려치시던 날 겪던 그런 고생이 또 어디 있겠소?"(1,12). 과거 사건을 '주님의 심판날'로 보는 견해는 구약성서에서 애가에만 나온다. "주는 적군을 불러들여 나의 군대를 쳐부수고, 이 성에서 나의 용사들을 몰아내셨다오. 나의 주는 포도를 술틀에 넣고 짓밟듯 숫처녀 같은 이 유다의 수도를 짓밟으셨다오"(15절). 다른 한편 시온은 주님의 징벌을 불러들인 자기의 죄를 인정하면서도 자신의 불행을 기뻐하는 원수들에게도 그 벌을 내려주십사고 간청한다(21-22절).

2장에도 시인의 애가와 시온의 애가가 같이 나오는데, 시인의 애가가 더 많이 나오는 것이 다른 점이다. 시인은 자주 시온을 직접 부르며 시온의 죄악상과 참상을 연결한다. "수도 예루살렘아, 너에게 무슨 말을 더하랴. 짓밟힌 일 없던 수도 시온아, 지금의 너 같은 처참한 꼴이 일찍이 없었는데, 나 너를 어디다 비겨 위로해 주랴. 네 상처가 바다처럼 일어섰거늘, 어느 누가 다스려 줄 것인가"(2,13-14). 심판의 날로서의 주님의 날도 강조된다. 주님은 당신을 기리고 예배하는 축제의 날을 진노의 날로 바꾸시고, 경신례의 중심이요 당신의 처소인 성전 자체를 스스로 파괴하신다. "축제일에 사람을 불러들이듯 당신께서는 사방에서 제 원수를 불러들이셨습니다. 주께서 진노하시던 날, 한 사람도 몸을 빼어 살아남지 못했습니다. 제가 낳아서 고이 기른 것들을 원수들이 모두 잡아 죽였습니다"(2,22; 참조: 2,1.6-9). 1장에서처럼 여기서도 주 하느님은 시온의 직접 파괴자로 나타나신다. 그분은 그곳의 성벽과 왕궁과 성전을 여지없이 무너뜨리신다.

3장은 겉으로 보기에는 개인 탄원기도이다. 그러나 앞의 두 장에서 나온 주제, 곧 슬픔·분노·죄책감·징벌에 대한 두려움 등이 여기서도 반복된다. 그리고 40-46절에는 개인 탄원기도를 넘어선 공동체의 탄원기도가 끼여든다. 따라서 3장을 개인 탄원기도로만 생각하여 이 개인이 누구를 가리키는가(예레미야, 시드키야, 시인 자신, 예루살렘, 고통받는 이스라엘 백성 등)를 구체적으로 밝히려 드는 것은 온당치 않다. 또 3장을 전체 맥락에서 분리시켜 후대에 작성된 것으로 보는 견해가 있으나 굳이 그럴 필요도 없다. 저자는 먼저 시온과 유다에 닥친 재난을 개인이 당하는 갖가지 고통으로 내면화하고 심화시킨다. "노여워 때리시는 매를 맞아 온갖 고생을 다 겪은 사람, 이 몸을 주께서 끌어내시어 칠흑 같은 어둠 속을 헤매게 하시는구나. 날이면 날마다 이 몸만 내려치시는구나"(3,1-3). 그러나 고통을 겪은 사나이의 마지막이 주님의 진노와 징벌로 끝날 수는 없다. 시인은 주님의 자애에 희망을 걸고 참회하는 가운데 그분께서 하늘에서 굽어보실 때를 조용히, 그리고 끈기있게 기다린다(21-66절). "주 야훼의 사랑 다함 없고 그 자비 가실 줄 몰라라. 그 사랑, 그 자비 아침마다 새롭고 그 신실하심 그지없어라. '나의 몫은 곧 야훼시라' 속으로 다짐하며 이 몸은 주를 기다리리라. 야훼께서는 당신을 바라며 찾는 사람에게 사랑을 베푸신다. 야훼께서 건져주시기를 조용히 기다리는 것이 좋은 일이다. 젊어서 멍에를 메는 것이 좋은 일이다"(22-27절).

4장에는 세번째로 시인의 애가와 시온의 애가가 다시 나온다. 4장의 애가는 예루살렘에 살아남은 자들의 비참한 생활상을 생생하게 묘사한다. 온 유다 백성은 버림을 받았다. "여우도 새끼에게 젖을 내어 빨리는데 내 백성의 수도는 사막의 타조처럼 인정도 없구나"(4,3). 사막의 타조는 알을 모래에 낳고 그대로 방치하고 새끼들을 돌보지 않는다고 알려져 있다(욥 39,14-16 참조). 기아로 죽어가는 이들의 운명은 칼에 맞아 죽는 자들보다 더 못하다. 심지어 여인들이 자기가 낳은 자식들을 양식으로 삼을 정도였다. "낟알은 구경도 할 수 없어, 기진하여 허덕이다가 굶어 죽느니 차라리 칼에 맞아 죽는 편이 나은 것들! 내 백성의 수도가 망하던 날에는 먹을 것이 없어 자애로운 여인도 제 자식을 잡아 끓였구나"(4,9-10; 참조: 레위 26,29; 신명 28,53-57; 에제 5,10). 시온이 주님의 진노를 사서 이렇게 비참하게 된 것은 무엇보다 예루살렘 예언자들의 죄와 사제들의 죄악 때문이다(13절). 그들은 예루살렘에서 의인들의 피를 흘렸다. 그래서 이제 그들은 나환자 취급을 받고 사람들에게서 쫓겨나고 만다(15-16절). 그러나 이런 절망적인 상황을 노래하면서도 시인은 3장에서 전한 희망의 메시지를 결코 잊지 않는다. "우스 땅에 자리한 에돔의 수도야, 좋다고 날뛰어 보아라. 너에게도 잔을 내리실 것이다. 너도 취하면 벌거숭이가 될 것이다. 수도 시온아, 네 벌은 이제 끝났다. 다시는 사로잡혀 가는 일 없으리라. 에돔의 수도야, 주께서 너에게 벌을 내리시리라. 네 죄의 대가로 사로잡혀 가게 하시리라"(21-22절). 여기서 술잔은 하느님의 심판과 벌을 상징하고(참조: 시편 75,9; 예레 25,15-16), 술에 취하여 벌거슴이가 되는 것은 큰 수치를 뜻한다(참조: 창세 9,21; 하바 2,15-16).

마지막으로 5장은 공동체의 애가이다. 이 공동체의 애가에서 저자는 바빌론의 속국이 된 유다가 겪게 된 경제적 어려움과 사회적 무질서, 그리고 정치적 무기력함을 두고 주님께 호소한다. 저자는 이 환난과 혼돈을 유일하게 해결하실 수 있는 분은 자신들이 믿어온 주님뿐임을 고백하며 그분께 매달린다. 저자는 이스라엘의 회복이 쉽지 않으며 빠른 시일내에 이루어지지 않을 것을 잘 안다. 그래서 시간을 뛰어넘어 영원히 현존하시는 주님의 섭리에 온전히 의지할 따름이다. "영원히 다스리실 야훼, 억만대에 이르도록 옥좌에 앉으실 주여, 어찌하여 우리를 영영 잊으시렵니까? 어찌하여 우리를 영영 버리시렵니까? 야훼여, 주께 돌아가도록 우리를 돌이켜 세워주십시오. 우리를 예전처럼 잘살게 해주십시오"(5,19-21). 시인은 주님의 자애심을 불러일으킬 질문으로 애가 전체를 마감한다. "주께서는 아무리 화가 나시어도 우리를 아주 잘라버리실 수는 없지 않습니까?"(22절).

바룩서

- 유배에 대한 신학적 반성 -

1. 바룩서

　바룩서는 칠십인역 그리스어 성서를 통해서 전해졌다. 예로니모는 유다인들이 바룩서를 읽지도 않고 가지고 있지도 않다 해서 라틴어로 옮기지 않았다. 불가타(대중 라틴어 성서)에 실린 바룩서는 예로니모의 번역이 아니라 고대 라틴어 성서에서 가져온 것이다. 칠십인역에서 바룩서는 예레미야서와 애가 사이에 있고 예레미야의 편지는 애가와 에제키엘서 사이에 나온다. 우리말 번역에서는 불가타에 따라 예레미야의 편지를 바룩서(6장)에 편입하고 이렇게 확장된 바룩서를 애가와 에제키엘서 사이에 놓는다. 학자들 가운데는 외경의 바룩서(바룩 2서와 3서)와 구별하기 위해 이 책을 바룩 1서라고도 한다.
　이 책의 전통적 저자로 알려진 바룩은 유다 왕궁의 서기관이자 예레미야의 비서(또는 제자)요 친구였다. 히브리어로 바룩의 이름뜻은 '축복받은 자'이다. 바룩에 대해서는 예레미야서가 상당히 자세하게 증언한다(예레 36장; 43장). 바룩은 유다 명문 가문 출신으로서 마아세야의 손자이며 네리야의 아들이었다. 그의 동기 스라야는 시드키야 임금 시절 재무대신을 지냈고(예레 51,59) 바룩도 왕궁내의 유력 인사로 예루살렘 파괴에 관한 예레미야의 신탁을 두루마리에 적어 여호야킴 임금에게 전달하였다. 신탁의 내용을 들은 여호야킴은 그것이 적힌 양피지 두루마리를 칼로 한 조각 한 조각 베어 불살라 버렸다. 그러자 바룩은 내용을 더 늘려 두루마리를 다시 만들었다(예레 36,27-32). 바룩은 나중에 예레미야와 함께 독립파에게 붙잡혀 이집트로 끌려간(예레 43,1-7) 뒤에 그 흔적이 사라졌다.

이상 예레미야서에서 비교적 자세히 소개한 바룩이 이 책의 원저자라면 서문에서 밝힌 대로 "갈대아 사람들이 예루살렘을 점령하여 불살라 버린 지 오년째 되던 해"(바룩 1,2), 곧 기원전 582년 바빌론에서 바룩서를 썼어야 한다. 그러나 바룩서는 바룩의 이름을 빌려쓴 차명 작품이다. 바룩이 바빌론에 있었다는 어떤 역사적 근거도 없을 뿐더러 도입부 이야기만 해도 사실에 어긋나는 여러 가지 모순과 부정확한 정보를 드러내기 때문이다(1,10에는 파괴되었어야 할 성전 제단이 아직도 건재하다). 더구나 이 책에 활용된 성서 대목이 바빌론 유배보다 후대에 작성된 것으로 추정되는 만큼 주요 부분의 저작연대는 이르면 유배 이후 시대부터, 늦으면 헬레니즘 시대(기원전 200-60년경)까지 넓게 생각할 수 있다. 한 예로 이 책의 저자가 이용한 다니 9장은 마카베오 항쟁 때 씌어진 것이다.

우리에게 전해진 바룩서의 본문은 칠십인역 그리스어지만 그

원문은 십중팔구 히브리어였을 것이다. 그리스어 본문을 히브리어로 바꾸어 원문을 재구성했을 때 히브리어 어법에 맞고 운문의 경우 병행구가 정확하게 드러나는 것만 보아도 알 수 있다. 바룩서의 저자는 이 책의 배경을 바빌론 유배로 제시하지만 집필 장소는 팔레스티나일 가능성이 더 높다. 바룩서의 원문이 히브리어로 쓰여졌고 그 내용이 바빌론 포로들을 겨냥한 것이 아니라 예루살렘 공동체에 대한 권고 형식을 취하고 있기 때문이다.

바룩서는 도입부 이야기(1,1-14), 산문으로 된 유배자들의 기도(1,15—3,8), 운문으로 된 지혜와 율법에 관한 성찰(3,9—4,4), 운문으로 된 유배의 신학적 반성과 회복에 대한 희망(4,5—5,9)으로 구성된다. 바룩서의 저자가 누구인지는 알 수 없으나 적어도 도입부와 세 개의 주요 부분은 서로 다른 네 명의 저자 손으로 집필되었고 이를 한 사람의 최종 편집자가 한데 엮었을 것이다. 본디 서로 독립된 작품들이 이처럼 한데 모아진 것은 그 문헌이 지닌 공통점 때문이다. 내용상 그들은 모두 바빌론 유배와 연관되고, 저작 기법상 모두 히브리어 성서, 특히 다니 9장; 욥 28장; 이사 40—66장의 어휘와 내용을 활용하여 새로운 작품을 엮어냈다. 저작 기법과 연관시켜 말하자면 바룩서는 여기저기 다른 건물에서 필요한 건축 자재를 빼내어 지은 새 집과 같다고 하겠다.

2. 예레미야의 편지(6장)

현재 우리말 번역의 바룩서는 도입부와 세 주요 부분 다음에 6장의 예레미야의 편지를 덧붙인 본문이다. 예레미야의 편지 역시 원문이 히브리어로 씌어진 것이 거의 확실하다. 칠십인역에 들어와 있는 그리스어 본문 여기저기에 번역투와 오역이 엿보이는 게 그 근거다. 예레미야의 편지는 기원전 597년에 있었던 제1차 바빌론 유배를 그 역사적 배경으로 추정할 수 있다. 역사적 배경 자체는 예레미야가 바빌론 유배 공동체에 편지를 보냈다는 예레 29장 이야기와 일치하지만, 편지 내용은 우상에 대한 신랄한 비판을 담은 예레 10장과 그 밖의 성서 구절(시편 115,4-8; 135,15-18; 이사 40,18-20; 41,6-7; 46,1-7)에 바탕을 둔다. 그러나 이 편지의 실제 저작연대는 훨씬 후대이다. 바룩 6,2에 보면 유배 기간을 세 세대(예레 27,7)나 70년(예레 25,11-12; 29,10; 참조: 2역대 36,21; 다니 9,2)으로 잡는 일반적 견해와 달리 '일곱 세대'로 잡는다. 한 세대를 40년으로 계산할 때 280년이고 기원전 597년의 제1차 유배로부터 환산하면 기원전 317년이 된다. 이는 저작연대의 상한선을 기원전 4세기 초반으로 잡게 한다. 한편 이 편지에 대한 언급을 2마카 2,1-3에서 볼 수 있고 또 쿰란 일곱째 동굴(7Q)에서 기원전 100년경의 것으로 추정되는 이 편지의 그리스어 사본이 발견된 점으로 미루어 저작연대의 하한선은 기원전 2세기로 생각할 수 있다. 기원전 4세기 후반부터 2세기의 어느 지점, 곧 외국 문화와 종교에 매우 적대적이던 마카베오 항쟁 시대를 저작연대로 보는 견해도 많다.

제12주간: 절망을 이겨내게 하는 희망의 말씀

범위: 바룩서 전체
성가: 59
주제본문: 바룩 3장

도입부(1,1-14)의 내용을 보면 먼저 서문에서 이 문헌의 저자와 저술 장소와 시기, 저술 상황을 밝힌다. 이 글은 네리야의 아들 바룩이 바빌론에서 쓴 것이다(1,1). 바룩은 갈대아인들, 곧 바빌론인들이 "예루살렘을 점령하여 불살라 버린 지 오 년째 되던 해 바로 그 달 칠 일에"(1,1-2) 이 글을 기록하였다. 여기서 명시하지 않은 '그 달'은 예루살렘 도성과 그곳 성전이 불타버린 기원전 587년 다섯째 달(음력 7월)을 가리킬 수 있다(2열왕 25,9).

이어지는 산문으로 된 유배자들의 기도(1,15—3,8)는 신명기 신학을 재확인하면서 과거에 대한 반성(1,15—2,12)과 간절한 청원(2,13—3,8)을 포함한다. 과거에 대한 반성은 이스라엘의 과거 역사에 중점을 두었고 간절한 청원은 현재 바빌론 유배 상황에 초점을 맞춘다. 반성의 핵심은 재앙의 근원이 하느님께 있는 것이 아니라 이스라엘의 잘못에 있다는 사실을 인정하는 것이다. "우리는 주님 앞에 죄를 지었고 그분에게 순종하지 않았으며 우리에게 내려주신 주님의 명령을 따라 살라고 하신 우리 주 하느님의 말씀에 귀를 기울이지 않았습니다"(1,17-18). 하느님은 자애롭고 공정한 분이시다. 그분은 이스라엘 백성을 이집트에서 끌어내시어 젖과 꿀이 흐르는 땅을 주셨다. 그러나 그들은 하느님 대신 그 땅의 잡신을 섬기고 그분의 뜻을 거역하며 살았다. 주님께서는 예언자들을 시켜 온갖 경고를 내리셨지만 이스라엘 백성은 그 경고를 듣지 않음으로써 결국 스스로 모든 재난을 불러들이고 말았다. 아들딸의 살을 먹기까지 하는 끔직한 상황(2,3)은 예루살렘이 적군에게 완전히 포위당했을 때 벌어졌다(참조: 2열왕 6,28-29; 예레 19,9; 에제 5,10). 유다의 역사가 요세푸스는 서기 70년 예루살렘이 로마군에 포위되었을 때도 이런 일이 있었다고 전한다(「유다전사」 6,3,4).

이스라엘은 이제 공정하신 하느님 앞에서 아무것도 요구할 수 없게 되었으므로, 포로로 잡혀간 땅에서 하느님을 2인칭으로 부르며 그분의 자애에 매달릴 뿐이다. "이스라엘의 전능하신 주 하느님, 우리가 괴로움과 절망에 빠져 당신을 향하여 부르짖습니다. 주님, 들어주소서. 그리고 자비를 베푸소서"(3,1-2). 유배는 실로 이스라엘이 하느님의 이름과 계약을 다시금 기억하고 자신들의 죄악에서 자신들의 유일한 하느님이신 주님께 돌아가는 결정적 계기가 되었다.

운문으로 된 지혜와 율법에 관한 성찰(3,9—4,4)은 하느님 경외가 지혜의 근본임을 천명하는 이스라엘의 전형적 지혜문학을 반영한다. 이스라엘이 유배살이를 하게 된 것은 지혜의 샘을 외면하였기 때문이다. 여기서 지혜의 샘은 하느님의 길, 곧 생명의 말씀인 토라(4,1)를 가리킨다. "이스라엘아! 생명의 말씀을 들어라. 귀를 기울여 지혜를 배워라. 이스라엘아! 네가 어찌하여 남의 나라에서 늙어가며 원수들의 땅에서 사느냐? 이스라엘아! 네가 어찌하여 죽은 자들과 함께 섞여 지옥으로 가는 자들 틈에 끼게 되었느냐? 네가 지혜의 샘을 외면했기 때문이다. 만일 네가 하느님의 길을 걸었더라면 너는 영원히 평화롭게 살았을 것이다"(3,9-13). 이 지혜는 하느님께서 당신의 종 야곱과 그 후손인 이스라엘 백성에게 맡기신 토라이다. 토라를 따르는 사람은 살 것이요 토라를 저버리는 자는 죽을 것이다. "그분이 모든 지혜의 길을 찾아내시어 당신의 종 야곱과 당신의 사랑을 받는 이스라엘에게 주시었다. 그러고 나서야 비로소 땅 위에 지혜가 나타나게 되었고 사람들과 함께 어울리게 되었다. 그것은 곧 하느님의 계명과 영원히 존속하는 율법을 기록한 책. 이 지혜를 따르는 사람은 살 것이고 이 지혜를 버리는 자는 죽을 것이다"(3,37—4,1). 이는 생명과 죽음의 길을 언급하는 신명 30,15-20의 말씀과 통한다.

운문으로 된 유배의 신학적 반성과 회복에 대한 희망 대목(4,5—5,9)은 저자가 신명 32장과 이사 40—55 ; 60—62장에서 영감을 받아 기록한 것이다. 먼저 그는 유배의 원인이 하느님을 저버린 탓이라고 밝힌다(4,5—8). 이어서 4,9-29에서는 애가 1장처럼 인격화된 예루살렘이 이스라엘 백성에게 권고와 위로의 메시지를 보낸다. 여기서 예루살렘은 낯선 민족들에게 아들딸들을 빼앗기고 슬퍼하는 홀어미로 묘사된다. 그녀의 아들딸들은 하느님의 계명을 따라 살지 않았기 때문에 포로로 잡혀가게 되었다. 자식들을 잃고 황폐해진 이 홀어미는 그들을 구원할 힘이 없어 더욱 슬프다. 오로지 그들에게 재난을 내리신 하느님만이 원수들의 손에서 그들을 구원하실 것이다. 그래서 홀어미 예루살렘은 영원하신 하느님의 자비에 호소하고 자녀들에게 함께 부르짖자고 권고한다. "나는 평화로울 때 입던 옷을 벗고 기도할 때 입는 베옷을 입었다. 나는 죽을 때까지 영원하신 분께 부르짖을 것이다. 나의 자녀들아, 너희들은 낙심하지 말고 하느님께 부르짖어라. 그분이 너희들을 탄압하는 원수들의 손아귀에서 너희를 구원하실 것이다"(4,20-21). 홀어미는 슬픔과 눈물로 자식들을 낯선 땅으로 떠나보냈지만 하느님께서는 영원한 기쁨과 즐거움 가운데 그녀에게 그들을 돌려보내실 것이다(4,23).

4,30—5,9에서는 저자가 예루살렘에서 다시 말을 받아 역시 인격화된 그 도시에 위로와 권고의 메시지를 보낸다. "용기를 내어라, 예루살렘아. 너에게 이름을 주신 분이 너를 위로해 주실 것이다"(4,30). 이름을 준다는 것은 소유와 소명을 뜻한다. 하느님은 예루살렘에게 '정의에 평화'와 '경건에 영광'이라는 이름을 주심으로써(5,4) 당신의 것으로 삼으시고 정의와 평화와 경건함을 전파할 사명을 맡기신다.

6장의 예레미야의 편지는 바빌론으로 유배살이를 하러 떠나는 포로들에게 써보낸 것이다. 문학 유형으로 보면 서간이라기보다 설교에 가깝다. 바빌론으로 끌려가는 포로들은 그곳 사람들이 섬기는 우상들을 두려워할 필요가 없다. 그것들은 아무리 화려한 금은으로 만들어졌다 하더라도 생명체가 없는 물건에 지나지 않는다. 집안의 대들보처럼 땅에서 나온 벌레가 그 속을 갉아먹어도 속수무책이고 아픈 줄도 모른다. 오물이 묻었을 때 누군가 그것을 닦아주지 않으면 더러운 채 남아 있다. 그런 쓸모없고 무기력하며 썩어 없어질 우상들을 섬기는 자들은 그 우상들과 함께 망한다. 반대로 의인이라면 당연히 그런 헛된 것들을 섬기며 수치를 당할 리가 없다. "금과 은으로 도금한 나무 우상들은 참외밭에 세운 허수아비와 같아서 아무것도 지켜주지 못한다. 금과 은으로 도금한 나무 우상들은 뜰에 난 가시덤불과 같아서 온갖 새가 다 거기에 내려앉는다. 컴컴한 곳에 내던져진 시체와 같다. 그들에게 입혀놓은 자홍색 옷이나 비단옷이 썩고 있는 것을 보면 그들이 신이 아니라는 것을 알 수 있을 것이다. 끝내는 그들 자신이 벌레에게 먹혀 그 나라의 수치가 되리라. 우상을 섬기지 않는 의인이 더 낫다. 그는 결코 수치라는 것을 모를 것이다"(6,69-72).

에제키엘서

- 바빌론 유배와 하느님의 현존 -

 부지의 아들 에제키엘은 사제였다. 따라서 그의 예언과 신탁이 예루살렘과 성전에 집중되었다는 것은 당연하다. 실제로 에제키엘서를 보면 1—24장은 대부분 바빌론이 아니라 예루살렘에 관심을 집중한다. 이야기의 뼈대는 분명 바빌론인데, 그 내용인즉슨 예루살렘과 그곳 성전이 중심이다. 그래서 어떤 이들은 에제키엘이 예루살렘과 바빌론 두 곳에서 활동한 것으로 여긴다. 그러나 에제키엘서의 내용이나 그 내용이 밝혀주는 여러 가지 정황으로 보아 에제키엘이 바빌론 유배지에서 활동한 것이 확실하다. 예레미야가 예루살렘에서 활동하면서도 바빌론 유배자들에게 편지를 통해 하느님의 말씀을 전한 반면, 에제키엘은 바빌론에서 활동하면서 예루살렘 유다인들에게 편지로 하느님의 말씀을 전한다. 특히 예루살렘 성전에 관한 예언이 중요하게 떠오른다. 그가 사제였다는 것을 감안하면 충분히 짐작할 수 있는 일이다.
 에제키엘은 언제부터 언제까지 예언직을 수행했을까? 에제키엘서 서두에 보면 삼십 년 되던 사 월 오 일에 그발 강가에서 신비스런 환시를 본 것이 예언활동의 시작으로 되어 있다(1,1). 어느 때부터 삼십 년인가? 어떤 이들은 이때를 요시야 임금의 종교개혁 원년이나 바빌론 임금 느부갓네살의 통치 원년으로 추측한다. 그런데 2절에서 이 책의 저자는 에제키엘이 환시를 본 해를 여호야긴 임금의 유배 제5년으로 밝힌다. 오리게네스는 이 '삼십'을 에제키엘의 나이로 본다. 이 추측이 맞는다면 에제키엘이 여호야긴 임금과 더불어 바빌론에 끌려갈 때의 나이는 25세였을 것이다. 에제키엘은 유배 제5년에 그발 강가에서 환시를 보고 예언의 소명을 받는다. 그발강은 바빌론 남쪽 성읍 니푸르 근처 유프라테스강의 수로 가운데 하나이다. 유다인들은 그발 강가의 마을 텔아비브(아카드어로 '홍수 언덕')에 집단 거주하며 이 수로를 만드는 데 강제로 동원된 것 같다. 에제키엘은 예레미야의 권고(예레 29,5)에 따라 이곳에서 집을 짓고 살았다(에제 3,24; 8,1; 12,3).

 에제키엘은 스무 해가 넘게 예언직을 수행하였다. 기원전 598년의 제1차 유배 때 유다 임금 여호야긴과 함께 포로로 바빌론에 끌려간 에제키엘은 유배 제5년, 곧 기원전 593년에 그발 강가의 마을 텔아비브에서 환시를 보는 것으로 예언직을 시작한다. 같은 장소에서 그는 587년 예루살렘 함락과 성전 파괴 소식을 들었다. 조국이 완전히 폐허가 되고 동족 유다인들이 이곳저곳으로 끌려가거나 망명하였다는 비극적 소식을 접한 에제키엘은 이스라엘의 운명과 예루살렘과 성전을 두고 하느님의 말씀을 전한다. 587년에는 갑자기 아내와 사별한다. 둘 사이에 자녀는 없었다. 줄곧 텔아비브에서 활동하던 에제키엘은 동료 유배자들에게 권고와 위로의 말을 들려주었다. 그의 예언은 유다와 예루살렘 및 다른 민족들(25—32장)을 겨냥하기도 하였다. 예루살렘이 함락되기 전에는 심판의 예고가 주를 이루었으나(1—24장), 함락된 이후에는 회복과 축복을 알리는 예언이 주를 이루었다(33—48장). 그가 밝힌 마지막 연대는 유배살이를 시작한 지 27년째 되던 해(29,17), 곧 기원전 571년이다.

에제키엘은 예언자들 가운데서 환시와 황홀경을 가장 자주 그리고 많이 체험한 인물이다. 그는 상징적인 행동도 많이 보이고 때로는 벙어리 증세(3,26; 24,27)와 반신불수 증세(4,4-6)를 보이기도 하며, 집에서 예루살렘을 돌아다니는 환시를 보기도 한다(8장). 그 때문에 에제키엘은 천리안을 지닌 예언자로 여겨지기도 하고 그의 정신상태가 정상이 아닌 것처럼 오해를 받기도 한다. 그러나 환시와 황홀경과 상징 행위는 다른 예언자들의 삶에서도 찾아볼 수 있다. 일시적 벙어리 증세는 그가 하느님한테 신탁을 받지 않아서 전할 말이 없었기 때문이고 마비 증세는 초자연 세계에 대한 그의 예민한 감성 때문에 일어난 일시적 현상으로 이해할 수 있다. 그의 내면에는 늘 대립되는 두 가지 얼이 존재한다. 그는 전례적이건 윤리적이건 엄격한 규정과 규율 속에서 살았던 사제인 동시에 그런 규정과 규율을 뛰어넘은 예언자였으며, 하느님의 말씀을 정열적으로 선포하는 설교가인 동시에 모든 것을 정확하게 그리고 사실적으로 기술하는 저술가였다. 또한 예언자로서 징벌과 멸망을 가차없이 선언하면서도 다른 한편으로 회복과 구원의 메시지를 전한다. 풍부한 감성과 논리적 사고, 이상과 현실, 냉정함과 동정심을 고루 갖춘 사람이다. 이 두 가지 상반된 성격에도 그의 인격은 균형을 잃지 않았으니 놀라운 일이다.

에제키엘 예언자의 본디 청중은 누구였을까? 에제키엘서가 시사하는 바로는 그가 바빌론에서만 예언 활동을 한 것으로 되어 있다. 이 경우 그의 청중은 당연히 동료 유배자들이다. 동료 유배자들은 정부의 관리·서기관·사제를 포함한 예루살렘의 지도층 인사들이다. 에제키엘은 때때로 바빌론 유배자들이 아니라 예루살렘 주민들을 향해서 직접 메시지를 보내는데, 앞에서 언급한 것처럼 이를 두고 어떤 학자들은 그가 바빌론과 예루살렘을 오가며 예언 활동을 벌인 것으로 주장한다. 그러나 이스라엘의 예언자들은 자기 눈앞에 있지 않은 청중들에게 곧잘 신탁을 전한다. 예레미야도 유다에 있으면서 바빌론 유배자들에게 권고의 메시지를 전하였다. 특히 바빌론 유배자들과 예루살렘 공동체 사이에는 서신 교환이 있었던 것으로 보인다. 예루살렘과 성전에 관해 구체적으로 묘사할 수 있었던 것은 에제키엘이 사제로서 그곳에 남다른 지식과 관심을 가지고 있었기 때문이다.

에제키엘서도 다른 예언서들처럼 사건별로 또는 연대순으로 정리한 문헌이 아니라 이것저것 신탁들을 한데 모아놓은 '선집(選集)'이다. 에제키엘서는 한편으로 통일된 구조를 보이지만, 다른 한편으로 신탁의 길이와 내용이 다른 예언서와 매우 다른 면을 보인다. 이 예언서의 신탁들은 흔히 길이가 매우 길고 화려한 치장이 많이 나오며 그 내용이 중복되고 복잡하며 때때로 모호하다.

에제키엘서는 크게 세 부분으로 나눌 수 있다. 첫째 부분(1—24장)은 유다와 예루살렘에 대한 심판과 징벌의 말씀이고, 둘째 부분(25—32장)은 이스라엘의 원수 이방민족들에 대한 심판의 말씀이며, 셋째 부분(33—48장)은 유배자들에게 보내는 약속과 구원의 말씀이다. 이스라엘 백성에 대한 징벌과 구원의 말씀 사이에 이방민족들에 대한 심판의 말씀을 끼워넣은 것은 이스라엘을 괴롭힌 원수들을 심판하는 것 자체가 이스라엘에 구원을 가져오는 계기가 되기 때문이다. 물론 이 구조가 기계적으로 정확하게 들어맞는 것은 아니다. 징벌의 신탁을 전하는 첫째 부분에 때때로 구원의 신탁이 포함되기도 하고(11,14-21; 16,60-62; 17,22-24), 구원의 신탁을 전하는 셋째 부분에 심판의 말씀이 들어오기도 한다(34,1-10; 36,16-32). 전체적으로 심판의 신탁은 에제키엘이 예루살렘의 함락 이전에, 구원의 신탁은 함락 이후에 전한 것으로 볼 수 있다. 이 두 가지 상반된 신탁 요지는 이렇다. 첫째, 유다와 예루살렘은 자신들이 저지른 죄 탓에 멸망할 수밖에 없다. 어떤 조치나 상황도 확정된 이 징벌을 되돌리지 못한다. 둘째, 이스라엘이 자신들에게 상응하는 벌을 받은 다음에는 하느님께서 다윗에게 하신 약속대로 유다를 재건하시고 파괴된 예루살렘을 당신의 영원한 거처로 회복시키실 것이다. 그리하여 이스라엘과 예루살렘은 엄격한 징벌을 무릅쓰고 하느님의 선택된 민족과 도성으로 여전히 남는다.

에제키엘서는 이 구조와 내용을 선명하게 드러내기 위하여 표상과 말씀의 반복, 장황하게 묘사한 세 가지 환시를 이용한다. 첫째, 예언자의 소명 이야기가 거의 그대로 반복된다(3,16-21; 33,1-9). 33장의 두번째 반복은 징벌의 메시지에서 구원의 메시지로 바뀌는 전환점이 된다. 예언자가 벙어리가 되었다가 풀리는 이야기(3,22-27; 33,21-22)는 저마다 예언자의 소명과 예루살렘의 함락과 직결된다. 그 다음 세 가지 환시는 에제키엘서의 핵심 주제와 밀접한 관련이 있다. 첫번째 환시는 바빌론에서 하느님의 영광이 어떻게 드러나고 에제키엘 예언자가 어떤 소명을 받게 되는가를 알려준다(1—3장). 두번째 환시는 예루살렘과 성전에 주님의 심판이 떨어지고, 하느님의 영광이 죄악으로 가득찬 이 도성을 떠나게 된 것을 시사한다(8—11장). 마지막 세번째 환시는 약속의 신탁을 수렴하고, 하느님의 영광이 어떻게 다시 세워지고 성별된 성전에 돌아오게 되는지를 묘사한다(40—48장).

에제키엘서는 독자들에게 전체적으로 통일된 인상을 준다. 이 때문에 고대 해석가들은 이 책을 한 저자의 작품으로 생각하였다. 19세기 비평가들마저 이 책을 분석하고 해부하려는 시도를 별로 보이지 않았다. 그러다가 20세기에 들어와서 비평가들은 다른 예언서에도 적용된 예언서의 형성 원칙, 곧 예언자가 직접 발설한 구전 신탁을 후대의 제자들이나 추종자들이 편집하였을 것이라는 원칙을 에제키엘서에도 적용하였다. 이때 예언자 자신의 구전 신탁을 확인하는 기준은 간결하고 압축된 말이어야 한다는 것이다. 특히 예언 황홀경에서 발설한 구전 신탁은 표상과 은유를 많이 담은 운문이어야 한다. 그런데 에제키엘서의 신탁은 많은 경우 길고 반복적인 산문으로 되어 있어 이

기준에 맞지 않는다. 이런 산문들은 듣기 위한 것이 아니라 읽기 위한 것으로 보아야 한다. 따라서 에제키엘서는 예언자가 처음부터 말보다는 글로 선포했을 가능성이 높다. 사실 유배시절의 예언자들은 예루살렘 성전이나 지방 성소에 모여든 청중에게 공개적으로 신탁을 전하던 유배 이전의 예언자들과는 달리 대중 설교를 하는 것이 불가능하였을 것이다. 팔레스티나·이집트·바빌론 등 곳곳에 흩어져 사는 유다인 동족을 한데 모을 수 없는 상황에서 에제키엘이나 제2이사야와 같은 유배시절의 예언자들은 주님의 말씀을 전달하는 효과적인 수단으로 말보다는 글을 선호하였을 것이다. 따라서 에제키엘서는 전체적으로 구전 신탁보다는 문서 신탁이 주를 이루었을 것이고, 후대의 편집자들이 예언자 자신의 글을 변화하는 시대적 상황에 맞추어 수정·보완하였을 것이다.

에제키엘서 자체는 매우 복잡한 구조와 표현으로 되어 있지만 메시지는 비교적 단순하다. 예루살렘 도성과 유다 백성은 자신들이 저지른 종교적이고 사회적인 죄악 탓에 벌을 면할 길이 없다. 당대의 민족만이 죄를 지은 것이 아니라 이스라엘 역사 전체가 하느님을 거슬러 불순종하고 반역하였다(20장). 회개는 경건하게 살아가는 개인을 구원해 줄 수 있겠지만(18장), 그런 의인들이 존재한다 하더라도 그 수가 너무 적어 민족 전체를 구원할 수 없을 것이다. 이 메시지는 기원전 597년에 바빌론으로 유배간 이들과 유다에 남아 있는 자들에게 모두 해당된다. 에제키엘은 유배 이전의 예언자들에게서 공통적으로 나타난 이 같은 재앙의 신탁과 더불어, 예루살렘 도성이 파괴되고 백성이 징벌을 받은 다음에 하느님께서 유배자들을 가나안 땅으로 다시 데려오시고 당신의 계획에 따라 성전을 재건하실 것이라는 구원과 희망의 신탁도 전한다(40—48장). 그러나 유배자들의 귀환은 온전히 하느님의 은총에 힘입은 것이지 사람들의 노력 때문이 아니다. 하느님은 당신의 거룩한 이름을 더럽히지 않게 하시려고 백성을 되돌아오게 하실 것이다(36,16-32).

유배 사건이 이스라엘 백성으로 하여금 자신들의 잘못을 깨닫고 뉘우치게 하는 계기가 되고, 백성들이 회개하였기 때문에 하느님께서 이스라엘을 회복시켜 주실 것이라고 믿은 예레미야와는 달리 에제키엘은 백성이 이 유배 기간을 참회의 기회로 이용할 것이라고 생각하지 않는다. 예언자 주변의 적은 무리만이 그의 말에 귀를 기울였을 뿐 대부분의 유배자들은 무관심하였을 것이다. 그래서 에제키엘서에는 하느님께서 먼저 백성의 돌 심장을 살 심장으로 바꾸어 놓으시는 것이 급선무였다. 그런 다음에야 그들은 하느님께서 그들을 위하여 무슨 일을 하셨는지를 깨닫고 회개하게 될 것이다.

에제키엘서는 또 신학적인 문제에 분명한 답변을 제시한다. 첫째, 주님의 도성인 예루살렘 함락과 주님의 백성인 이스라엘의 유배는 하느님의 무기력함을 드러내는 표지인가? 에제키엘서 저자는 이를 강력히 부인한다. 하느님은 일부러 바빌론인들이 예루살렘과 성전을 파괴하도록 버려두셨다(8—11장). 에제키엘서에 따르면 이 재앙은 궁극적으로 고대 근동의 정치 질서 변화에서 불가피하게 파생된 결과가 아니라 하느님이 의도적으로 일으키신 사건이었다. 그렇다고 해서 예루살렘에 대한 하느님의 성실한 약속이 결코 잊혀지거나 약화된 것은 아니다. 하느님의 영광이 예루살렘에서 잠시 떠나 있다가 적절한 때 다시 지어지고 성별된 성전에 돌아오게 될 것이다.

둘째, 누가 참다운 이스라엘인가? 에제키엘의 생각에는 바빌론에 유배를 갔다가 돌아온 이들이 참다운 이스라엘을 형성한다. 그들은 온갖 어려움을 무릅쓰고 민족을 재건하고 회복할 것이다(11,14-21). 유배지에 눌러앉은 사람들이나 팔레스티나에 머물러 있던 사람들은 믿음의 공동체에서 분리되어, 장차 이스라엘을 재건하는 데 아무 구실도 못하게 될 것이다.

셋째, 에제키엘 예언자의 예언은 하느님한테서 직접 온 것인가, 아니면 예언자 자신의 목소리인가? 에제키엘서는 그가 언제나 신적인 권위를 가지고 예언을 하였다는 사실을 기회 있을 때마다 강조한다. 그의 말은 어떤 인간적 방해나 해석 없이 청중에게 직접 전달되는 하느님의 말씀이다. 그리하여 에제키엘의 예언은 힘겨운 유배살이를 극복하게 하는 안전판 구실을 하였다. 유배자들은 그의 예언을 들으면서 자신들 가운데 참 예언자가 함께 있다는 것을 알 수 있었다(33,33).

제13주간: 예루살렘의 멸망

범위: 에제 1—10장
성가: 65
주제본문: 에제 3장

에제키엘서는 하느님의 현존을 가장 중요한 주제로 다룬다. 고대 근동에서는 신들이 특정한 지역만 관장하고 그곳에서만 능력을 발휘하는 것으로 되어 있었다. 이스라엘의 하느님 야훼는 팔레스티나에서 주로 활동하신다. 유다의 포로들이 잡혀간 바빌론에는 벨과 마르둑 신들이 위세를 떨치고 있었다. 에제키엘 예언자는 이런 통념에 맞서서 야훼 하느님이 이스라엘만의 신이 아니라 온 세상의 신임을 선언한다. 하느님의 현존은 예언자를 부르시고 그에게 소명을 주실 때(에제 1—3장), 이스라엘을 심판하실 때(4—24장), 민족들을 심판하실 때(25—32장), 이스라엘을 회복하실 때(33—48장) 드러난다. 다양한 표상을 수반하는 환시는 하느님의 현존을 전달하는 매개체 구실을 한다.

  1—3장은 소명 이야기인데, 모세·이사야·예레미야 등의 소명 이야기에서처럼 이상한 현상이나 환시가 동원되지만 에제키엘의 소명 이야기에 나오는 환시는 훨씬 장엄하고 다양하다. 에제키엘이 복잡하게 묘사한 네 생물체의 환시(1,4-14)와 수레의

환시(1,15-21)는 예언자가 팔레스티나와 바빌론의 여러 이교 신전에서 목격한 표상에서 영감을 받았을 것이다. 팔레스티나의 해안지방에서는 몸은 사자이고 머리는 숫양이나 사람이며 날개는 독수리 모습을 한 상상 속의 짐승을 조각한 상아 세공품이 발굴되었고, 메소포타미아 유적지에서는 네 얼굴을 가진 신적 인물상이 발견되었다. 고대 근동의 신전에는 제물을 나르거나 씻는 데 필요한 수레들이 있었는데, 지중해의 키프로스 섬에서 이런 수레가 하나 발견되었다. 이 두 환시와 더불어 창공의 환시(1,22-25)와 주님 영광의 찬란한 형상 환시(1,26-28)는 다른 예언자들이 체험한 환시를 압도한다.

이런 환시 속에서 하느님의 말씀이 들렸다. "너 사람아, 일어서라. 내가 너에게 할말이 있다"(2,1). 여기서 '사람아'는 본디 히브리어 본문에서 '사람의 아들아'로 되어 있다. 에제키엘서에서 '사람의 아들'은 92번 나오는데, 에제키엘 자신이 불사불멸하시는 하느님과 구별되는 천하고 허약한 존재임을 드러내는 동시에 하느님과 그분이 보내시는 영에 온전히 속해 있는 예언자임을 강조하기 위한 표현이다. 따라서 다니엘서 같은 묵시문학에서 언급하는 신적 존재로서 '사람의 아들'이나 복음서 저자들이 예수께 부여한 '사람의 아들'과는 근본적으로 다르다.

주님께서는 에제키엘에게 당신의 영을 불어넣으시어 일으켜 세우시고 당신의 말씀을 듣고 말할 수 있게 하신다. 그런데 이 스라엘 백성은 고집이 세어 예언자의 말을 거부한다. 그럴지라도 예언자는 그들을 두려워해서는 안 된다. "그러니 너 사람아(직역: 너 사람의 아들아), 그런 자들을 무서워하지 마라. 그들이 무슨 말을 하더라도 떨지 마라. 그들은 너를 반대하고 배척할 것이다. 그리고 너를 가시방석에 앉힐 것이다. 그러나 무슨 말을 하더라도 무서워하지 마라. 본래 반항하는 일밖에 모르는 족속이니, 그런 자들 앞에서 떨 것 없다"(2,6). 이는 이사야(이사 6,9-10)와 예레미야(예레 1,17-19)의 경우도 마찬가지였다. 하느님의 계획은 이스라엘이 거역하더라도 그들 가운데 경고의 메시지를 선포할 예언자를 세워주신다(2,5; 참조: 2열왕 17,13-14). 에제키엘은 하느님의 말씀이 적힌 두루마리를 받아먹어야 한다(2,8—3,3; 참조: 예레 15,16). 이 두루마리는 에제키엘 이전에 기록된 말씀과 예언자가 이제 곧 받게 될 새로운 계시의 말씀을 상징한다. 그러나 하느님의 말씀 자체는 과거와 미래가 있을 수 없고 언제나 지금 이 자리에서 효력을 발생한다. 두루마리를 먹는 행위는 에제키엘의 말이 하느님의 영으로 가득찬 말씀이요 하느님한테서 직접 온 말씀임을 보여주기 위한 것이다.

하느님은 에제키엘을 파수꾼으로 내세우신다. "너 사람아, 내가 너를 이스라엘 족속의 파수꾼으로 세운다. 너는 나의 입에서 떨어지는 말을 듣고 나 대신 그들을 깨우쳐 주어야 한다"(3,17). '파수꾼'은 구약성서에서 곧잘 예언자에게 적용하는 표상이다(이사 56,10; 예레 6,17; 호세 9,8; 하바 2,1). 예언자들은 멀리서 다가오는 적군의 공격을 가장 먼저 알아차리고 경고하는 파수꾼처럼, 백성에게 곧 닥쳐올 재앙을 예민하게 감지하여 사전에 미리 경고해야 한다. 이스라엘의 영적인 삶은 에제키엘 손에 달려 있다. 파수꾼으로서 에제키엘은 멸망할 사람에게 경고하는 것으로 책임을 다하게 된다. 그가 경고의 말을 듣지 않으면 그의 책임이지 더이상 에제키엘의 책임이 아니다(3,18-19). 고집 센 백성들이 에제키엘이 전하는 주님의 말씀을 듣지 않으면 하느님께서는 예언자를 벙어리로 만드심으로써 그들을 징벌하실 것이다(3,26). 말씀이 없는 것보다 더 큰 징벌은 없다. 이스라엘은 주님의 입에서 나오는 말씀으로 살아간다(신명 8,3). 말씀의 기근이 닥치면 아름답고 씩씩한 젊은이들도 맥없이 쓰러질 것이다(아모 8,11-13).

4—5장은 예언자의 상징 행위를 묘사한다. 이 상징 행위는 예언자가 하느님의 말씀을 전하는 계기가 된다. 하느님은 에제키엘에게 흙벽돌을 집어다가 그 위에 예루살렘 지도를 파 새기고 그 바깥에 축대 · 성벽 분쇄기 · 성벽을 친친 감을 석쇠 사슬 등으로 포위망을 만들어 새겨넣으라고 명하신다(4,1-3). 이는 예루살렘이 완전히 포위될 것임을 시사하는 상징 행위이다. 또 예언자 자신은 온몸을 사슬로 묶은 채 왼쪽 옆구리를 땅에 대고 190일 동안 누워 이스라엘 족속의 죄를 받은 다음, 이번에는 오른쪽 옆구리를 땅에 대고 40일 동안 누워 유다 족속의 죄를 받아야 한다(4,4-9). 190일과 40일은 하루를 한 해로 쳐서 북왕국 이스라엘 백성이 아시리아에 끌려가 유배살이한 햇수 190년과 남왕국 유다 백성이 바빌론에서 유배살이한 햇수 40년을 가리키는 것으로 이해할 수 있다.

예언자는 옆구리를 대고 누운 상태에서 약간의 빵과 물을 일정하게 저울로 달아서 먹고마셔야 한다(4,9-11). 빵을 구울 때는 인분으로 구워야 한다. 그것이 역겨우면 쇠똥으로 구워도 된다(4,12-15). 이는 포위된 예루살렘 주민들이 식생활에 극도의 어려움을 겪게 될 것임을 시사하는 상징 행위이다. "너 사람아, 예루살렘에 사는 자들은 밥줄이 끊어져 빵을 달아서 먹으며 걱정이 태산 같고 물을 되어서 마시면서 간이 콩알만하게 될 것이다. 빵과 물이 떨어져, 모두들 제 죗값으로 뼈와 가죽만 남았다가 말라 죽을 것이다"(4,16-17).

그 다음 예언자는 머리와 수염을 깎아 그 삼분의 일은 불에 사르고 삼분의 일은 성밖을 돌면서 칼로 짓이기고 나머지 삼분의 일은 바람에 날려야 한다(5,1-2). 그러나 일부를 남겨 두루마기 단에 매어두어야 한다(5,3). 머리와 수염을 깎는 것은 정복자가 포로들에게 취하는 조처이다. 바빌론에 사로잡힌 예루살렘 주민들은 불에 타기도 하고 칼로 살해당하기도 하며 바빌론 제국 여기저기에 흩어져 유배살이를 하게 되겠지만(5,12), 일부는 '남은 자들'로 생존하게 될 것이다. 예루살렘 주민들이 이 같은 재앙을 겪는 원인은 하느님의 규정을 따르지 않고 그분의 법대로 살지 않았으며(5,7), "온갖 구역질나는 우상, 보기에도 역겨운 신상들"을 만들어 주 하느님의 성소를 더럽혔기 때문이다(5,11).

6—7장의 신탁은 이스라엘의 우상숭배를 신랄하게 비난하고 그 때문에 이스라엘 땅과 예루살렘에 닥칠 재앙을 자세히 묘사한다. 그리고 이 신탁의 내용, 곧 우상숭배에 대한 비난과 이로 말미암아 이스라엘에 닥치게 될 재앙을 8—9장에서는 환시와 더불어 되풀이한다. 에제키엘은 바빌론에 붙잡혀 간 지 6년 되던 해, 곧 기원전 592년 여섯째 달 오일(음력 8월 5일경)에 환시를 본다. 주님께서 사람처럼 보이는 어떤 형상으로 에제키엘에

게 나타나, 손처럼 생긴 것을 내밀어 그의 머리를 잡고 공중에 번쩍 들어올려 예루살렘으로 데리고 갔다. 거기에서 에제키엘은 온갖 추한 우상들과 그것들을 섬기는 이스라엘 가문의 장로 칠십 명과 그 밖의 다른 사람들을 본다(8장). 9장에서는 하느님께서 우상숭배자들을 징벌할 사람들을 에제키엘에게 보여주신다. 여섯 명의 징벌자는 모두 손에 망치를 들고 있었는데, 그 가운데 한 사람은 모시옷을 입고 허리에는 서기관의 필묵통을 차고 있었다. 이 사람은 하느님의 명을 받고 예루살렘 시내를 돌아다니며 우상숭배를 역겨워하고 탄식하며 우는 사람들의 이마에 표를 해놓는다. 징벌자들은 이마에 표시가 있는 이들을 빼고 그 밖의 사람들을 모두 망치로 쳐죽인다.

10장에서 예언자는 하느님을 모시는 거룹들과 하느님의 명령을 수행하는 아마포 옷(「공동번역」: 모시옷) 입은 사람, 그리고 계약 궤 앞에 들고 다니던 향불 풍로의 바퀴들을 환시로 본다. 이 환시는 하느님의 영광이 예루살렘 성전을 떠날 것임을 알려주기 위한 것이다. 8장에서 묘사된 역겨운 우상숭배와 사회불의는 성전을 오염시켰고 성전은 이제 성소의 기능을 수행할 수 없게 되었다. 예언자는 하느님의 영광이 서서히 성전과 예루살렘 도성을 떠나가는 과정을 환시로 목격한다. 하느님의 현존이 자리잡은 계약 궤와 그것을 지키는 거룹들은 주님의 천상 옥좌와 그 옥좌를 지키는 거룹들로 대치되고, 야훼의 영광이 계약 궤가 안치된 지성소를 떠나 성전 문지방으로 서서히 옮겨간다(10,1.3-5). 옥좌에 계신 이가 아마포 입은 사람에게 예루살렘 도성을 거슬러 불을 가져다 내리라고 명하신다(10,2.6-8). 성전은 하느님의 분노에서 백성을 더이상 보호할 수 없다. 주님의 영광은 성전 동문을 향하여 가고 있었고 예언자는 여기서 나타난 거룹들이 그발 강가에서 소명 환시 때 본 거룹들과 같다는 것을 확인한다(10,9-22).

제14주간: 하느님 이름의 체면

범위: 에제 11—24장
성가: 437
주제본문: 에제 20장

주님의 영광이 예루살렘 도성을 떠나는 순간에 예언자는 성전 동문에서 주님을 동반한다(11,1). 그 정문간에는 스물다섯 명의 악한 수령이 모여 있었는데, 그들 가운데 몇몇은 이름이 거론된다. 8,16에서 주님의 성전 문간에 모여 태양신을 숭배하던 자들도 스물다섯 명이었다. 그들은 도성에 재난을 끌어들이고 나쁜 일만 꾸미는 자들이다. 그들이 하는 말 "집은 지어놓았것다. 우리는 냄비 속에 고이 담겨 있는 살점 아니냐?"(11,3)는 언뜻 이해하기 어려운데, 597년 제1차 바빌론 침공 때 파괴된 집들을 복구하고 또 다른 침공 위협은 없을 것이라면서 지도자들이 예루살렘 주민들을 거짓 안심시키는 말로 이해할 수 있다.

그러나 이런 식의 무사안일주의로는 바빌론의 침공을 막아낼 수 없다. 막상 예루살렘 도성의 방어벽을 뚫고 바빌론 군대가 쳐들어오자 엄청난 학살이 일어나 거리마다 시체가 넘쳐나고 지도자들은 도성에서 낯선 땅으로 끌려가게 된다(11,5-11). 이 모든 참변은 그들이 주 하느님을 저버리고 그분의 규정과 법을 지키지 않았기 때문에 일어난다(11,12). 한편 597년 제1차 유배 때 끌려가지 않고 유다에 남은 백성들은 유배자들과 자신들을 분리하면서 자신들이야말로 유배자들을 대신하여 이 땅의 상속자가 되었다고 주장한다(11,15). 그러나 주님께서는 이방 민족 사이에서 흩어져 사는 포로들에게 얼마간 그들의 성소가 되어 주겠다고 하시며 예루살렘 주민들이 아니라 포로 가운데서 '남은 자들'을 뽑아 예루살렘으로 다시 모아들여 참 이스라엘로 삼겠다고 분명히 밝히신다(11,16-17). 주님께서는 그들의 돌 심장을 살 심장으로 바꾸어 주겠다고 약속하신다. 그렇게 되면 그들이 그분의 규정을 따르고 그분의 법을 지키게 되어, 그들은 주님의 백성이 되고 주님은 그들의 하느님이 되실 것이다. "나는 그들의 마음을 바꾸어 새 마음이 일도록 해주리라. 그들의 몸에 박혔던 돌 같은 마음을 제거하고 피가 통하는 마음을 주리라. 그래서 나의 규정을 따르고 나의 법을 지켜 그대로 실행하도록 만들겠다. 그제야 그들은 나의 백성이 되고 나는 그들의 하느님이 될 것이다"(11,19-20). 주님의 말씀이 끝나자 주님의 영광이 도성 한가운데서 떠나 동쪽 산 위에 잠시 멈추었다가 바빌론으로 옮겨갔다. 에제키엘도 주님의 영광을 동반하여 예루살렘에서 바빌론으로 돌아와 사로잡혀 온 겨레에게 이 모든 사정을 이야기해 주었다.

에제키엘서의 환시와 신탁은 다윗 왕조와 예루살렘 도성이 영원하고 주님의 현존이 성전에 영원히 머물 거라고 확신하던 유다의 지도자들과 백성에게 큰 충격을 안겨주었다. 이스라엘의 주 하느님께서는 선택된 도성을 떠나 바빌론으로 잠시 옮겨

가셨다. 그 바람에 이민족들이 예루살렘을 마음껏 유린할 수 있었다. 그러나 에제키엘 예언서에 따르면 바빌론 군대가 침공하기에 앞서 주님께서 먼저 이 도성과 주민들에게 징벌의 불을 내리신다. 바빌론 군대는 그분의 도구에 지나지 않는다. 주님의 떠나심과 도성의 파괴는 영구적인 것인가? 그렇지 않다. 주님께서는 당신의 말씀에 온전히 순종할 새 이스라엘을 창조하시기 위하여 다시 예루살렘으로 돌아오실 것이다. 결국 도성의 영원한 선택은 그곳 백성이 주님의 말씀에 얼마나 성실하게 순종하느냐에 달려 있다는 것이 에제키엘의 메시지이다.

12장에는 예언자의 두 가지 상징 행위가 나오는데, 둘 다 이해하기 쉽고 그 뜻이 분명하다. 하나는 피난 보따리를 대낮에 꾸려 내다놓은 다음, 저녁이 되어 손으로 벽에 구멍을 뚫고 어두울 때 피난 보따리를 메고 나가는 것이다. 다른 하나는 무서워 떨면서 빵을 먹고 겁에 질린 채 물을 마시는 것이다. 첫번째 행위는 예루살렘 함락과 지도자들이 포로로 잡혀가는 것을 드러내고, 두번째 행위는 곧 닥치게 될 큰 재난 앞에서 공포에 떠는 예루살렘 주민들의 심리상태를 묘사한다. 이런 예언자의 환시와 상징 행위와 신탁을 두고 이스라엘 백성은 그런 일들은 지금 당장이 아니라 먼 훗날에나 이루어질 것이라고 말할 것이다. 그러나 주님께서는 이 일들을 미루지 아니하시고 가까운 시기에 이루실 것이라고 분명히 밝히신다(12,28).

13장은 거짓 예언자들을 통렬히 비난하는 내용이다. 거짓 예언자들은 담의 틈새에 회를 발라서 겉으로 보기에 그 담이 안전한 것처럼 사람들을 속인다. 그들은 죄를 지어 백성의 양심에 균열이 생겼는데도 모든 것이 잘되리라고 예언하면서 그 균열을 보지 못하게 함으로써 백성에게 더 큰 재앙을 불러들인다. 또 그들은 보리 몇 줌과 빵 몇 조각을 복채로 받고서 속임수로 점을 쳐준다. 주님께서는 이런 거짓 예언자들뿐 아니라 그들에게 물어보러 가는 자들도 함께 징벌하실 것이다(14,9-10).

15장에는 포도나무 비유가 나온다. 포도나무는 구약성서에서 팔레스티나의 풍요를 상징하거나(창세 49,11; 민수 13,23-24; 신명 8,8) 그곳에서 이스라엘 백성이 누리는 행복을 상징하였으며 (1열왕 5,5; 미가 4,4), 더 나아가 이스라엘 백성의 역사를 서술하는 표상으로도 사용되었다(에제 17,6-8; 이사 5,1-7; 예레 2,21; 6,9; 8,13; 48,32; 호세 9,10; 10,1; 시편 80,9-17; 참조: 마르 12,1-11; 요한 15,1-6). 에제키엘 시대에 유다인들은 자신들을 하느님께 사랑받는 포도나무로 확신하면서 자만심에 빠져 있었다. 그러나 열매를 맺지 못하는 포도나무는 땔감으로 불에 던져질 따름이다.

16장은 예루살렘의 부끄러운 역사를 버려진 아이가 왕비가 되는 비유로 묘사한다. 예루살렘의 아버지는 아모리인이요 어미는 헷 여인이다. 곧 이 도성은 가나안 원주민인 아모리인들과 헷 사람들이 살던 곳이었다. 비천한 출신의 이 도성은 다윗과 솔로몬 시대의 전성기를 거치면서 근동의 주변 나라들에 널리 알려졌다. 그러고는 이웃의 강대국들과 조약을 체결하기 시작하였다. 먼저 이집트 그리고 이어서 아시리아와 바빌론과 조약을 체결하였다. 강대국들과의 조약 이면에는 이스라엘 백성이 조상 때부터 믿어온 주 하느님보다 이들을 더 의지하려는 속셈

이 자리잡고 있었다. 동시에 강대국들과의 정치적 조약은 그 나라들의 우상숭배를 받아들이는 종교적 예속을 동반하였다. 16장의 신탁은 예루살렘의 배신을, 임금이 주워다 기른 아이를 왕비로 만들었더니 그 왕비가 자신의 아름다움과 명성을 미끼삼아 스스로 낯선 사내들을 유혹하고 그들에게 몸을 파는 것에 비교한다. 주 하느님은 이를 묵과하지 않으실 것이다. "네가 그토록 더럽고 역겨운 짓을 했으니 그 벌을 벗으리라 생각하지 마라. 야훼의 말이다. 주 야훼가 말한다. 너는 너의 맹세를 하찮게 보고 그 계약을 깨뜨렸다. 네가 한 대로 나도 너에게 해주리라"(16,58-59). 그러나 하느님은 당신의 계약에 끝까지 충실하신 분이시다. 그분은 옛 계약을 기억하시고 새롭고 영구적인 계약을 수립하심으로써 남은 자들을 회복시키실 것이다. "그러나 나는 네가 처녀였을 때 너와 약혼했던 것을 생각하고 너와 영원히 끊을 수 없는 계약을 맺으리라. 너와 맺은 계약에는 들어 있지 않았지만, 네 언니와 아우를 너의 딸로 삼아주리니, 그리되거든 네 과거 행실을 생각하고 부끄러운 줄이나 알아라"(16,60-61). 여기서 언니와 딸은 53절의 소돔과 사마리아이다. 예루살렘은 주님의 무한한 자비를 만나고서야 회개할 것이다.

이스라엘과 예루살렘의 역사를 설명해 주는 두 가지 비유, 곧 불에 태워질 포도나무의 비유(15장)와 부정한 배우자의 비유(16장)에 이어 17장에는 기원전 597-587년 상황을 설명하는, 두 독수리에 의해서 송백나무와 포도나무로부터 잘려나간 햇순의 비유가 나온다. 첫번째 큰 독수리는 바빌론이다. 이 독수리가 레바논에 가서 송백 끝에 돋은 순을 땄다(17,3). 바빌론의 느부갓네살은 597년에 레바논으로부터 침공하여 즉위한 지 3개월밖에 안 된 열여덟 살의 여호야긴을 사로잡아 바빌론으로 끌고 간다. 이때 에제키엘을 비롯해 예루살렘 지도층 인사들도 함께 잡혀간다. 이른바 제1차 바빌론 유배이다. 느부갓네살은 유다에 여호야긴 대신 시드키야를 꼭두각시 임금으로 앉혔다(17,5). 그러나 시드키야는 첫번째 큰 독수리 바빌론을 배신하고 두번째 큰 독수리인 이집트 쪽으로 기울었다(17,7). 결과는 예루살렘 멸망과 제2차 바빌론 유배라는 대재난으로 드러났다(17,12-18). 이스라엘 백성이 의지할 곳은 주변의 강대국이 아니라 자신들의 주인이신 주 하느님이시다. 나무로 표상되는 나라들을 흥하게도 하고 망하게도 하시는 분은 이스라엘의 주 하느님이시다. "그제야 들의 모든 나무는 알리라. 높은 나무는 쓰러뜨리고, 낮은 나무는 키워주며 푸른 나무는 시들게 하고 마른 나무는 다시 푸르게 하는 이가 바로 나 야훼임을 알리라. 나 야훼는 한번 말한 것은 반드시 그대로 이룬다"(17,24).

18장은 개인의 선행과 악행을 중요시하는 종교적 개인주의에 관심을 기울인다. 이러한 종교적 개인주의는 예레미야에게 와서야 예언자들의 가르침에 들어오기 시작하였다(예레 31,30). 그전까지 예언자들은 개인의 운명보다는 공동체 이스라엘의 운명에 관심을 더 기울였다. 이제 자신의 운명은 스스로 책임을 져야 한다.

19장은 어머니(2절)와 암사자(2절)와 포도나무(10절)로 표현된 이스라엘 또는 예루살렘의 역사와 불행한 두 임금 여호아하즈(3-4절)와 여호야긴(5-9절), 그리고 아마도 시드키야 임금(12-

14절)의 운명을 묘사한다.

20장은 하느님께서 당신의 이름, 곧 당신의 본질 또는 당신의 명예에 욕이 될까 봐 당신 백성 이스라엘을 완전히 멸망시키지 않으셨음을 강조한다. 이 장에서 특이한 본문은 이스라엘이 이집트에서 노예살이를 할 때부터 그들의 우상숭배를 하느님께서 징벌하시려 했다는 대목이다(20,7-8). 이스라엘 백성이 이집트에서도 우상을 섬겼다는 사실은 여호 24,14에서 명시적으로 드러나고 출애 32장도 그들이 이미 풍산신 숭배의 관습을 알고 있었음을 시사한다. 또 다른 본문은 나쁜 규정, 곧 죽음의 법을 주님께서 그들에게 만들어 주셨다고 말하는 대목이다(25-26절). 이는 하느님의 계명을 '생명의 길'이라고 믿었던 일반적인 율법 개념과 정면으로 배치된다. 죽음에 이르는 이 법은 무엇을 가리키는가? 26절에서 시사하는 것처럼 첫아들을 바치라는 계명일 것이다(참조: 출애 22,29; 34,19-20). 사람들이 하느님의 말씀에 순종하며 살던 평화로운 시절에는 이 계명을 올바로 이해하여 첫아들을 다른 것으로 대치하여 바쳤다(출애 13,12-13). 그러나 하느님의 계명을 어김으로써 국가적인 재앙이 닥쳤을 때는 예레미야가 분명하게 반대하는데도(예레 7,30; 19,5; 32,35) 주변의 이교도들처럼 첫아들을 글자 그대로 불살라 바쳤다. 이는 거짓 예언자들이 백성들을 잘못 인도하였기 때문이다(에제 14,7-9). 잘못된 법 집행이 있는 곳에는 거짓 예언자들이 있다.

21-24장은 유다에 관한 하느님의 판결을 종합한다. 21장에 나오는 하느님의 칼은 예루살렘을 파괴할 바빌론 임금의 칼이다(21,1-32). 이스라엘과 예루살렘에 대한 징벌은 그들이 우상

숭배를 저지르고 가난한 이들을 억압하며 무죄한 이들의 피를 흘리기 때문이다(22장). 23장은 사마리아와 예루살렘을 자신들의 정부(情夫)에게 버림받은 두 음녀(淫女)에 비유한다. 두 음녀의 이름은 '그 여자의 천막'이라는 뜻의 오홀라와 '내 천막은 그 여자 안에'라는 뜻의 오홀리바이다. 오홀라로 불린 사마리아(북왕국의 수도로 이스라엘을 대표함)는 아시리아인들과 놀아나다 그들의 손에 넘겨졌고 오홀리바로 불린 예루살렘(남왕국의 수도로 유다를 대표함)은 오홀라보다 한술 더 떠 아시리아뿐 아니라 이집트와 바빌론의 사내들과 어울리다 결국 바빌론인들에게 유린당하였다. 에제 16장과 20장은 이스라엘의 종교적인 죄악, 곧 그들의 우상숭배를 주로 질타하지만 23장에서는 잘못된 정치적 동맹관계에 초점을 맞춘다. 그러나 정치적 동맹관계 안에는 이미 종교적인 죄악이 뒤따른다. 이스라엘이 이방인들과 정치적 동맹을 맺는다는 것은 그들의 우상숭배를 받아들이는 동시에 자신들의 주인이요 임금이신 하느님을 저버리는 것까지 포함하기 때문이다.

23장까지 에제키엘의 환시와 신탁은 예루살렘의 침공을 가리켜 왔다. 에제키엘은 여호야긴 임금이 포로가 된 지 제5년(기원전 593년: 1,2: 3,16), 제6년(592년: 8,1), 제7년(591년: 20,1)에 환시를 보았다. 이제 제9년(588년) 곧 바빌론의 예루살렘 공략 초기에 하느님은 에제키엘에게 상징 행위 두 가지를 요구하신다. 하나는 시뻘겋게 녹이 슨 솥에 물을 붓고 고기를 뼈까지 푹 삶는 것이다. 녹은 억울하게 살해된 이들의 피다. 597년의 첫번째 유배 이후에 예루살렘에 살아남은 자들이 안심하는 것을 두고 예언자는 녹슨 솥에 있는 고기들을 뼈까지 모조리 태워버리듯 하느님께서 예루살렘의 죄악을 무섭게 심판하시리라고 말한다. "나 야훼가 선언하였다. 반드시 그대로 되리라. 가엾게도, 측은하게도 보지 않고 어김없이 이를 이루고야 말리라. 네가 걸은 길대로, 네가 행한 짓대로 너를 벌하리라 주 야훼가 하는 말이다"(24,14).

두번째 상징 행위는 사랑하는 아내를 잃더라도 슬픔을 밖으로 드러내지 않는 것이다. "너 사람아, 네가 보기만 해도 기뻐지는 네 사랑을 내가 이제 갑자기 앗아가더라도 가슴을 치고 눈물을 흘리며 곡하지 마라. 슬퍼하되 소리는 내지 말고 곡도 하지 마라. 여느때처럼 수건을 머리에 감고 신을 신어라. 수염을 가리거나 상가 음식을 차려 먹거나 하지 마라"(24,16-17). 이 신탁을 전한 다음날 아침 에제키엘의 아내가 죽었고 예언자는 주님께서 분부하신 대로 행동하였다. 자신의 이상한 행동이 무슨 뜻인지를 묻는 백성에게 에제키엘은 이제 곧 그들이 아끼던 성전이 더럽혀지고 제1차 유배 때 포로들이 예루살렘에 남겨두고 간 아들딸들이 살해될 날이 올 터인데(21절), 그 소식을 전해 들은 유배자들은 사랑하는 아내를 잃어버린 에제키엘처럼 자신들이 저지른 죄악만 한탄할 뿐 제대로 애곡조차 하지 못할 것이다 (22-24절).

제15주간: 민족들에 대한 심판

범위: 에제 25—32장
성가: 401
주제본문: 에제 29장

　에제 14장까지는 이방인들을 언급하기는 하지만 그들의 죄악과 징벌에 대한 신탁을 본격적으로 전하지 않았다. 그러나 이 부분에서는 예루살렘의 붕괴 직전에 예언자가 이방인들의 죄악을 열거한다. 하느님께서는 이방인들이 무슨 짓을 저질렀는지 보셨고, 무슨 마음을 품고 있는지 다 알고 계신다. 주님의 날에 그들이 저지른 소행을 빠짐없이 갚으실 것이다. 그분은 그들의 심판관으로 당신을 드러내심으로써 당신이 온 세상 만물의 주인이심을 널리 알리신다.

　이 대목은 이사 13—23장과 예레 46—51장 내용과 비슷하다. 주님께서는 바빌론이 이스라엘 백성을 억압할 때 그들을 괴롭힌 민족들을 심판하신다. 암몬(25,1-7), 모압(25,8-11), 에돔(28,12-14), 불레셋(25,15-17)이 바로 그들이다. 주님께서 그들의 소행을 갚으시고 벌을 내리신 다음에야 이 민족들은 이스라엘의 주 하느님이 어떤 분이신지를 알게 될 것이다(25,17).

　띠로도 이스라엘을 괴롭힌 민족 가운데 하나이지만 그들의 가장 큰 죄악은 교만이다. 띠로에 대해서는 이사 23장에서 장황하게 다룬 바 있다. 띠로의 교만은 항구도시의 아름다움(27,1-11)과 해상 무역을 통하여 얻은 부(28,12-36)에 바탕을 둔다. 띠로 임금은 막대한 부와 강력한 통치력을 내세워 자신을 신으로 떠받들게 한다(28,1-19). 하느님은 띠로의 교만을 철저히 응징하실 것이다. 바빌론 임금 느부갓네살(기원전 605-562년)은 605년 가르그미스 전투에서 이집트를 대파한 후 페니키아와 팔레스티나의 군소 도시왕국들을 차례로 정복하였다. 띠로는 13년 동안이나 느부갓네살의 공격을 버텨내다가 결국 항복하고 만다. 그러나 철저하게 파괴되지는 않았고 항복한 이후에도 약간의 자치권을 행사하였다. 28,20-23은 시돈에 관한 신탁이다. 시돈은 띠로에서 북쪽으로 40킬로미터 가량 떨어진 또 하나의 페니키아 무역항이다. 성서에서 띠로와 시돈은 늘 한 짝으로 등장한다(이사 23,2.4.12; 예레 47,4; 요엘 4,4; 즈가 9,2; 마태 11,21; 15,21; 마르 3,8; 루가 6,17; 10,13). 두 도시는 서로 경쟁하기도 하고 연합하기도 하면서 함께 발전하였다. 이스라엘의 하느님께서 이들을 징벌하시게 되면 이방인들은 물론 이스라엘 사람들도 그분이 자신들의 하느님 야훼이심을 알게 될 것이다(에제 28,26).

이집트와 그 동맹국들도 같은 이유에서 이런 민족들과 비슷한 운명을 맞을 것이다. 이집트에 대한 고발과 징벌은 29—32장에 나온다. 이집트 임금 파라오도 자기 자랑을 하며 자신을 신성시한다. 그는 이집트의 자랑인 나일강을 자신이 만들었다고 주장한다(29,3.9). 주님께서는 바빌론 임금 느부갓네살을 보내 이집트와 그 동맹국들을 치실 것이다(29,18-20; 30,1-11; 32,10-16). 이집트를 위대하게 만드신 분도 주님이시요(31,1-9), 그 죄를 물어 황폐하게 만드실 분도 주님이시다(31,10-18). 주님께서 이처럼 죄 많은 민족들을 직접 징벌하신다는 것은 그분이 이스라엘의 하느님이 아니라 온 세상 모든 민족의 하느님이심을 드러낸다. 바빌론은 그분이 도구로 이용하시는 한 제거하지 않으실 것이다. 바빌론에 반항하는 자들은 그들을 벌하기 위하여 바빌론을 보내신 분을 거스르는 것이다.

제16주간: 회생

범위: 에제 33—39장
성가: 147
주제본문: 에제 37장

이 대목은 이스라엘의 회복을 다룬다. 예루살렘의 함락에 대한 소식은 에제키엘서의 전환점이다. 도성 함락 이후부터 예언자가 전하는 신탁 내용은 이스라엘의 파괴와 심판에서 이스라엘의 회복과 구원으로 바뀐다. 예루살렘의 함락 소식을 다루기에 앞서 저자는 파수꾼으로서 에제키엘의 소명을 다시 한번 환기시킨다(1,1-9). 파수꾼의 소명은 이미 3,16-21에 언급된 바 있다. 파수꾼이 적군의 침입을 알리는 비상나팔을 불지 않아 목숨을 잃는 사람이 생겨나면 그 책임은 파수꾼에게 있듯이, 예언자가 죄인에게 잘못을 고치라고 충고하지 않으면 그 죄인은 자기 죗값으로 죽겠지만 그 죽음의 책임은 예언자에게 있다.

하느님은 죄인의 멸망을 기뻐하시지 않는다. "일러주어라. '내가 맹세한다, 죄인이라고 해도 죽는 것을 나는 기뻐하지 않는다. 주 야훼가 하는 말이다. 죄인이라도 마음을 바로잡아 버릇을 고치고 사는 것을 나는 기뻐한다. 그러나 너희는 돌아오라. 나쁜 버릇을 고치고 돌아오라. 이스라엘 족속아, 어찌하여 너희는 죽으려고 하느냐!'"(33,11). 죄인과 의인은 고정된 것이 아니다. 죄인도 회개하면 죽지 않고, 의인도 그릇되게 살면 죽는다. "너 사람아, 네 겨레에게 일러라. '죄 없는 사람이라도 죄를 짓는 날에는 전에 죄가 없었다고 해서 제 목숨을 구하지 못하리라. 죄인일지라도 제 죄를 청산하고 돌아오는 날에는 전에 죄가 있었다고 해서 망하지 않겠지만, 죄 없는 사람이라고 해서 잘못을 저지르고서도 전에 죄가 없었다고 해서 살지는 못한다'"(33,12).

바빌론 유배자들이 예루살렘의 함락 소식을 들은 것은 포로로 사로잡혀 온 지 12년이 되던 해 열째 달 오 일, 그러니까 기원전 586년 음력 12월경이었다. 그러나 예루살렘의 함락은 기원전 587년 8월경이다. 이 기간의 차이는 예루살렘에서 바빌론까지의 1,500여 킬로미터(이 거리를 정상적으로 여행하면 100일 이상 걸린다)나 되는 먼 거리를 감안하더라도 문제가 있다. 그래서인지 일부 다른 고대어 번역본들에는 12년이 아니라 11년으로 되어 있다.

사람들은 에제키엘이 전하는 말을 들으려고 몰려들겠지만, 그의 말을 듣고 진정으로 회개하려 하지는 않을 것이다(33,31-33). "너 사람아, 네 겨레가 담 곁에서 또 집 문앞에서 네 말을 하며 서로 끼리끼리 '야훼께서 무슨 말씀을 내리셨는지 가서 들어나 보자' 하며 구경거리나 난 듯 너에게 모여올 것이다. 나의 백성은 네 앞에 앉아서 말을 듣기는 하겠지만 그대로 실행하지는 않을 것이다. 말로는 좋다고 하면서도 마음으로는 제 좋을 대로만 하리라. 너는 수금을 뜯으며 고운 소리로 사랑의 노래나

읊는 사람으로 보일 것이다. 그래서 그들은 네 말을 듣기는 하겠지만, 그대로 실행하지 아니하리라"(33,30-32).

34장에는 목자와 양떼의 관계가 나온다. 주님께서는 먼저 제 할 일을 다하지 못하는 목자들을 갈아치우는 작업부터 시작하실 것이다. 이스라엘의 기존 목자들은 양들을 돌보기는커녕 그들을 착취하는 데 정신이 팔려 있었다. "너희가 젖이나 짜먹고 양털을 깎아 옷을 해입으며 살진 놈을 잡아먹으면서 양을 돌볼 생각은 않는구나. 약한 것은 잘 먹여 힘을 돋우어 주어야 하고 아픈 것은 고쳐주어야 하며 상처 입은 것은 싸매주어야 하고 길 잃고 헤매는 것은 찾아 데려와야 할 터인데, 그러지 아니하고 그들을 다만 못살게 굴었을 뿐이다"(34,3-4). 이런 못된 목자들 대신 주님께서는 직접 당신의 양떼를 돌보겠다고 하신다. 그분은 뭇 민족 가운데서 당신의 양떼를 데려오시고 이 나라 저 나라에서 그들을 본고향으로 데려와 시냇가 사람 사는 땅에서 알뜰히 돌보실 것이다(34,13-16). 그런 다음 양과 양 사이, 숫양과 숫염소 사이를 갈라 남은 자들의 동아리를 만들어 내시고 그들을 다윗 가문의 목자에게 맡겨 돌보게 하실 것이다(34,17-24). 에제키엘서에 나오는 이 목자 신탁은 요한복음의 '착한 목자의 비유'를 떠올리게 한다.

35—36장에서는 하느님이 당신의 거룩한 이름에 손상이 가지 않도록 에돔을 비롯한 주변의 민족들과 비교하여 이스라엘 백성을 결코 불행한 처지에 그대로 버려두지 않으실 것임을 분명히 한다. 이스라엘을 새롭게 회복하기 위한 유일한 방법은 하느님의 영을 통하여 그들의 돌 심장을 살 심장으로 바꾸는 것이

다. "내가 너희를 뭇 민족 가운데서 데려내 오고 모든 나라에서 모아 고국으로 데려다가 정화수를 끼얹어 너희의 모든 부정을 깨끗이 씻어주리라. 온갖 우상을 섬기는 중에 묻었던 때를 깨끗이 씻어주고 새 마음을 넣어주며 새 기운을 불어넣어 주리라. 너희 몸에서 돌처럼 굳은 마음을 도려내고 살처럼 부드러운 마음을 넣어주리라. 나의 기운을 너희 속에 넣어주리니, 그리되면 너희는 내가 세워준 규정을 따라 살 수 있고 나에게서 받은 법도를 실천할 수 있게 되리라"(36,24-27). 여기서 이스라엘을 새롭게 만드는 일에 하느님의 영과 법이 함께 작용함을 알 수 있다. 예레미야는 이스라엘 공동체의 쇄신을 위해서 주님의 새 계약과 법이 필요함을 역설한 바 있다(예레 31,31-34).

절망에 빠진 이스라엘의 회복을 묘사하는 표상으로는 37장에 나오는 마른 뼈의 환시가 으뜸이다. 들바닥에 흩어진 마른 뼈들은 소생할 가망이 전혀 없는 바빌론 유배자들의 비참한 운명을 가리킨다. 이스라엘인들에게 조상과 함께 무덤에 묻히지 못한다는 것은 큰 수치요 불행이었다. 더구나 완전히 탈골이 되어 말라버린 뼈는 생명과는 거리가 너무 멀다. 주님께서 예언자에게 이 마른 뼈들이 살아날 것 같으냐고 물으시자, 예언자는 "주 야훼여, 당신께서 아시옵니다"(37,3) 하며 주님의 처분만을 기다린다. 주님께서는 예언자에게 당신의 말씀을 마른 뼈들에게 전하라고 명하신다. 예언자가 주님의 말씀을 전하니 뼈들에게 힘줄이 생겨나 서로를 잇고 살이 붙고 가죽이 씌워졌다. 주님께서 예언자에게 다시 숨을 사방에서 불러모아 뼈들에게 불어닥치게 하라고 명하셨다. 예언자가 그렇게 하자 뼈들이 숨을 들이 마시고는 모두들 살아나서 제 발로 일어섰다. 그러자 주님께서 그들을 두고 이렇게 말씀하셨다. "너 사람아, 이 뼈들은 이스라엘 온 족속이다. 뼈는 마르고, 희망은 사라져 끝장이 났다고 넋두리하던 것들이다. 이제 너는 이들에게 나의 말을 전하여라. '주 야훼가 말한다. 나 이제 무덤을 열고 내 백성이었던 너희를 그 무덤에서 끌어올려 이스라엘 고국 땅으로 데리고 가리라. 내가 이렇게 무덤을 열고 내 백성이었던 너희를 무덤에서 끌어올리면, 그제야 너희는 내가 야훼임을 알게 되리라. 내가 너희에게 나의 기운을 불어넣어 살려내어 너희로 하여금 고국에 가서 살게 하리라. 그제야 너희는 나 야훼가 한번 선언한 것을 그대로 이루고야 만다는 사실을 알 것이다. 야훼가 하는 말이다'"(37,11-14). 여기서 마른 뼈들은 바빌론에 포로로 끌려온 이스라엘 백성만을 가리키지 않는다. 생기 없이 살아가는 모든 그리스도인도 마른 뼈들이다. 이들은 말씀과 성령을 받아 소생할 수 있을 것이다.

주님께서는 예언자에게 마른 뼈의 환시를 보여주신 다음, 상징 행위를 지시하신다. 나무 막대기 둘을 가져다가 그 하나에는 '유다와 그와 한 편이 된 이스라엘 백성'이라고 쓰고, 또 다른 하나에는 '요셉, 에브라임의 막대기와 그와 한 편이 된 이스라엘의 온 족속'이라고 쓰라 하신다. 유다는 남왕국을 대표하는 부족이고, 요셉은 그의 아들 에브라임과 함께 북왕국의 지파들을 대표한다. 그러고는 두 막대기를 하나가 되게 잡고 있으라고 명하신다. 갈라진 두 왕국을 주님께서 다시 통합시키시려는 것이다. "주 야훼가 말한다. 여기저기 흩어져 있는 이스라엘 백성을 나 이제 뭇 민족들 가운데서 이끌어 내리라. 사방에서 모아 고국으로 데려오리라. 그들을 나의 땅 이스라엘 산악지대에서 한 민족으로 묶고 한 임금을 세워 다스리게 하리니, 다시는 두 민족으로 갈리지 않을 것이다. 다시는 반으로 갈라져 두 나라가 되지 않을 것이다"(37,21-22). 하느님은 이스라엘의 완전한 회복을 원하신다. 반쪽만의 회복이 아니라 그 옛날 다윗과 솔로몬 시대에 이루었던 통일왕국으로 되돌리길 원하신다. 그런 다음에 통일된 이스라엘 공동체와 평화의 계약을 맺고 그들의 하느님이 되어 그들 가운데 현존하고 싶어하신다. "나는 그들과 평화의 계약을 맺을 것이다. 그들과 맺은 이 계약은 영원히 깨지지 아니하리라. 나는 그들을 불어나게 하고 나의 성소를 영원히 그들 가운데 둘 것이다. 나는 나의 집을 그들 가운데 둘 것이다. 나는 그들의 하느님이 되고 그들은 나의 백성이 되리라"(37,26-27).

이렇게 온전히 회복된 이스라엘은 더이상 패배를 맛보지 않을 것이다. 그들을 치려고 달려드는 자들은 모두 망하고 말 것이다. 38,1에 나오는 곡은 아마도 기원전 7세기에 소아시아 지방의 리디아를 다스리던 통치자였을 것이다. 곡과 함께 나오는 마곡, 메섹, 두발, 고멜, 도가르마(에제 38,2.6; 39,1)는 창세 10,2-5에서 소아시아의 민족들로 등장한다. 에제키엘 예언자는 이스라엘이 유배에서 풀려 팔레스티나로 돌아온 다음 북쪽에서 원수들이 침략할 것으로 예상했을 것이다. 그러나 예언자는 하느님께서 이 원수들을 패배시키시고 이스라엘이 약속의 땅에서 안전하게 살 수 있도록 조처하시리라고 믿었을 것이다. 예레미야서에서처럼 곡은 북쪽에서 쳐들어오는 이스라엘의 원수들을 대표한다. 하느님께서 이 곡을 멸망시키신다는 에제키엘의 신탁은 종말에 벌어질 우주적 전투를 예고하는 것이다. "내가 나의 영광을 뭇 민족들 가운데 드러내리라. 모든 민족들은 내가 심판을 내리고 팔을 휘둘러 그들을 치는 것을 보리라. 그날로부터 이스라엘 족속은 나 야훼가 저희의 하느님임을 알게 되리라"(에제 39,21-22). 이스라엘의 회복은 결코 취소될 수 없다. "이스라엘 족속은 내가 불어넣어 준 기운을 받았다. 다시는 내가 그들을 외면하지 아니하리라. 주 야훼가 하는 말이다"(39,29).

제17주간: 새로운 성전과 예배

범위: 에제 40—48장
성가: 69
주제본문: 에제 47장

  40—48장에 따르면 이스라엘의 회복은 백성의 쇄신에서 그치지 않고 성전 재건과 그곳의 활기찬 전례로 이어진다. 이 대목의 신탁은 에제 8—11장과 정면으로 대립한다. 거기에서 주님의 거룩한 도성과 거룩한 집은 너무 오염되어서 주님께서 더 이상 그곳에 머물기를 거절하셨다. 그러나 이제 주님께서는 참하느님을 경외하고 올바로 예배하려는 이들에게 둘러싸여 계신다. 주님께 충성하는 이 남은 자들과 함께 주님께서는 영원히 당신의 집에 머무실 것이다.

  수도가 함락된 지 14년, 곧 기원전 573년 음력 3월에 에제키엘은 재건된 성전의 환시를 보았다. 이 환시는 성전의 정확한 설계도를 제시한다. "이스라엘이 제 스스로 저지른 모든 잘못을 부끄러워하게 되거든, 드나드는 출입구를 포함하여 성전의 건축 양식을 그려주어라. 격식과 원칙에 맞는 설계도를 그려 보여주면서 모두 설명해 주어라. 그래서 하나하나 그 설계를 따라 격식에 맞게 건축하도록 하여라. 성전은 이렇게 짓는 법이다.

산꼭대기를 돌아가며 울타리를 친 경내가 모두 거룩하고 거룩한 곳이다. 참으로 성전은 이렇게 짓는 법이다"(43,11-12).

예루살렘 도성이 멸망할 때 주님의 영광이 성전 동문에 잠시 머물다가 떠나셨듯이(10,19) 주님께서 영광에 싸여 동문 쪽에서 성전으로 들어가셨다(43,4). 이스라엘 백성이 더이상 주님을 거슬러 죄를 짓지 않을 것이기에 주님께서는 그들 가운데 영원히 머물겠다고 약속하신다(43,6-9). 전에는 계약의 궤가 주님의 발판이요 옥좌였지만 기원전 587년 바빌론 군대가 예루살렘 성전을 파괴하는 와중에 사라졌기 때문에, 이제는 성전 자체가 주님의 발판이요 옥좌가 된다(43,7). 백성의 우상숭배와 반역은 주님의 상주하심을 늘 위협해 왔다(참조: 출애 32─34장; 2열왕 17장). 그러나 이스라엘에 불충한 반역자들과 충실한 남은 자들이 공존하던 시대는 지나갔다. 에제 33─39장에 따르면 이제 이스라엘에는 불충한 자들이 더이상 존재하지 않으며 따라서 주님의 집이 오염되는 일은 이제 결코 일어나지 않을 것이다. 그러니 주님께서 당신의 거룩한 집을 비우시거나 그곳을 파괴할 이유가 없다. 주님의 말씀과 영으로 새로워진 공동체에 주님의 현존이 늘 머무시어 그들을 축복해 주실 것이다.

성전 안에 안치될 제단도 새롭게 만들어져 봉헌되고 그 제단 위에서 주님을 섬기는 일에 온전히 전념할 사제들이 규정에 따라 흠없는 제물을 바칠 것이다(43,13─44,31). 레위인들은 더이상 우상숭배 쪽으로 백성을 오도하는 일을 하지 않을 것이다(44,10-14). 제비뽑아 나누어질 땅에는 하느님께 바칠 거룩한 구역이 마련될 것이고(45,1-6), 제후들도 일정한 몫을 차지하겠지만 백성을 억압하거나 착취하는 일은 없을 것이다(45,7-9). 거래는 공정하게 이루어질 것이며 아무도 저울추를 속이지 않을 것이다(45,10-12). 안식일을 비롯하여 축일과 축제는 하느님이 바라시는 대로 어김없이 그리고 합당하게 거행될 것이며, 날마다 바치는 제물과 예물도 규정대로 바쳐질 것이다(45,13—46,24).

47장에 소개된, 성전에서 솟아흐르는 샘물의 환시는 성전이 새로운 이스라엘 공동체의 중심임을 강조한다. 강수량이 부족한 팔레스티나의 메마른 땅에서 샘은 생명을 주시는 하느님의 구원 능력을 가리키는 상징이다. 샘 근처에는 흔히 성소가 자리 잡기도 하는데, 예루살렘 성전도 마찬가지다. 이 도성에는 기혼 샘에서 실로암 못으로 이어지는 수로가 있었다. 그런데 실제로 이 수로의 물이 하느님의 구원 능력을 드러내기에는 너무 작고 초라하게 느껴졌다(이사 8,6 참조). 47장에 나오는 새 성전에서 흘러나오는 물은 이런 우려를 잠재우기에 충분할 만큼 풍요롭다. 성전 문지방 밑에서 솟아나온 물은 동쪽을 지나 제단 남쪽으로 흘러내려간다. 이 물은 처음에는 발목만 잠기다가 무릎까지 올라오고 나중에는 허리까지 차서 헤엄을 치지 않으면 건널 수 없는 강이 된다. 이 강물을 두고 예언자를 인도한 분이 그 효능을 자세히 밝혀준다. 강물은 동쪽의 메마른 사막을 지나 사해로 흘러들어간다. 그러자 죽음의 바다 사해가 살아나 그곳에 온갖 생물이 우글거리게 된다. 또한 강 양편에는 달마다 온갖 과일나무가 자라는데, 과일은 양식이 되고 잎은 약초가 된다. "이 강가 양쪽 언덕에는 온갖 과일나무가 자라며 잎이 시드는 일이 없다. 그 물이 성소에서 흘러나오기 때문에, 다달이 새 과일이

나와서 열매가 끊어지는 일이 없다. 그 열매는 양식이 되고 그 잎은 약이 된다"(47,12).

에제키엘서의 '성전 샘물 환시'는 에덴 동산에 위치한 낙원을 연상시킨다. 에덴에서 강 하나가 흘러나와 동산을 적시며 네 줄기로 갈라졌다. 네 개의 강줄기는 보기 좋고 맛있는 나무 열매들과 온갖 값진 보석을 내놓았다. 그 가운데는 '생명나무'도 있었다. 성전과 물과 생명을 연결하는 이 같은 구약의 예표들은 요한복음에 와서 예수 그리스도의 몸으로 수렴된다. 예수님은 죽음과 부활을 거쳐 새롭게 변화될 당신의 몸을 성전으로 제시하셨는데(요한 2,21), 실제로 그분은 십자가에 못박혀 돌아가실 때 옆구리에서 흘리신 물로 세상에 생명을 가져다 주신다(요한 19,34; 참조: 4,14; 7,37-39). 에제 47,12에서 직접 영감을 받았는지 묵시록의 저자는 희생된 어린양의 천상 어좌에서 생명수의 강이 흘러나와 생명나무에 달마다 열매를 맺게 하고 그 잎은 만국 백성을 치료하는 약재로 쓰인다고 말한다(묵시 22,1-2).

성전 샘물의 환시는 선택된 백성의 쇄신에 하느님의 현존이 얼마나 중요한가를 역설하기 위한 것이다. 에제키엘서의 마지막 문장도 하느님의 현존을 강조한다. "이 도읍지의 이름은 이제부터 야훼 삼마이다"(48,35). 여기서 '야훼 삼마'는 '야훼께서 여기 계시다'는 뜻이다. 미래의 모든 영광과 축복은 이 백성에게 생명을 주시는 주님의 현존에 온전히 달려 있다.

묵시문학과 종말론

1. 묵시문학과 묵시론

묵시(默示)라는 말은 '감추인 것을 드러냄'(그리스어로 아포칼립시스)이라는 뜻을 지닌다. 이는 우리말에서 '열어 보임'이라는 뜻의 계시(啓示, revelatio)와 묵시를 거의 동일시하게 만든다. 그래서 신약의 마지막 책을 요한묵시록이라고도 하고 요한계시록이라고도 한다. 그러나 두 용어가 뜻하는 내용에는 차이가 있다. 묵시가 마지막 때와 하느님 나라에 관한 미래의 비밀을 드러내는 데 반하여 계시는 하느님과 인간에 관한 진리, 특히 인간의 구원과 관련된 하느님의 뜻과 계획을 알려주는 것이다. 말하자면 묵시는 미래의 특수한 사정을 밝혀주는 것이고, 계시는 보편적이고 일반적인 진리를 보여주는 것이라 하겠다. 따라서 개념상 묵시는 더 큰 범주인 계시에 포함된다.

다음으로 묵시는 예언과 매우 흡사한 성격을 가지는데, 예언이 일반적으로 말로써 이루어지는 반면 묵시는 주로 글로써 전달된다. 사실 구약성서의 묵시는 모두 예언서에 나온다. 본디 예언서 가운데 묵시에 속하는 부분은 다니 7—12장; 즈가 9—14장뿐이다. 그러나 통상 요엘 2장; 이사 24—27장; 34장; 에제 38—39장도 묵시로 간주한다. 이사야서를 연구하는 학자들 가운데는 24—27장을 '큰 묵시록', 34장을 '작은 묵시록'이라 부르는 이들도 있다. 신약성서에서는 '큰 묵시록'이라 할 수 있는 요한묵시록에 비교하여 마르 13,3-37; 병행: 마태 24,3-44; 루가 21,7-33을 '작은 묵시록'이라고 부른다.

이와 같은 묵시를 담고 있는 문헌을 묵시록, 또는 더 포괄적인 용어로 묵시문학이라 한다. 묵시문학은 기원전 200년부터 서기 100년 사이 3세기 동안 유다교와 그리스도교에서 성행하던 문학 유형이지만, 그 뿌리는 앞에서 언급한 바와 같이 기원전 6-5세기 예언서 전승까지 거슬러올라간다. 묵시문학의 대표적 작품으로 꼽히는 다니엘서와 요한묵시록은 성서에서 묵시문학 시대의 처음과 끝을 장식한다.

묵시문학은 아래와 같은 특정한 믿음을 나타낸다. ①세상의 근본적 변혁이 임박해 있다. ②종말에 앞서 천체의 변화·전쟁·화재·지진·기아·전염병과 같은 우주적 대재앙이 먼저 닥친다. ③종말로 이어지는 역사적 단계는 미리 결정되어 있다. ④천사와 악마의 군단이 두 개의 세상, 곧 이 세상과 앞으로 닥칠 세상에서 일어나는 모든 사건에 개입하지만 승리는 하느님의 것이다. ⑤살아남은 의인들은 천상 예루살렘에서 구원의 열매를 맛볼 것이다. ⑥새로운 왕국의 건립은 메시아나 사람의 아들, 또는 천사와 같은 존귀한 중재자를 통하여 이루어진다.

묵시문학의 목적은 악인들의 파멸과 의인들의 구원을 위협적인 언어와 표현으로 선언함으로써 고난의 시기에 직면하여 믿는 이들을 격려하는 것이다. 묵시가들은 예언자들과 달리 이 세상에 대해 더이상 희망을 갖지 않고, 하느님께서 현세를 파괴하고 새 세대와 새 땅을 창조하실 것을 고대한다. 그들의 저서에는 갖가지 이상한 상징과 모호한 표상들이 등장하는데, 그들 당대의 박해자들을 혼란스럽게 하여 이들이 묵시 내용을 전혀 알아차리지 못하도록 하기 위한 것이다.

묵시가들은 극소수만이 자신의 신분을 밝히고, 대부분 익명으로 글을 남겼다.

2. 종말론

종말론은 19세기 교의신학에서 처음 쓰기 시작한 용어이다. 종말론은 묵시문학보다 더 범위가 넓다. 묵시문학의 초점이 우주적 대재앙과 새로운 왕국의 건립이라는 구체적인 사건과 실체에 집중되어 있는 반면 종말론은 마지막 사물들, 곧 죽음·심판·천국·지옥 그리고 그것들과 관련된 모든 사정(이를테면 부활, 죽은 자들의 중간 상태, 예수 재림 등)에 대한 포괄적 교리를 말한다. 이런 의미에서 종말론은 본질적으로 이 세상 저 너머의 세계와 역사 저 너머의 시간을 지향한다.

그러나 성서의 종말론은 신·구약을 막론하고 미래와 내세만을 강조하지는 않는다. 구약의 종말론은 자연이 아니라 역사

안에서 겪는 세상의 근본 변화를 주제로 삼는다. 이스라엘에 대한 하느님의 종말론적 약속은 미래의 이상으로 그치는 것이 아니라 현실과 역사 안에서 실현 가능한 것이다. 이처럼 구약의 종말론이 구체적이고 현실적인 이유는 구약에서 죽은 이들의 부활이나 내세의 개념이 아직 뚜렷하게 자리잡지 못했기 때문이다.

신약의 종말론은 예수님의 하느님 나라 선포와 직결된다. 하느님의 다스림은 예수님의 말씀과 행동 안에서 시작되었지만, 그 나라의 마지막 완성은 아직 실현되지 않았다. 이를 가리켜 '실현과정의 종말론' 또는 '시작된 종말론'이라 규정하기도 한다. 성서학자들은 종말론을 예언적 종말론과 묵시적 종말론으로 나누기도 하는데, 예수님의 하느님 나라 사상은 후자보다는 전자에 더 가깝다. 예수께서는 당신의 언행 안에서 하느님 나라가 결정적으로 드러났다고 가르치셨다. 예수님의 가르침대로라면 우리는 지금 마지막 시대에 살고 있는 셈이다. 그리고 이 마지막 시대의 끝이 바로 하느님 나라의 완성이다. 그런데 이 나라가 완성될 종말이 언제 닥칠지는 아무도 모른다. 지상의 예수께서도 이 시기를 묻는 제자들에게 "그날과 그 시간은 아무도 모른다. 하늘에 있는 천사들도 모르고 아들도 모르고 오직 아버지만이 아신다"(마르 13,32)라고 대답하셨다.

종말에 대한 예수님의 가르침은 분명하다. 우리는 이미 종말 시대에 와 있다. 예수님의 역사적 삶 안에서 하느님 나라가 동텄기 때문이다. 중요한 것은 종말 시대의 끝인 하느님 나라의 완성과 주님의 재림 때까지 하느님의 뜻을 세상에 펼쳐 나가는 일에 언제나 긴장을 늦추지 않는 삶의 자세이다. "그때가 언제 올는지 모르니 조심해서 항상 깨어 있어라"(마르 13,33). 예수께서 하늘로 올라가시는 모습을 넋을 놓고 바라보던 제자들을 천사들이 나무라면서 하던 말은 우리에게도 그대로 적용된다. "갈릴래아 사람들아, 왜 너희는 여기에 서서 하늘만 쳐다보고 있느냐?"(사도 1,11).

다니엘서

- 지혜문학과 묵시문학의 조화 -

1. 명칭

히브리어로 '하느님께서 심판하신다'는 뜻의 다니엘이라는 이름은 다니엘서가 작성되기 훨씬 이전의 구약성서 문헌뿐 아니라 성서 밖 고대 근동의 문헌에서도 찾아볼 수 있다. 에제 14,14.20에 보면 다니엘이 구약의 뛰어난 두 인물, 노아와 욥과 더불어 의인으로 기억된다. 28,3에서는 다니엘이 지혜를 두고 띠로의 임금과 비교된다. 성서 밖의 예로는 기원전 14세기 고대 시리아 해안도시 우가릿(오늘의 라스-샤므라)에서 발견된 문헌을 들 수 있다. 여기서 드닐(Dnil)이라는 한 의로운 영웅이 공정한 판관으로 이름을 떨친다. 이런 전통에 따르면 다니엘은 지혜롭고 의로운 인물로 드러나며 이러한 인물상은 다니엘서의 작중인물과 부합한다. 다니엘은 그가 지닌 지혜와 의로움 덕분에 천사들의 도움을 받아 장차 다가올 세상의 운명에 대하여 신적 계시를 받을 수 있게 된다.

2. 다니엘서의 구조와 언어

다니엘서는 히브리어 성서 전통과 그리스어 성서 전통에서 큰 차이를 보인다. 히브리어 성서에서 다니엘서는 성문서에 속하면서 축제오경과 에즈라서 사이에 놓이는 반면, 그리스어 성서에서는 예언서로 분류되어 에제키엘서와 열두 소예언서 사이에 위치한다. 히브리어 성서의 다니엘서는 12장으로 구성되는데, 2,4ㄱ—7,28은 아람어로 되어 있고 나머지는 히브리어로 되어 있다. 다니엘서 원본보다 1세기도 차이가 나지 않는 쿰란 사본에도 이렇게 씌어 있다. 두 가지 설이 있는데 하나는 최종 편집자가 아람어 본문 앞뒤에 히브리어 본문을 덧붙였을 것이라는 주장이고, 다른 하나는 전체가 아람어로 쓰인 본문을 팔레스티나의 경건한 유다인들을 위해서 일부만 히브리어로 번역했을 것이라는 주장이다. 박해를 받는 상황에서 유다교의 전통과 관습을 보존하려는 경건한 유다인들에게 히브리어의 사용은 중요한 의미를 지녔을 것이다. 필자로서는 후자의 주장에 기울어진다.

초대 그리스도인들과 가톨릭에서 받아들이는 다니엘서의 그리스어 성서 전통은 크게 두 가지로 전해진다. 칠십인역(기원전 100년경)과 테오도시온역(서기 180년경)이 그것이다. 두 역본 다 히브리어 성서 다니 3,23 다음에 아자리야의 기도와 세 젊은이의 찬미가를 덧붙이고, 히브리어 성서 다니엘서 마지막(12장) 다음에 수산나 이야기와 벨 신상과 큰 뱀 이야기를 덧붙인다. 그런데 칠십인역에 비해 테오도시온역이 히브리어 본문에 더

충실하고 덧붙인 부분에서도 칠십인역 본문보다 더 길다. 우리말 번역은 테오도시온역을 따라 히브리어 성서 본문에 덧붙인 부분, 곧 아자리야의 기도와 세 젊은이의 찬미가를 3,24-90에, 수산나 이야기는 13장에, 그리고 벨 신상과 큰 뱀 이야기는 14장에 번역해 놓았다.

본디 히브리어 성서의 다니엘서는 크게 두 부분으로 나뉜다. 전반부(1-6장)는 다니엘과 세 친구가 바빌론과 메대 왕궁에서 겪는 공적인 이야기를 다루고 후반부(7-12장)는 다니엘이 혼자 환시를 보는 사적인 이야기를 다룬다. 다니엘서의 작중연대는 유다 임금 여호야킴 제3년(다니 1,1)인 기원전 606년부터 페르시아 임금 고레스 제3년(10,1)인 기원전 536년까지이다. 그러나 작중연대의 시작을 기원전 606년으로 보는 데는 문제가 있다. 느부갓네살 시대에 유다인들의 바빌론 유배는 크게 두 번 있었는데, 598년의 첫번째 유배와 587년의 두번째 유배이다. 그리고 느부갓네살의 통치는 기원전 605년에 시작하고(562년에 끝남), 유다 임금 여호야킴 시대에는 느부갓네살이 주도한 예루살렘의 포위와 공략이 없었다. 오히려 아들 여호야긴 시대 때 있었다(2열왕 24,10-16; 에제 1,2). 그러나 다니엘서 저자는 이 같은 역사적 사실(fact)의 세부사항에 그다지 주의를 기울이지 않는다. 중요한 것은 역사적 진실(truth)이다. 어떻든 이상의 연대기적 기록을 다니엘 개인의 나이로 환산하면 그가 바빌론 왕궁에 봉직한 기간은 10대 소년시절부터 70대 노년기까지 60여년으로 볼 수 있다.

다니엘서의 문학 양식은 지혜문학과 묵시문학을 다 포함하는

데, 크게 보아 바빌론 임금들의 꿈을 해몽하는 이야기가 주를 이루는 1—6장의 전반부는 지혜문학의 색채가 짙고, 다니엘 자신이 직접 꿈을 꾸고 환시를 보는 7—12장의 후반부는 묵시문학의 색채가 짙다.

다니엘서의 저작연대는 마카베오 항쟁을 불러일으킨 안티오쿠스 4세(그리스어로 '신의 현현顯現'이라는 뜻의 에피파네스로 자칭함. 기원전 175-164년)의 박해 때이다. 기원전 167년 안티오쿠스 4세가 성전을 모독하고 유린한 사건을 암시하고(8,9-13; 9,27; 11,31), 164년에 일어난 성전 정화는 언급하면서도 같은 해에 있었던 이 박해자의 죽음을 언급하지 않은 것으로 미루어 이 책의 저작연대를 164년으로 잡을 수 있겠다.

안티오쿠스 4세는 그리스 문화와 종교를 시리아 제국 전체에 확립하기 위하여 팔레스티나에서 유다 종교를 뿌리째 뽑으려고 작정하였다. 모든 성서 사본을 불태우고 어린이 할례를 금지시켰으며, 유다인들이 이방신들에게 제사를 바치고 돼지고기를 먹도록 명령하였다. 예루살렘 성전은 이방 신전으로 둔갑하고 제우스 신상이 그곳에 세워졌다. 많은 유다인들이 황제의 명령에 따랐지만, 다른 많은 유다인들은 저항하였다. 그들 가운데 어떤 이들은 광야로 도망쳐 굴속에서 지내며 꽤 성공적인 게릴라전을 펼쳤다. 다른 이들은 잡혀서 명령을 계속 거부하다 혹독한 고문을 당하고 처형되었다.

이런 박해시절에 유다인들은 두 가지 커다란 문제에 직면하였다. 첫째, 극심한 박해가 일어나기 전에 그들을 지배하는 이방 통치자와 군인들, 그리고 그들 사이에 들어와 사는 이방 주민들의 종교적 관습을 어느 정도까지 받아들일 수 있는가? 둘째, 일단 박해가 일어난 다음에는 어떻게 자신들의 신앙과 유다교 전통을 지키면서 살아남을 수 있는가? 다니엘서는 박해에도 굴하지 않고 유다교와 그 전통에 충실한 유다인들을 격려하며 이런 문제에 대한 해답을 제시하기 위하여 썼다.

다니엘서 저자는 유다교 신앙을 지켜 나가기가 가장 어려운 상황, 곧 이방인 궁정 안에서도 어떻게 유다교 신자로서 합당한 생활을 할 수 있는지 보여준다. 이방인 임금의 궁정에서 시종으로 지내기 위해서는 이방식 이름을 갖게 마련이다. 더구나 그것은 이방신들의 이름과 관련있다. 그들은 이 이름을 이의 없이 받아들였다. 이름이 뜻하는 바가 뭐 그리 문제인가?

그러나 유다교의 음식 규정은 어떤가? 과연 주인이 내주는 음식을 음식 규정을 어겨가며 먹을 수 있는가? 다니 1장은 그런 경우 유다인들은 채식 요리를 청해야 한다고 답변한다. 이방인들은 좀 이상하게 여기겠지만 그 청을 들어줄 것이다. 하지만 유다 종교 자체에 반대되는 명령 앞에서는 타협이 있을 수 없다. 유다교의 일상 기도(6장)와 정해진 규정에 따른 예배를 막는다면 목숨을 걸고 저항해야 한다는 것이다. 이방 통치자들이 유다인들에게 우상을, 특히 신격화된 이방 임금(안티오쿠스는 자신을 육화된 신이라고 하였다)을 섬기라고 강요하면 온 힘을 다해 저항해야 한다. 그러면 주님께서 불가마 속에서도 함께 계실 것이다(3장). 그러나 주님의 도움이 없으면 어찌 될 것인가? 그럴지라도 그들은 우상을 섬길 수 없다(3,18). 기적이 일어나든 일어나지 않든, 하느님의 구원이 있든 없든 율법의 처음 두 계명을 결코 어길 수 없다.

묵시문학 저자들에게 다니엘서의 영향력은 막강했다. 다니엘서가 품고 있는 강력한 메시지 몇 가지를 소개한다.

첫째, 다니엘서는 사람들에게 분명한 결정을 요구한다. 세상은 하느님의 통치를 받아들일 것인가, 거부할 것인가를 결정해야 할 장소이다.

둘째, 결정은 지금 당장 해야 한다. 잠시 후에는 하느님에게 결정권이 돌아가고 그때 가서 사람들이 마음을 돌리기에는 이미 늦게 될 것이다.

셋째, 이 결정은 순간이지만 영원한 운명이 거기에 달린만큼 돌이킬 수 없다. 구약성서에서 죽음 이후의 생에 대한 생각은 다니엘서에 와서야 본격화된다(12,2).

넷째, 다니엘과 다른 묵시문학 저자들은 하느님 위업의 우주적 규모를 강조한다. 세상은 임금이나 장군 또는 금력으로 좌우되는 것이 아니다. 오로지 지극히 높으신 분이 인간의 모든 왕국을 다스리시는 것이다(4,32).

그러나 이 같은 몇 가지 중요한 가치에도 아랑곳없이 다니엘서를 비롯하여 묵시문학은 처음에는 유다인들 사이에서, 그리고 다음에는 그리스도인들 사이에서 점점 사람들의 관심 밖으로 밀려났다. 신·구약성서 정경에 묵시문학이 차지하는 분량과 비중은 그리 크지 않다는 사실이 이를 입증한다. 그럼에도 초대 그리스도인들과 예수님 당신의 언어에는 묵시문학적 표현과 개념이 많이 들어 있다. 이런 묵시문학적 표현과 개념은 후대의 신학 용어인 '종말론' 형성에 지대한 영향을 미친다.

제18주간: 온 세상을 다스리시는 하느님

범위: 다니 1—6장
성가: 23 또는 16
주제본문: 다니 3,24-50

다니엘서 전반부(1—6장)는 바빌론의 신들에 대한 주님의 우월성을 강조한다. 이스라엘의 주 하느님은 시간과 역사와 지혜를 통제하시는 분이다. 시간은 그분의 것이다. 그분은 미래를 꿰뚫어보시고 당신의 뜻대로 움직여 나가신다. 그분은 역사의 주인이시므로 세상 모든 민족의 운명은 그분 손에 달려 있다. 또한 그분만이 완전한 지혜와 권능을 갖고 계신다. 따라서 이러한 하느님께 충성을 다하는 사람은 그분한테서 특별한 보호를 받는다. 하느님은 그에게 지혜와 용기를 주시어 어떤 박해와 위험도 극복하게 하신다.

바빌론에 포로로 잡혀온 다니엘과 그의 세 친구, 하나니야와 미사엘과 아자리야가 그 좋은 예이다. 먼저 이들의 이름뜻을 살펴보자. 다니엘은 '하느님은 나의 판관', 하나니야는 '주님은 은혜로우신 분', 미사엘은 '누가 하느님의 것인가?'이고 아자리야는 '주님께서 도와주시는 이'라는 뜻이다. 이들 네 사람은 바빌론 왕궁에서 이방인 이름을 새로 받는다. 그들이 저마다 받은 이방인 이름뜻은 이렇다. 다니엘이 받은 벨트사살은 아카드어로 '제후의 생명을 보호하여라'이고, 하나니야가 받은 사드락은 페르시아어로 '아쿠(페르시아 달신의 이름)의 명령'이며, 미사엘이 받은 메삭은 '누가 아쿠를 위해 있는가?'이고 아자리야가 받은 아벳-느고는 '느고(바빌론의 신)의 종'이라는 뜻이다.

바빌론 왕궁에 거처하는 관리로서 이처럼 이교식 이름을 가지는 것은 그리 큰 문제가 아니다. 그러나 음식 문제는 정결과 부정에 관한 유다교의 중요한 규정에 저촉되는 것이어서 양보할 수 없다. 2마카 6장에서는 율법학자 엘르아잘이 돼지고기 먹기를 거부한 죄로 순교하였다. 다니엘서가 마카베오 시대에 씌어진 것임을 감안할 때, 이 책 서두에 음식 문제가 나오는 것은 당연하다. 다니엘은 정한 음식과 부정한 음식을 구분하지 않은 궁중 요리를 강권하는 내시부 대신에게 제안한다. 자신과 세 친구가 열흘 동안 궁중 요리 대신 야채와 물을 먹은 뒤에 다른 젊은이들과 비교를 해보시고 그때 가서 자신들의 건강과 얼굴빛이 안 좋으면 궁중 요리를 들겠다고 한 것이다. 열흘 뒤에 보니 다니엘과 그 동료들의 얼굴에 살이 오르고 더 건강해 보였다. 첫번째 위기를 무사히 넘긴 것이다. 궁중에 머물면서 다니엘과 세 친구들은 임금이 묻는 말에 다른 어느 마술사나 술객들보다도 열 배나 더 지혜롭고 슬기롭게 답변했다(1,20).

느부갓네살 통치 제2년 어느날 밤에 임금이 불길한 꿈을 꾸고 잠을 못 이룬 사건이 일어났다. 임금은 모든 마술사와 점성가를 불러 자기가 꾼 꿈을 알아내고 그 꿈을 풀이하라고 하였다. 꿈 자체를 모르니 해몽도 할 수 없는 것은 당연한 일이다. 마술사와 술객과 점성가들이 이구동성으로 임금에게 무리한 요구라고 항변하자 임금은 몹시 화가 나서 바빌론의 현자들을 다 죽이라고 명령한다. 이 말을 들은 다니엘이 임금에게 나서기로 작정한다. 다니엘은 세 친구에게 사정을 이야기하고 하늘의 하느님께 자비를 청하자고 한다(2,17-18). 그런 다음 이렇게 노래한다. "지혜와 능력은 하느님의 것이니, 하느님의 이름은 영원부터 영원까지 찬양받으시리라. 시대를 마음대로 바꾸어 왕조를 바꾸시는 분이시요, 재사들에게 지혜를 주시고 슬기로운 사람들에게 지식을 주시는 분이시어라. 빛은 언제나 하느님과 함께 있어 어둠 속에 숨긴 것도 아시고, 깊은 데 숨어 있는 것도 밝히시는 분이시어라. 조상들을 보살피시던 하느님! 이 몸, 하느님께 감사하며 찬양을 올립니다. 지혜와 힘을 주시고 소원을 들어주셔서 감사합니다. 왕이 알고자 하는 것을 알려주셔서 감사합니다"(2,20-23).

임금이 꾼 꿈에는 크고 눈부신 사람의 형상이 나타났는데 머리는 순금, 가슴과 두 팔은 은, 배와 두 넓적다리는 놋쇠, 정강이는 쇠요 발은 쇠와 흙으로 되어 있었다. 그때 돌 하나가 갑자기 날아들어와 그 형상 전체를 가루로 만들어 버리고 산같이 큰 바위가 되었다. 다니엘의 해몽에 따르면 사람의 형상은 느부갓네살이 다스리는 바빌론 왕국에 이어지는 나라들의 흥망성쇠를 가리킨다. 순금 머리는 느부갓네살, 은으로 된 가슴과 두 팔은 바빌론 다음에 오는 나라를 가리키는데, 다니엘서 저자의 역사 도식에 따르면 메대이다(6,1). 놋쇠로 된 배와 두 넓적다리는 그 다음에 일어나 온 세상을 다스릴 나라를 가리킨다. 이 나라는 저자의 역사 도식에서 고대 근동 전체를 장악했던 페르시아이다. 정강이와 발로 표현된 네번째 나라는 모든 것을 부수는 쇠로 된 강력한 왕국이다. 이 나라는 저자의 역사 도식에서 알렉산드로스가 세운 강력한 그리스 왕국을 가리킨다. 그런데 발과 발가락들이 쇠와 옹기 흙으로 되어 있다는 것은 그리스 왕국이 프톨레매오 왕조의 이집트 왕국과 셀레우코스 왕조의 시리아 왕국으로 나뉘고 이 두 왕국이 서로 인척 관계를 맺어 화합하려 하지만 그것이 쉽지 않다는 것을 말한다(2,41-43).

다니엘의 풀이에 따르면 마지막에 날아온 돌 하나가 이 거대한 사람의 형상을 부수고 산같이 큰 바위가 된다는 것은 하늘의 하느님께서 이 왕국들 다음에 새로운 나라를 세우실 터인데, 이 나라는 영원히 서 있게 될 것이다. 다니엘서 저자가 이 돌과 이를 통하여 하느님께서 세우실 영원한 나라를 무엇으로 생각하였을까? 묵시문학의 내용으로 보면 이 나라는 아마도 다니엘서 저자와 독자들을 비롯하여 하느님께 충성을 바치는 하시드인들(경건한 이들)이 물려받게 될 미래의 왕국일 것이다. 그러나 그리스도인들은 이 돌을 그리스도로, 그리고 하느님이 세우실 새로운 나라는 이 돌을 모퉁이의 머릿돌로 삼아 세울 교회로 쉽게 이해할 법하다.

느부갓네살은 다니엘의 꿈풀이를 인정하고 다니엘이 믿는 신을 최고의 신으로 인정하는 한편 그를 궁중의 고위직에 임명하고 다른 세 동료는 바빌론 지방 관리로 임명한다. "너의 신이야말로 정말 비밀을 밝히시는 분이요 신들 가운데서 으뜸가는 신이며, 만왕을 거느리시는 분이다. 그렇지 않고서야 네가 어찌

이 비밀을 밝힐 수 있겠느냐?"(2,47). 이로써 다니엘의 하느님은 유다인들뿐 아니라 모든 이방인들에게서도 찬양을 받게 된다.

  2장에서 현명한 군주로 드러난 느부갓네살이 3장에서는 어리석은 폭군이 된다. 그는 금신상(아마도 자기 자신의 상)을 만들어 놓고 문무대신들더러 거기에다 절을 하라고 명령한다. 다니엘의 세 친구는 다른 유다인들과 더불어 당연히 이 명령을 따르지 않는다. 그러자 임금은 그들을 활활 타는 화덕에 던지겠다고 위협한다. 세 친구는 임금에게 말한다. "저희가 섬기는 하느님께서 저희를 구해주실 힘이 있으시면 임금님께서 소신들을 활활 타는 화덕에 집어넣으셔도 저희를 거기에서 구해주실 것입니다. 비록 그렇게 되지 않더라도 저희는 임금의 신을 섬기거나 임금님께서 세우신 금신상 앞에 절할 수 없습니다"(3,17-18). 세 사람은 화덕에 던져졌지만, 불길 가운데를 걸으며 하느님을 찬양하는 노래를 불렀다. 아자리야의 노래와 세 젊은이의 노래를 담은 3,24-90은 그리스어 역본(우리말 번역은 칠십인역보다 더 충실한 테오도시온역을 따름)에 나온다.

  임금이 화덕에 넣은 사람들은 분명 세 명인데, 신의 모습을 닮은 다른 한 사람이 나타나 네 명이 조금도 상하지 않고 불길 가운데를 거닐고 있었다. 임금은 이 광경에 놀라 세 사람을 나오게 하고 그들을 구해주신 하느님을 다시 찬양하였다. "나는 지극히 높으신 하느님께서 베풀어 주신 놀라운 표적을 너희에게 들려주는 것이 더없이 기쁘다. 그가 보이신 표적은 놀라웠다. 그 베푸신 기적은 굉장하였다. 그는 영원히 왕위에 앉으시어 만대에 이르도록 다스릴 왕이시다"(3,99-100).

4장에는 느부갓네살의 꿈 이야기가 다시 나온다. 앞에서와 달리 이번에는 임금이 자기가 꾼 꿈을 기억한다. 임금은 꿈에 하늘까지 닿고 땅 끝에서도 볼 수 있는 우람한 큰 나무를 본다. 그런데 하늘에서 감독관 하나가 내려오더니 나무를 찍어버리되 등걸과 뿌리만은 뽑지 말라고 외친다. 그리고 그것을 쇠사슬로 묶어 풀밭에 버려두고 하늘의 이슬에 젖게 하고 짐승들과 어울려 풀이나 뜯게 버려두라고 한다. 이렇게 실성한 사람처럼 일곱 해를 지내야 한다고 말한다. 다니엘은 꿈을 풀이한다. 큰 나무는 느부갓네살을 가리키는데, 대바빌론을 자신의 공으로 세운 왕국이요 자기 영광을 떨치게 해주는 왕국이라고 하며 오만하게 굴다가 세상에서 쫓겨나 들짐승과 어울려 살게 되리라는 것이다. 이렇게 일곱 해를 보낸 다음 임금은 제정신이 들어 지극히 높으신 하느님을 찬양하게 될 것이다. "주는 영원히 왕위에 앉으시어 만대에 이르도록 다스리실 왕이시라. 땅 위에 사는 사람이 다 무엇이냐? 하늘 군대도 마음대로 부리시는데 하물며 땅 위에 사는 사람이랴! 누가 감히 그를 붙잡고 왜 이러시느냐고 항의할 수 있으랴?"(4,31-32). 그러고 나서 느부갓네살은 다시 왕위를 회복한다.

5장은 벨사살 임금의 이야기이다. 본디 메소포타미아의 전통에서는 벨사살이 바빌론의 마지막 임금 나보니두스의 아들로 나오지만, 여기서는 이교도 통치자의 전형인 느부갓네살의 아들로 되어 있다. 벨사살은 '벨(바빌론의 신)이 임금을 보호한다'는 뜻이다. 벨사살은 대신들과 왕비들과 후궁들과 더불어 예루살렘 성전에서 훔쳐온 거룩한 금기물들에 술을 담아 마시면서 신성모독적인 잔치를 벌이고 있었다. 벨사살의 잔치는 기원전 169년 안티오쿠스 4세가 예루살렘 성전을 약탈하고 그곳을 더럽힌 사건을 떠올리게 한다. 벨사살이 벌인 잔치가 한창 진행되는 가운데 갑자기 사람 손가락이 나타나 벽에 이상한 글자를 썼다. 임금은 몹시 놀라 바빌론의 재사들과 주술사들과 현자들을 불러 그 뜻을 풀이하라고 하였다. 그때 다니엘이 나서서 그 글자들은 "므네 므네 드켈 브라신"이고, 그 뜻은 하느님께서 벨사살의 날수를 헤아리시고 저울에 달아보시더니 무게가 모자라자 그의 왕국을 둘로 나누어 메대인들과 페르시아인들에게 주셨다고 풀이하였다. 그리스어로 므네와 드켈과 브라신은 두 가지로 해석할 수 있는데, 하나는 무게와 화폐 단위로 므네는 50세겔의 가치를 지닌 한 미나를, 드켈은 세겔을, 브라신은 25세겔의 가치를 지닌 반 미나를 가리킨다는 것이다. 두번째 해석은 세 단어를 동사의 수동태로 여겨 '헤아려지고 무게가 측정되고 나뉜다'로 이해할 수 있다는 것이다. 이 두 가지 해석을 합하면 벨사살 임금의 왕국을 헤아려 보니 50인데, 그 자신의 무게를 달아보니 1이어서 그의 왕국을 둘로 나누어 25씩 메대와 페르시아에게 넘긴다는 뜻으로 이해된다. 벨사살 역시 느부갓네살처럼 하느님을 모독하고 거역했다가 비참한 최후를 맞는 벌을 받았다. 이 이야기를 통해서도 저자가 강조하는 것은 하느님의 절대주권이다. 하느님의 주권은 어떤 오만한 인간에게서도 도전을 받을 수 없다.

6장은 메대 임금 다리우스의 통치시절에 다니엘이 당한 박해와 극적인 구원 이야기이다. 그런데 다니엘서의 역사 도식은 실제 역사와 다르다. 다니엘서 저자에 따르면 역사는 바빌론(느부갓네살/벨사살), 메대(다리우스), 페르시아(고레스), 그리스(알렉산드로스), 이집트와 시리아, 로마로 이어간다. 그러나 6,1의 기록과는 달리 바빌론의 패권을 이어받은 사람은 메대의 다리우스가 아니라 페르시아의 고레스이다. 거듭 강조하지만, 고대인들에게 역사란 사실(fact)이 아니라 진실(truth)을 전달하는 기록이다.

다리우스는 120명의 지방장관과 그 위에 세 명의 정승을 두어 나라를 다스리게 하였는데, 다니엘이 워낙 출중하니까 다른 대신들이 그를 시기하여 모함하였다. 그들은 다리우스로 하여금 임금 이외에는 어떤 신이나 사람에게도 기도해서는 안 된다는 금령 문서에 서명하도록 하고는 다니엘을 주시하였다. 임금의 신격화는 다리우스 시절이 아니라 안티오쿠스 에피파네스 통치 시절에 들어맞는다. 이 사실을 알고도 다니엘은 자기 집에서 하루에 세 번씩 하느님께 기도하였다. 이를 목격한 사람들이 임금에게 고발하자 임금은 금령대로 다니엘을 사자 우리에 넣었으나 이튿날 다니엘이 무사한 것을 보고 오히려 그를 모함한 자들을 가족들과 함께 사자들의 밥이 되게 하였다. 그러고 나서 임금은 다니엘의 하느님을 찬양하고 섬기라는 칙령을 내렸다. "내가 다스리는 나라 안에 사는 자들은 모두 삼가 다니엘의 하느님을 두려운 마음으로 공경하여야 한다. 그분은 살아 계시는 하느님, 영원하신 하느님이시니, 그의 나라는 무너지지 않으며 그 주권은 다할 날이 없으리라. 사람을 살리고 구하여 주시는 분, 하늘과 땅에서 표적과 기적을 베푸시는 분께서 다니엘을 사자들로부터 살려내셨다"(6,27-28).

 그리스도인들에게, 사자굴에서 구원받은 다니엘은 십자가 죽음에서 부활하신 예수 그리스도의 예형이다.

제19주간: 미래의 세상을 주도하시는 하느님

범위: 다니 7—14장
성가: 423
주제본문: 다니 10장

7장의 꿈 이야기 역시 저자의 역사 도식을 따른다. 먼저 꿈을 통한 환시가 나오고(1-14절) 이어서 환시의 해설이 나온다(15-28절). 그런데 앞에서와 달리 다니엘이 직접 환시를 설명하지 않고 하느님의 옥좌 곁에 서 있는 천사에게 설명을 듣는다. 환시에는 네 짐승이 등장한다. 사자의 몸에 독수리의 날개가 달린 첫번째 짐승은 바빌론이다. 바빌론의 위력을 사자로 표현하는 예는 예레 50,17; 에제 32,2에서, 바빌론 임금 느부갓네살을 큰 독수리로 표현하는 예는 에제 17,3(참조: 하바 1,8ㄴ)에서 찾아 볼 수 있다. 곰처럼 생긴 두번째 짐승은 이빨 사이에 갈비 세 개를 물고 있었는데, 이는 세 왕국을 집어삼킨 메대를 가리킨다. 표범의 몸에 네 날개와 네 머리가 달린 세번째 짐승은 페르시아를 가리킨다. 여기서 네 날개와 네 머리는 동서남북 네 방향, 곧 온 천하를 통치하던 대제국을 뜻하거나 페르시아의 네 임금 고레스·다리우스·아하스에로스·아르닥사싸를 가리킬 수도 있다. 무시무시하고 끔찍하게 생긴 네번째 짐승은 알렉산드로스가 창건한 그리스 제국이다. 이 짐승에 달린 열 개의 뿔은 알렉산드로스 제국을 이어받아 다스리던 시리아 셀레우코스 왕조의 열 임금을 말한다. 나중에 돋아난 작은 뿔은 안티오쿠스 에피파네스를 가리킨다. 이 열한번째의 뿔은 세 개의 뿔을, 곧 데메트리우스와 자기 동기 또 다른 안티오쿠스, 그리고 이집트의 프톨레매오 6세(필로메토르)를 제거한다. 안티오쿠스 에피파네스가 하느님에게 모독하고 그분을 섬기는 유다인들을 못살게 구는 최고의 적수이다. 그는 기원전 168-165년, 삼 년 반 동안(다니 7,25) 유다교를 박해하였다.

1세기의 유다인과 그리스도인은 사자는 바빌론, 곰은 페르시아, 네 머리가 달린 표범은 알렉산드로스 제국과 대왕 이후에 장군들에게 분할된 네 왕국, 그리고 마지막 네번째 무시무시한 짐승은 로마로 해석하였다(참조: 구약의 외경 2에스드라 11,39-46; 12,10-34). 네 짐승은 신약성서 묵시록에도 나온다. 묵시 13,3에서 상처 받은 짐승은 로마 황제 네로를 가리킨다.

8장에는 두번째 환시가 나오는데, 다니엘은 이 환시를 꿈을 통해서가 아니라 직접 보았다. 먼저 뿔 두 개가 달린 숫양이 강가에 서 있었다. 이는 메대와 페르시아의 쌍두 왕국을 가리키는데, 나중에 나온 뿔이 더 길었다는 표현은 페르시아 제국이 더 오래 지속된다는 말이다. 이 양은 서쪽·북쪽·남쪽으로 치닫는다. 동쪽이 빠진 것은 메대나 페르시아가 본디 동방에서 넘어온 왕국이기 때문이다. 그런데 서쪽에서 큰 외뿔 숫염소가 나타나 숫양의 두 뿔을 꺾어버린다. 그리스에서 원정해 온 알렉산드로스를 말한다. 숫염소가 한창 힘을 쓸 때 큰 외뿔이 부러지고 그 자리에 뿔 네 개가 돋아나 사방으로 퍼져 나간다. 이는 알렉산드로스가 한창 나이인 서른세 살에 갑자기 열병으로 죽고(기원전 323년), 7년의 갈등 끝에 315년 네 명의 부하 장군이 왕국을 나누어 다스리게 된 것을 말한다. 네 뿔 가운데 하나에서 작은 뿔이 돋아나더니 남쪽과 동쪽, 그리고 영광스러운 나라, 곧 팔레스티나 쪽으로 줄기차게 뻗어 나갔다는 것은 안티오쿠스 4세 에피파네스의 철권 통치를 가리킨다. 안티오쿠스 4세는 교만해져서 하느님을 모독하고 예루살렘 성전을 유린하였다. 그의 박해는 아침과 저녁이 2300번 바뀌어야 끝나는데(다니 8,14), 이를 날수로 따지자면 1150일, 삼 년 반 정도 된다. 이 기간이 12,11에서는 1290일, 12,12에서는 1335일로 되어 있다. 삼 년 반 동안이라는 기간은 신약성서에도 언급된다(묵시 11,2에는 42개월; 루카 4,25; 야고 5,17). 다니엘에게 이 환시의 뜻을 설명해 주는 천사는 가브리엘이다. 천사들의 등장은 유다교 묵시문학의 한 특징이지만 거기서 다니엘서처럼 가브리엘(다니 8,16-17; 9,21)이나 미카엘(10,13; 12,1) 같은 천사들의 이름을 구체적으로 거론하지는 않는다.

9장은 다니엘과 가브리엘 천사의 대화를 담은 8장 내용을 연장하는 대목으로서 예레미야가 예고한 칠십 년의 예루살렘 황폐 기간(예레 25,11-14; 29,10)을 해석하는 데 할애된다. 칠십 년의 해석에 앞서 다니엘의 백성을 위한 참회 기도(9,3-20)가 먼저 나온다. 진솔한 고백과 청원으로 이루어진 이 기도는 에즈라-느헤미야서의 다른 세 기도(에즈 9,6-15; 느헤 1,5-11; 9,6-37), 그리고 더 거슬러올라가면 성전을 봉헌하면서 바친 솔로몬의 기도(1열왕 8,22-53)와 맥을 같이한다. 이 기도들은 구약 말기에 유다 공동체에서 바치던 참회 기도를 반영한다. 절체절명의 상황에서 백성들은 하느님의 이름과 자애로움에 의지하여 그분께 자신들의 죄를 용서해 달라고 간청한다. 바빌론 유배나 안티오쿠스의 박해와 같은 국가적 재난의 원인은 주님의 계약을 위반한(참조: 레위 26,14-45; 신명 28,15-68; 29,18-28) 탓에 뒤집어쓰게 된 저주 이외에 다른 것이 아니다. "하느님 야훼께서 당신의 종 예언자들을 시켜 우리 앞에 법을 펴시고 그대로 살라고 말씀하셨지만, 우리는 듣지 않았습니다. 이렇게 온 이스라엘이 주의 법을 어기고 말씀을 듣지 않아, 죄를 얻었습니다. 그리하여 하느님께서는 반드시 내리시겠다고 하신 저주를 하느님의 종 모세의 법에 기록되어 있는 대로 우리에게 내리셨습니다"(다니 9,10-11). 진솔한 고백에 이어 간절한 청원이 나온다. "나의 하느님, 귀를 기울여 들어주십시오. 눈을 뜨시고 주의 이름으로 부르는 도읍, 폐허가 된 이 도읍을 굽어보십시오. 우리가 무슨 잘한 일이 있다고 주의 은총을 빌겠습니까? 다만 하느님의 크신 자비를 믿고 빌 뿐입니다"(9,18).

참회와 청원 기도에 이어 칠십 년에 대한 해석(9,21-27)이 나온다. 그런데 이 70을 실제 숫자로 받아들일 것인가, 아니면 상징수로 받아들일 것인가, 그리고 상징수로 받아들일 경우 어떤 해석이 가능한가를 두고 여러 가지 의견이 있다. 예레미야서를 다루면서 우리는 70이라는 숫자를 상징수로 받아들였다(참조: 창세 46,27; 50,3; 출애 15,27; 24,1; 판관 1,7; 8,30; 9,5; 12,14; 이사 23,15 등). 70년은 안식년의 주기가 열 번 되풀이되는 것이다

(7×10). 예레미야의 언급을 레위 26,35; 2역대 36,21과 연관시켜 풀이하면 안식년 규정을 지키지 않은 세월을 완전하게 보상하기까지 약속의 땅은 충분히 쉬어야 한다는 것이다. 여기서 70이라는 숫자는 '완전한 휴식 기간'을 뜻한다. 이런 해석과는 달리 다니엘서 저자는 70년을 안식년의 70배로 이해한다. 9,24의 '칠십 주간'은 히브리어에서 '칠십 안식년'(70×7), 곧 490년으로 번역할 수 있고, 이 490년은 희년의 주기 열 번(49×10)을 가리키며 '완전한 희년'을 뜻하는 상징수일 수 있다. 그런데 가브리엘 천사는 9,25-27에서 일곱 주간(또는 일곱 안식년, 곧 7×7=49), 예순두 주간(또는 예순두 안식년, 곧 62×7=434), 한 주간(또는 한 안식년) 등 몇 가지 수를 더 제시하는데, 수사본의 전승 과정에서 많은 변형을 보이기 때문에 이 숫자들의 의미를 정확하게 해석하기가 매우 어렵다. 다만 25절의 기름부음 받은 영도자는 즈루빠벨(하께 1,1-14; 즈가 6,9-14)을, 26절의 재판도 받지 않고 암살당하는 기름부음 받은 이는 대사제 오니아스 3세를 가리키는 것으로 볼 수 있다(2마카 4,34). 그리고 26-27절의 내용은 안티오쿠스 4세 에피파네스의 만행과 박해를 예고한 것이다.

10—12장은 다니엘서의 마무리이다. 여기서 다니엘이 천사(「공동번역」: 수호신)의 도움으로 보게 된 묵시적 환시는 우주적 차원을 드러낸다. 천사들이 천상에서 전쟁을 치르고(10,13.20) 인간 역사 안에서 벌어지는 전투는 선과 악의 양보할 수 없는 투쟁이다. 모든 것은 하느님이 미리 정해놓으신 구원 계획을 적어놓은 섭리의 책(10,21)에 따라 진행되어 결국 선이 악을 누르

고 승리하게 되어 있다. 하느님은 세상을 구원할 능력을 지니고 계시며 역사의 시작과 끝은 온전히 하느님의 손안에 있다. 10,13에 나오는 일곱 천사들 가운데 대천사는 미가엘(누가 하느님과 같으냐?) · 가브리엘(하느님의 용사) · 라파엘(하느님은 치유하신다) · 우리엘(하느님은 나의 빛) 넷이다.

11장에서 천사는 다니엘에게 앞으로 전개될 역사를 둘로 나누어 설명한다. 이 설명은 페르시아와 그리스 시대 역사의 요약이다. 첫번째 설명(11,2-19)은 페르시아 제국의 초기 세 임금 고레스 · 캄비세스 · 다리우스 1세의 언급으로 시작하여 그리스 제국을 일으킨 알렉산드로스 대왕의 출현과 갑작스런 죽음, 그리고 그 이후 이집트의 프톨레매오 왕조와 시리아의 셀레우코스 왕조의 임금들 이야기로 구성된다. 두번째 설명(11,20-39)은 온전히 안티오쿠스 4세 에피파네스의 통치(기원전 175-164년)에 집중된다. 저자는 이 시기에 살고 있었으므로 그 역사를 자세하게 다룬다. 그는 에피파네스의 초기 성공을 인정한다. 두 번의 이집트 원정 가운데, 첫번째 원정(25-28절)은 성공을 거두겠지만 두번째 원정(29-39절)은 성공하지 못할 것이다. 그러나 두 번의 원정 전쟁을 치르는 가운데 이교 신상들을 세워 예루살렘 성전을 모독하고 유다교를 말살하려는 정책을 펼치면서 하느님의 분노를 사게 될 것이다. "그는 모든 신을 눈 아래 두고 업신여기며 거만해져서 무슨 짓이든지 다 할 것이다. 지극히 높으신 하느님마저 업신여기고 큰소리를 치며 멋대로 굴다가 마침내는 하느님의 진노를 받아 망할 것이다. 하느님께서 정하신 일이니 기어이 이루어지리라"(36절). 40-45절은 안티오쿠스 4세의 마지막 운명에 관한 예언이다. 여기서 그는 '영광스러운 거룩한 산'과 '지중해' 사이에서 최후를 맞는 것으로 되어 있다(45절). 그러나 실제로 안티오쿠스는 페르시아 지방을 원정하던 중에 죽었다. 다니엘서 저자는 안티오쿠스의 죽음을 알지 못했던 것 같다.

12장은 다니엘서의 결론으로 마지막 때를 언급한다. 운문으로 된 1-3절의 내용이 특별히 중요하다. 여기서 최종 구원을 주관하는 천사는 미가엘이다. 구원의 때는 가장 어려운 때, 곧 재앙의 때와 병행한다. 이 재앙의 때에 살아남을 수 있는 사람들은 하늘에 있는 생명의 책에 미리 기록되어 있다. 또 하느님은 이 절체절명의 순간에 최후의 적으로 의인화(擬人化)된 죽음을 정복하시고 이 죽음에 희생된 이들을 부활시키신다. 이 의인의 부활은 마카베오 하권에서 제기된 순교자의 부활 문제에 대한 답변이기도 하다(2마카 7장).

끝으로 남은 문제는 종말까지 시간이 얼마나 남았느냐 하는 것이다. 종말까지 남은 시간에 대한 언급은 이미 앞에서도 나왔다. 삼 년 반(7,25), 이천삼백 밤낮, 곧 천백오십 일(8,14), 한 주간, 곧 칠 년(9,27) 등이다. 12장에는 천이백구십 일(11절)과 천삼백삼십오 일(12절)이 나온다. 주석가마다 이 숫자들을 놓고 여러 가지 해석을 내놓고 있지만 아직도 풀리지 않는 수수께끼로 남아 있다.

히브리어 다니엘서는 12장으로 끝난다. 우리말 성서 13장과 14장에 나오는 수산나 이야기와 벨 이야기와 큰 뱀 이야기는 그리스어 성서에서 옮긴 것이다. 다니엘이 문제를 지혜롭게 해결한다는 점에서 이 세 이야기가 그리스어 성서 다니엘서로 편입되었다. 수산나 이야기에서 저자는 이교도들의 땅, 바빌론에서도 모세의 율법을 지켜야 하고 죽음을 무릅쓰고 율법에 충실한 의인들은 반드시 구원을 받는다는 사실을 역설하면서 다니엘의 지혜로운 판결을 부각시킨다. 벨 이야기는 우상숭배에 대한 신랄한 풍자를 담은 구약성서의 여러 대목을 떠올리게 한다(시편 115,5-8; 135,15-18; 이사 40,19-20; 41,6-7; 예레 10,3-5; 바룩 6장 등). 여기서는 우상숭배 사제들의 사기 행각을 폭로하는 다니엘의 지혜가 돋보인다. 세번째 이야기는 다니엘이 바빌론인들이 떠받드는 큰 뱀(그리스어로는 드라콘, 곧 용)을 죽이고 그로 인해 사자굴에 던져졌다가 구출되었다는 내용이다. 사자굴에서 구출된다는 것은 다니 6장의 내용과 비슷하지만 여기서는 특이하게도 하바꾹 예언자가 등장하여 사자굴 속에 갇혀 있는 다니엘에게 음식을 날라다 준다. 그리고 6장과는 달리 유다인들에 대한 공식적인 박해의 성격이 여기서는 빠져 있어서 이 부분이 후대에 첨부된 내용임을 시사한다.

열두 소예언서
- 이스라엘의 구원과 메시아 왕국 -

히브리어 성서에서는 열두 소예언서를 열두 부분으로 이루어진 하나의 예언서로 간주한다. 실제로 열두 소예언서 전체의 분량은 삼대 예언서 곧 이사야서, 예레미야서, 에제키엘서 낱권의 분량과 거의 같다. 열둘이라는 수는 이스라엘의 열두 지파를 떠올리게 하는 거룩한 완전수이다. 그런데 소예언서들의 전반부 여섯 권의 순서가 히브리어 성서와 그리스어 성서에서 다르게 나온다. 히브리어 성서는 호세아, 요엘, 아모스, 오바디야, 요나, 미가의 순이지만 그리스어 성서는 호세아, 아모스, 미가, 요엘, 오바디야, 요나의 순이다. 후반부는 둘 다 나훔, 하바꾹, 스바니야, 하깨, 즈가리야, 말라기의 순이다. 우리말 성서는 그리스어 성서가 아니라 히브리어 성서의 순서를 따른다.

히브리어 성서와 그리스어 성서 가운데 어느 열두 소예언서가 원문에 가까운지, 어느 성서의 배열 순서가 옳은 것인지, 또 두 성서의 배열 순서는 어떤 기준에 따라 만들어졌는지에 대해서는 알 길이 없다. 다만 열두 소예언서가 역사적 배경, 주요 주제들, 구조와 내용면에서 앞의 삼대 예언서와 긴밀히 연결되고 또한 자체내 다른 예언서들과도 상호 연관되어 있다는 사실이 중요하다. 이 사실에 착안하여 열두 소예언서를 삼대 예언서와 비교하면서 거기에 속한 책 하나하나를 살펴보면 예언서 전체의 핵심 메시지가 더욱 뚜렷하게 밝혀질 것이다. 전에도 지적하였지만 여기서 한 가지 주의해야 할 점은 소예언서의 예언자들이 대예언서의 예언자들에 비해 결코 덜 위대하다거나 덜 중요하다는 것이 아니라는 사실이다. 소예언서라는 명칭은 단순히 예언서의 길이가 짧다는 것 이상의 의미는 없다.

열두 소예언서의 작중연대는 기원전 8세기부터 5세기까지 300여년 동안이다. 이를 예언자들의 활동시기로 분류하자면 아래와 같다. 첫째, 아모스와 호세아와 미가 그리고 요나는 이사야 예언자와 동시대인 기원전 8세기이다. 호세아는 북왕국의 예언자였고 미가는 남왕국의 예언자였다. 아모스는 특이하게도 남왕국에서 태어났으면서도 북왕국에 가서 활동한 예언자이다. 둘째, 스바니야와 나훔과 하바꾹은 7세기 말엽에 활동한 예언자들이다. 스바니야는 요시야 임금 치세(기원전 640-609년)에 활약하였고, 나훔은 니느웨의 멸망(기원전 612년)을 선포하였으며, 하바꾹은 바빌론 제국의 서진 정책(605-597년)을 예고하였다. 셋째, 하께와 즈가리야 전반부(1—8장)의 저자는 예루살렘 성전이 재건되는 시기(기원전 520-515년)에 활동하였는데, 이 시기는 에즈라/느헤미야와 동시대이다. 마지막으로 요엘과 오바디야와 말라기, 그리고 즈가리야 후반부(9—14장)의 저자는 5세기 이후, 곧 바빌론 유배 이후 시대에 속한다.

열두 소예언서의 저작연대는 언제일까? 유배 이전의 예언자들 곧 아모스, 호세아, 미가, 스바니야, 나훔, 하바꾹 등의 신탁과 예언은 유배 기간에 편집되었을 것이고 나머지 예언자들은 예언자들이 활동한 시대보다 훨씬 후대에 편집되었을 것이다. 요나서의 경우 작중연대는 아시리아 제국이 맹위를 떨치던 시대(기원전 8세기)이지만 아람어식 표현과 어휘, 단편소설 같은 문학 유형, 출애급 주제와 시편 이용 등으로 보아 페르시아 시대(기원전 539-333년)로 생각할 수 있다.

열두 소예언서는 요나서를 빼고 대부분 짧은 운문 신탁으로 구성된다. 이 운문 신탁은 각 예언자들의 특정한 시대와 상황에 맞아들어간다. 처음에는 구전으로 전해오던 이 신탁들이 수집되고 글로 엮어진 까닭은 그 내용이 시대적 상황에 적절하게 들어맞았을 뿐 아니라 예언자가 활동하던 시대와 비슷한 상황이 현재와 미래에도 끊임없이 되풀이될 것이기 때문이다.

열두 소예언서는 저마다 특정한 상황에 어울리는 메시지를 전하고 있으면서도 몇 가지 공통된 주제를 다룬다. 첫째, 대부분의 예언자들은 동족 이스라엘 백성의 죄악을 고발하고 단죄한다. 그러나 오바디야와 나훔만은 동족이 아니라 이방 민족들을 단죄하는 신탁을 전하고, 바빌론 유배에서 풀린 직후에 활동한 하깨와 즈가리야는 겨레의 지도자들과 제도들을 옹호하는 예외적 입장을 취한다.

둘째, 이 예언자들이 단죄하는 죄악은 종교적(우상숭배)이고 사회적(사회 불의)이다. 이스라엘의 죄악은 고대 근동의 주변 민족들이 채택한 왕정제도를 도입하면서 넘쳐나기 시작하였다.

근동의 절대 군주들은 자신을 신격화하거나 자신이 임금으로 선택된 사실을 신의 뜻으로 돌리면서 왕권을 특권으로만 여겼지 백성을 섬겨야 하는 의무로 여기지 않았다. 백성은 임금과 특권층을 위하여 강제노역에 동원되었고 갈수록 가난해졌다. 이스라엘이 이집트에서 강제노역을 당할 때가 바로 그랬고, 가나안에 들어와서 왕정제도를 도입하고 나서가 그러했다. 임금들은 성전을 화려하게 짓고 경신례를 성대하게 거행하기만 하면 하느님의 축복을 자동적으로 끌어내릴 수 있는 것으로 착각하였다. 고대 근동의 풍산신들은 왕정제도의 폐습을 정당화하고 후원하였다. 이런 풍조를 거슬러 예언자들의 신탁은 이스라엘의 지도자들과 백성들로 하여금 가난한 이들을 우선적으로 선택하는 야훼 하느님과 사회적 평등과 정의를 강조하는 그분의 계약에 다시 주의를 기울이게 하였다. 열두 예언자 가운데서 특히 사회개혁을 높이 외친 예언자로는 아모스와 미가를 꼽을 수 있고, 종교적 쇄신을 소리 높이 외친 대표적 예언자로는 호세아를 들 수 있다. 그러나 사회개혁과 종교 쇄신은 모든 예언서의 공통된 요구이다.

셋째, 하느님께서 인간 역사에 개입하신다는 것은 신학의 일반적 명제이다. 그런데 예언자들은 역사의 사건 자체가 하느님의 위업이라고 가르친다. 북왕국 사마리아의 함락(기원전 721년)도, 남왕국 유다의 패망(기원전 587년)도 역사의 우연한 사건이 아니라 하느님이 이스라엘을 징벌하시기 위하여 일으킨 사건이다. 예언자들은 단순히 명심보감에서나 찾아볼 수 있는 순수한 윤리 도덕만을 가르친 것이 아니라 역사의 실제 사건을 해석하고 역사적 현장에서 무엇을 실천해야 할지 구체적 행동강령을 제시하였다.

넷째, '주님의 날'이라는 표현을 동반하면서 심판의 주제가 떠오르는데, 특히 비교적 유배 이후 예언자들의 신탁에서 두드러진다. 주님의 날은 아모스서에서 처음 등장한다. 이스라엘 백성은 자기네 원수들을 징벌하여 보복해 줄 주님의 날을 고대하였다. 그러나 이 주님의 날이 아모스서에서는 이스라엘을 심판할 날이 된다. 유배 이후 시대의 예언자 요엘은 주님의 날을 여호사밧 골짜기에서 모든 민족이 심판받을 날로 예고한다. 그리하여 주님의 날은 우주적 최후심판의 날이 된다.

마지막으로 '이스라엘의 구원'이라는 주제가 열두 소예언서에도 나온다. 8세기에 아시리아인들의 침략과 파괴를 목격한 예언자 호세아가 벌써 새로운 시작을 언급한다. 바빌론 유배 이후에는 이스라엘의 파괴를 언급하는 일이 더이상 의미가 없게 되었다. 그 대신 예언자들은 현실과 전혀 다른 상황을 고대하였다. 예루살렘이 폐허로 변했다가 어느 정도 복구된 이후에 그들은 야훼 하느님의 처소인 거룩한 산 시온이 세상의 중심이 되고 (요엘, 스바니아, 미가 4장 등) 다윗 왕조의 부활을 꿈꾸었다(미가 5장; 즈가 9장). 열두 소예언서의 최종 편집자들은 아모스서의 마지막에서 보는 것처럼 하느님이 이스라엘을 땅 위에서 쓸어버리시리라는 위협과 더불어 그들을 살려주시리라는 희망을 잊지 않고 전한다. "내가 이 백성을 저희 땅에 다시 심어주리니, 내가 선물로 준 이 땅에서 다시는 뿌리뽑히지 않으리라"(아모 9,15).

다른 예언서들처럼 열두 소예언서도 과거에 대한 반성이자 현재와 미래에 대한 교훈이다. 각 예언서의 신탁은 연대기적 순서에 따른 것도 아니요 주제별로 엮어놓은 것도 아니다. 그러면서도 신탁은 세 단계의 일정한 형식을 취한다. 이스라엘의 단죄, 하느님의 심판, 회복과 구원이 바로 그것이다. 하느님은 공정(미쉬파트)하시고 자애(헤세드)로우신 분이다. 그분은 이스라엘의 죄를 그냥 지나치지 않으시고 반드시 따져 물으시지만, 결국에는 그들이 벌을 받은 뒤에 회개하고 당신께 돌아와 구원받기를 간절히 원하신다.

제20주간: 사랑의 계약

범위: 호세아서 전체
성가: 496
주제본문: 호세 11장

 '구원'이라는 이름뜻을 지닌 호세아 예언자는 북왕국 이스라엘이 번영을 누리던 여로보암 2세의 치세(기원전 787-747년)가 끝나갈 때쯤부터 북왕국이 아시리아에게 함락되기(기원전 722년) 전까지 가장 큰 위기 상황에서 예언 활동을 하였다. 연대로 따지자면 대략 기원전 750년경부터 730년경까지다. 호세아가 북왕국의 몰락을 직접 목격한 것 같지는 않다. 호세아서에서 사마리아의 멸망을 가리키는 표지들은 후대의 편집자가 덧붙인 것으로 보인다. 여로보암 2세의 뒤를 이어 왕위에 오른 그의 아들 즈가리야는 등극한 지 반년 만에 살해되고, 왕위를 빼앗은 살룸도 한 달 뒤에 므나헴에게 살해된다. 므나헴은 9년을 다스리고 아들 브가히야에게 왕위를 물려주지만, 브가히야는 2년 만에 베가에게 죽임을 당하고 베가도 3년 뒤에 예언자와 같은 이름의 북왕국 마지막 임금이 된 호세아에게 시해된다. 호세아 예언자가 활동한 시기에 일곱 명의 임금이 북왕국을 다스린 셈이다. 이스라엘의 왕정이 이처럼 내부에서 극심한 혼란을 겪는 동안에 왕국 자체는 기원전 732년에 아시리아의 속국이 되었다가 722년 아시리아에 멸망당하고 만다.

호세아 예언자는 한 권의 독립된 문서로 우리에게 전해진 유일한 북왕국 예언자이다. 다윗 왕조로만 일관된 남왕국의 안정된 왕정과는 달리 북왕국은 아홉 왕조가 들어설 만큼 불안한 왕정이 지속되었다. 북왕국에서는 왕정이 야훼 하느님의 인정을 받아야 하고 그분의 뜻에 어긋나는 임금은 야훼의 이름으로 일어난 혁명에 의해서 축출당해 마땅하다는 생각이 지배적이었다. 이처럼 왕정 자체는 불안정했지만, 남왕국 유다보다 비옥한 땅이 많고 외국과의 무역과 문화 교류가 잦았던 북왕국 이스라엘은 유다보다 국력이 더 강하였다.

이런 상황에서 북왕국은 남왕국보다 가나안을 비롯한 주변 민족들의 풍산신 숭배에 훨씬 더 많이 열려 있었다. 북왕국의 초기 예언자들인 엘리야와 엘리사는 바알의 예언자들과 사제들에 맞서야 했다. 갈등의 본질은 두 가지 질문에 바탕을 둔다. 이 땅을 비옥하게 만드는 신은 바알과 야훼 가운데 누구인가? 유일신 이외의 다른 신들에게 충성을 바쳐도 되는가? 북왕국의 초기 예언자들은 단호했다. 이 땅을 비옥하게 만드시는 분은 야훼 하느님이시고 그분에게만 충성을 바쳐야 한다는 것이다. 초기 예언자들의 단호한 가르침에도 아랑곳없이 풍산신 숭배는 이스라엘에 늘 잔존하면서 유일신 야훼 종교를 위협하였고 이 위협에 호세아 예언자가 온몸으로 맞선다. 호세아처럼 자신의 부르심 때문에 값비싼 대가를 치른 예언자도 드물 것이다. 자신의 불행한 혼인생활 전체가 그 대가이다. 호세아는 끊임없이 당신을 배반하는 이스라엘을 버리지 못하시고 끌어안으시는 하느님의 사랑을 드러내기 위하여, 풍산신전의 뭇 사내들과 계속해서 부정을 저지르는 신전 창녀 아내를 평생 버리지 못하고 용서하고 사랑해야 한다. 호세아의 이 '어리석고 미친 사랑'이 바로 당신 백성에 대한 주님의 사랑이다.

 호세아서는 크게 둘로 나눌 수 있다. 1—3장에서는 예언자의 가정생활을 다루고, 4—14장에서는 이스라엘 백성과 그 지도자들에게 보내는 예언과 가르침을 담는다. 1장은 3인칭으로 된 전기적 기록이다. 여기서 하느님은 호세아에게 풍산신전의 창녀와 그 창녀의 자식들을 맞아들여 살라고 명하시고 호세아는 이 명령을 받는다. "너는 바람기 있는 여자와 결혼하여 음란한 자식을 낳아라. 이 나라가 야훼를 저버리고 음란을 피우고 있구나"(호세 1,2). 여기서 '음란한 자식'은 부정한 행위의 결과로 태어난 자식(5,7 참조)인 동시에 어미의 부정한 행실을 본받는 자식을 가리킨다. 주님께서는 창녀에게서 난 첫째 아들의 이름을 이즈르엘이라 부르라 하셨다. 이즈르엘은 예후가 아합 가문의 사람들을 학살하고 왕위를 찬탈한 곳으로서 피비린내나는 권력 투쟁을 상징하는 장소이다. 둘째는 딸인데 '로-루하마' 곧 '가엾이 여김을 받지 못하는 여자'이다. 셋째 아이는 아들로서 '로-암미' 곧 '나의 백성이 아니다'라는 이름뜻을 지녔다.

 2장의 처음(1-3절)에는 1장과 정반대의 이름뜻이 나온다. 하느님께서는 이스라엘 백성을 버린 자식이라고 하였지만 이제는 살아 계시는 하느님의 자녀라 하실 것이다. 그리고 이스라엘 백성의 형제들을 '암미' 곧 '나의 백성'이라 하시고, 자매들은 '루하마' 곧 '가엾이 여김을 받는 여자'라 하신다. 이어서 이스라엘의 풍산신 숭배를 고발하는 소송정식(定式)이 나온다(4-15절). "너희 어미를 고발하여라. 너희 어미는 이미 내 아내가 아니다. 나는 너희 어미의 지아비가 아니다. 그 얼굴에서 색욕을 지워버리고 그 젖가슴에서 정부를 떼어버리라고 하여라. 그렇지 아니하면 세상에 태어나던 날처럼 알몸을 만들어 허허벌판에 내던져 메마른 땅을 헤매다가 목이 타 죽게 하리라"(4-5절). 하느님은 이스라엘 백성에게 풍산을 주셨는데, 백성은 자신들의 풍요로움이 가나안의 풍산신 바알한테서 온 것으로 착각한다(10절). 그러므로 하느님은 그들에게서 풍요를 빼앗아 가실 것이다.

소송정식 다음에 하느님의 간절한 소망이 나온다(2,16-25). 하느님이 당신을 배신한 이스라엘 백성에게 하실 수 있는 일은 그들을 아무도 없는 광야로 끌고 가 그곳에서 사랑을 속삭이는 것이다. 곧 이집트를 탈출한 뒤의 광야시절로 되돌아가고자 하신다. "이제 나는 그를 꾀어내어 빈들로 나가 사랑을 속삭여 주리라. 거기에 포도원을 마련해 주고 아골 골짜기를 희망의 문으로 바꾸어 주리라. 그제야 내 사랑이 그 마음에 메아리치리라. 이집트에서 나오던 때, 한창 피어나던 시절같이"(2,16-17). 여기서 아골 골짜기는 예리고 근처로 추정되는데, 이곳이 약속의 땅으로 들어가는 관문이다. 3장에서 호세아는 부정한 아내를 사랑하라는 하느님의 명령을 듣는데, 이 명령은 불충한 이스라엘 백성에 대한 하느님의 사랑을 증언하기 위한 것이다.

4-14장은 단죄-징벌-구원을 되풀이한다. 고발 내용은 하느님이 이스라엘 백성과 맺은 계약의 위반이다. 하느님은 이스라

엘 백성에게 "너희는 나의 백성이고 나는 너희의 하느님이다" 하고 선언하신다. 이것은 "그 여자는 나의 아내이고, 그는 내 남편이다" 하고 선언하는 혼인서약과 같다. 호세아는 혼인을 계약의 이행으로, 간음을 계약의 위반으로 제시한다. 하느님은 혼인서약에 충실한 남편인 반면, 이스라엘 백성은 혼인서약을 위반하고 다른 남자들과 부정한 행위를 저지른 아내이다. 호세아가 바로 하느님을 대표하고, 신전 창녀 출신의 아내가 이스라엘을 대표한다. 계약 위반 내용은 십계명을 위반한 풍산신 숭배와 사회적 불의이다. 풍산신 숭배는 하느님께 대한 계명을 어긴 것이고 사회적 불의는 동료 인간에 대한 계명을 어긴 것이다. "이 땅에는 사랑하는 자도, 신실한 자도 없고 이 하느님을 알아주는 자 또한 없어 맹세하고도 지키지 않고 살인과 강도질은 꼬리를 물고 가는 데마다 간음과 강간이요, 유혈 참극이 그치지 않는다. 그래서 땅은 메마르고 주민은 모두 찌들어 간다. 들짐승과 공중의 새도 함께 야위고 바다의 고기는 씨가 말라간다"(4,2-3).

이스라엘은 계약을 위반하고 외세에 의존하였다. 그 결과 오히려 외세에 멸망당하였다. 사마리아는 아시리아인들의 손에 철저히 파괴되었다. 그러나 사마리아의 함락은 종말이 아니다. 그것은 바알 숭배와 온갖 불의를 이스라엘에서 씻어내는 통과의례이다. 이스라엘은 아시리아인들에게 발가벗겨졌으나 새로운 시작, 곧 새 출애굽이 그들을 기다린다. 이 새 출애굽도 하느님께서 주도하신다. "너희를 이집트에서 이끌어 낸 것은 나 야훼 너희 하느님이었다. 내가 너희를 처음 만났을 때처럼, 너희를 다시 천막에서 살게 하리라"(12,10). 하느님은 모든 것을 벗어버린 이스라엘을 빈 들로 데리고 나가 그곳에서 다시 사랑을 속삭이실 것이다(2,16 참조).

하느님은 이스라엘을 포기하실 수 없다. 부모는 자식을 자기 마음대로 하지도 못하고 그렇다고 포기하지도 못한다. "에브라임아, 내가 어찌 너를 버리겠느냐. 이스라엘아, 내가 어찌 너를 남에게 내어주겠느냐. 내가 어찌 너를 아드마처럼 만들며, 내가 어찌 너를 스보임처럼 만들겠느냐. 나는 마음을 고쳐먹었다. 네가 너무 불쌍해서 간장이 녹는구나. 아무리 노여운들 내가 다시 분을 터뜨리겠느냐. 에브라임을 다시 멸하겠느냐. 나는 사람이 아니고 신이다. 나는 거룩한 신으로 너희 가운데 와 있지만, 너희를 멸하러 온 것은 아니다"(11,8-9). 여기에 언급된 지명 '아드마'와 '스보임'은 항상 소돔과 고모라와 함께 나온다(창세 10,19; 14,2.8; 신명 29,22). 신명기 저자에 따르면 소돔과 고모라가 남왕국에서 하느님의 무서운 심판을 받은 대표적 도시라면 아드마와 스보임은 북왕국에서 심판을 받은 대표적 도시이다. 북쪽 사마리아 전통에서는 이처럼 네 도시가 같이 나오지만, 남쪽 예루살렘 전통에서는 아드마와 스보임을 빼고 소돔과 고모라만 언급한다(이사 1,9-10 참조).

계약의 충실한 준수를 강조하는 호세아서는 신명기 전승(신명기와 신명기계 역사서)과 같은 선상에 서 있다. 그리고 호세아를 계승하는 예언자는 예레미야이다. 두 예언자 모두 신명기 전승의 가장 중요한 두 주제, 이스라엘 백성과 맺은 주님의 계약과 하느님의 성실한 사랑을 강조한다.

제21주간: 진정한 참회

범위: 요엘서 전체
성가: 518
주제본문: 요엘 2,12-27

　요엘은 히브리어로 '주님은 하느님이시다'라는 뜻이다(히브리어에서 '요'는 '야훼'의 약칭이다). 이름 자체가 주님을 참 하느님으로 알아모시는 이스라엘의 신앙고백을 가리킨다. 요엘서 내용은 형식상 '메뚜기 재앙' 앞에서의 회개 촉구로 볼 수 있다. 그러나 메뚜기의 공격이 적군의 공격을 가리키는 표상으로 이용되었을 수도 있다. 이스라엘 백성에게 닥친 재앙이 메뚜기 공격인가, 아니면 적군의 침입인가? 그도 아니면 둘 다 가리키는 것은 아닐까? 둘 다 실제로 일어난 사건인데, 둘을 연결하여 더 중요한 주제를 다루었을 가능성이 높다.

　정작 요엘서가 집중하는 주제는 메뚜기 재앙이나 적군의 침입이 아니라 '주님의 날'이다. 이 주제는 요엘서 전체를 꿰뚫는다(1,15; 2,1-11; 3,4—4,16). 예언서의 전통에서 주님의 날은 하느님께서 이스라엘의 죄를 물어 심판하시는 때인 동시에, 이스라엘의 원수들을 심판하시고 그들을 전장에서 무찌르시리라는 희망을 드러내는 표상이기도 하였다.

요엘은 '주님의 날'의 주제를 메뚜기 재앙과 적군의 침략과 연결하면서 공포의 분위기를 극적으로 창출하고 회개의 긴박성을 강조한다. 요엘서에서 메뚜기 재앙과 적군의 침략은 결정적인 주님의 날이 임박했다는 사실을 알려주는 전조다. 시기적으로 보면 메뚜기 재앙이 먼저 닥치고 엎친 데 덮친 격으로 적군이 침입해 온다. 이런 현실 앞에서 예언자는 주님의 날이 다가온다고 선포하며 백성의 회개를 촉구하고 있는 것이다.

요엘서의 작중연대와 저작연대는 언제로 추정할 수 있을까? 요엘서 자체만으로는 작중연대를 추정할 만한 실마리를 포착하기 어렵다. 다른 예언서들과 달리 요엘서에는 임금들의 이름이나 연대기 언급 등 역사적 정보가 전혀 없기 때문이다. 요엘이라는 이름도 히브리어 성서에 흔하게 나오는 이름이다(1사무 8,2; 1역대 5,4.8; 15,7.11; 에즈 10,43; 느헤 11,9). 저작연대를 두고는 약간의 추정이 가능하다. 저자는 왕정에 대한 관심을 보이지 않고 아시리아와 바빌론과 같은 이스라엘의 전통적 원수들도 거론하지 않는다. 그 대신 '주님의 집'인 성전 예배(1,9.13-14)와 예루살렘 도성이나 이곳의 상징적 이름인 시온의 운명에 대해서는 큰 관심을 보인다. 따라서 요엘서는 기원전 520년 제2성전이 창건된 이후 예루살렘 성전이 유일한 성소로 확고한 위치를 차지하고 그곳에서 제사가 안정되게 거행되던 기원전 500-400년에 쓰여진 것으로 추정할 수 있다. 이 시기에는 원로들과 사제들이 나라를 이끌었는데, 이를 시사하는 대목이 요엘서 여기저기에 나온다(1,2.13-14; 2,16-17 등). 또한 이 책에서 다른 예언서들의 내용이 직접 또는 간접으로 인용되는 것을 감안하여 저작연대의 범위를 좀더 좁혀 기원전 400년 전후로 보는 견해도 있다.

요엘서는 두 부분으로 확연하게 구분할 수 있다. 전반부(1,2—2,17)는 이스라엘에 닥친 재앙과 회개의 촉구를 다루는 반면, 후반부(2,18—4,21)는 미래에 대한 보증을 다룬다. 그런데 전반부에서 후반부로 넘어가는 과정이 매끄럽지 못하다. 전반부에서 예언자가 백성에게 회개를 촉구했는데, 후반부에서 백성이 회개했다는 언급도 없이 미래에 대한 보증이 갑자기 나타난다. 공동체의 회개를 다룬 대목이 최종 편집 과정에서 누락된 것이 아닌지 의심하는 주석가도 있지만, 본문 자체를 있는 그대로 받아들이면서도 얼마든지 다른 식으로 설명할 수 있다. 이스라엘 백성의 미래에 대한 보증은 근본적으로 하느님의 자비에 바탕을 둔 것이지 인간 편의 회심에 따라 좌우되는 것은 아니다. 구원은 인간이 아니라 하느님께서 주도하신다.

전반부와 후반부 내용이 뚜렷하게 구별되면서도 전반부와 후반부를 관통하는 일관된 주제는 '주님의 날'이다. 가뭄과 메뚜기 습격 그리고 적군의 침략은 '주님의 날'의 서곡일 따름이다. '주님의 날'은 죄인들에게는 심판의 때이지만 의인들에게는 구원의 때이다.

요엘서는 '브두엘의 아들 요엘에게 내린 야훼의 말씀'이다. 히브리어로 '환시'라는 뜻의 브두엘이라는 이름은 구약성서 다른 곳에서는 나오지 않는다. 메뚜기떼의 재앙은 상상을 초월한 전무후무한 일이다. "늙은이들은 들어라. 이 땅의 주민들은 모두 귀를 기울여라. 너희 세대에 이런 일이 있었느냐? 너희 조상 적에 이런 일이 있었느냐? 이 일을 너희의 자녀들에게 일러라. 자녀들은 또 그 자녀들에게 그 자녀들은 또 그 다음 세대에 이르게 하여라"(1,2-3). 히브리어 본문에서 모든 것을 먹어치우는 메뚜기떼를 풀무치·메뚜기·누리·황충 이렇게 서로 다른 네 단어로 말하는데, 아마도 서로 다른 메뚜기 종류를 가리키는 것 같다. 1,6에서 메뚜기떼의 습격은 외국군의 침략과 비교된다. 이 땅을 폐허로 만들기는 두 가지 다 마찬가지이다.

재앙 앞에서 술꾼들은 입속으로 들어갈 포도주가 떨어진 것을 생각하며 걱정하지만(5절), 사제들은 주님의 집에 바칠 곡식 가루와 기름과 포도주가 떨어진 것을 걱정한다. 하느님께 바칠 제물마저 떨어졌다는 것은 처녀가 약혼자를 잃어버린 것과 같은 최악의 상황이다. "약혼자의 죽음을 슬퍼하는 처녀처럼 상복을 입고 통곡하여라. 곡식도 포도주도 야훼의 성전에 드릴 것이 없어 야훼를 섬기는 사제들은 슬픔에 잠겼다"(1,8-9). 메뚜기 재앙과 더불어 가뭄이 닥쳐 모든 것이 말라버렸고, 농부들은 이제 삶의 기쁨을 완전히 잃어버렸다(10-12절). 메뚜기 재앙과 가뭄은 다른 곳에서도 가끔 짝을 이룬다(아모 4,7-9).

이 재앙 앞에서 예언자는 사제들과 원로들에게 단식을 선포하고 거룩한 집회를 소집하여 주님께 부르짖으라고 요구한다 (1,13-14). 이런 재앙은 주님의 날이 가까웠다는 징조이다. "마침내 그날이 오고야 말았구나. 야훼께서 거둥하실 날이 다가왔구나. 전능하신 하느님께서 마구 멸하실 날이 오고야 말았구나" (1,15). 그러나 백성의 반응은 없다. 오직 예언자만이 이 상황

앞에서 탄식하고 하느님께 하소연한다. "야훼여, 내가 주께 부르짖습니다. 들판의 목장이 타버렸습니다. 벌판의 나무들도 모조리 타버렸습니다. 물줄기들은 모두 마르고 들판의 목장도 모두 타버려 가축들이 벌판에서 주께 부르짖습니다"(1,19-20).

이제 '주님의 날'이 다가온다. 산등성이를 달려오는 그분의 군대는 병거들의 소리 같고 마른풀을 삼켜버리는 불꽃 소리 같으며 싸움터로 달려가는 막강한 군대의 행렬과 같다. 여기서도 메뚜기떼의 습격과 적군의 침입이 하나로 연결된다(2,3-5). 2,10-11이 묘사하는 내용은 주님의 날이 우주적 심판의 날이라는 것이다. 땅이 뒤틀리고 어둠이 내린다. 이 거대한 군대를 호령하시는 이는 하느님이시다. 어느 누가 그분이 일으킨 무서움을 견뎌낼 수 있겠는가?

이런 무서운 심판의 날 앞에서 진정한 회개가 절실히 요구된다. 심판의 메시지를 보내신 주님께서 역설적으로 회개를 요청하신다. "그러나 이제라도, 야훼의 말이다. 진심으로 뉘우쳐 나에게 돌아오너라. 단식하며 가슴을 치고 울어라"(2,12). 예언자도 진정한 회개를 선포한다. "옷만 찢지 말고 심장을 찢고 너희 하느님 야훼께 돌아오너라. 주는 가엾은 모습을 그냥 보지 못하시고 좀처럼 노여워하지도 않으신다. 사랑이 그지없으시어 벌하시다가도 쉬이 뉘우치신다"(2,13). 요엘서에서는 이렇게 하느님의 말씀과 예언자 자신의 말이 뒤섞여 나오기 때문에 때때로 어느 것이 하느님 말씀이고 어느 것이 예언자의 말인지 구분하기 어렵다.

후반부는 황폐해진 땅이 회복되리라는 희망의 메시지를 담고 있다. 그런데 앞에서 지적한 것처럼 이 희망의 메시지가 갑자기 나오기 때문에 당혹스럽다. 하느님과 예언자의 회개 요청에 백성이 진정한 참회로 응답했다는 언급이 전혀 없는 상태에서 일방적으로 주님의 자애로운 조처가 내린다. "나 이제 곡식과 포도주와 기름을 너희에게 주리니 너희는 아쉬움 없으리라. 다시는 남의 나라 사람들에게 욕을 당하지 않게 하여주겠다. 북에서 쳐들어온 자들을 내가 멀리 쫓아버리리라. 그들을 물 없는 사막으로 몰아내리라. 전위 부대는 동쪽 바다에, 후위 부대는 서쪽 바다에 쓸어넣으리니, 그 썩는 냄새, 그 악취가 코를 찌르리라. 저들이 못할 일을 하였으므로 그 꼴을 당하리라"(2,19-20). 이스라엘인들에게 북쪽은 재앙이 내리는 방향이다(참조: 예레 1,14; 4,6; 6,1). 북에서 쳐들어온 자들은 메뚜기떼일 수도 있고 주님의 종말론적 군대를 가리킬 수도 있다. 하느님께서는 이 군대의 전위부대를 동쪽 바다인 사해로, 후위부대를 서쪽 바다인 지중해로 쓸어넣으실 것이다. 그런 다음에 땅을 회복시켜 들판은 푸르러지고 무화과나무와 포도나무를 비롯하여 모든 나무에는 열매가 주렁주렁 달리게 하실 것이다. 겨울비와 봄비도 풍족하게 내려주시어 타작 마당에는 곡식이 넘쳐나게 하실 것이다. 백성은 한껏 배불리 먹고 하느님을 찬양하며, 주님만이 이스라엘의 하느님임을 알아모시게 될 것이다(2,26-27).

3장의 본문(칠십인역)은 오순절에 일어난 성령강림을 묘사하기 위하여 루가가 사도 2,17-21에 인용한 유명한 대목이다. 여기서 '주님의 날'은 심판과 징벌의 날만이 아니라 주님의 남녀

종들이 그분의 영을 받아 예언을 하고 꿈을 꾸고 환시를 보면서 주님께 부름받는 구원의 날이기도 하다.

4장은 주님께서 당신 백성을 억압한 민족들에게 그 죗값을 되갚으신다는 내용이다. 유다와 예루살렘의 운명을 되돌리기 위하여 주님께서는 이스라엘의 원수 민족들을 모아 여호사팟 골짜기로 끌고 내려가신다. 여호사팟 골짜기는 실재하는 장소가 아니라 묵시문학에서 주님의 심판이 벌어지는 상상의 장소이다. 띠로와 시돈과 불레셋 주민들을 비롯하여 이스라엘의 원수들은 하느님의 백성을 뭇 민족 가운데 흩어버리고 땅을 나누어 가졌으며 젊은이들을 포로로 사로잡아 "소년들은 화대로 팔아먹고 소녀들은 술값으로 팔아먹었다"(4,3). 또한 그들은 주님의 집인 예루살렘 성전에서 금은 보석들을 탈취하여 자기네 신전에 갖다 두고, 유다 백성과 예루살렘 주민들을 그리스인들에게 노예로 팔아넘겼다(4,5-6). 이스라엘 백성을 공격하는 행위는 그들의 하느님이신 주님을 공격하는 행위이다. 주님께서는 원수 민족들을 유다인들에게 파시고 유다인들이 다시 그들을 스바인들(향료와 금은 보석이 풍부한 아라비아 남쪽의 부족)에게 팔아넘기게 하심으로써 당신 백성에게 저지른 그들의 행실을 그대로 되갚으실 것이다(4,7-8).

요엘은 뭇 민족에게 주님의 날을 맞이하기 위하여 금식과 회개 대신 성전(聖戰)을 준비하라고 한다. 예언자는 농기구를 전쟁 도구로 만들라고 말한다. "보습을 쳐서 칼을 만들고 낫을 쳐서 창을 만들어라"(4,10ㄱ). 이는 같은 표상을 사용하면서도 메시아 시대의 평화를 알리는 이사 2,4; 미가 4,3의 내용과는 정반대이다. 예언자는 농기구의 표상에 이어 수확의 표상을 이용한다. 수확을 기다리는 들판의 곡식처럼 민족들의 죄악은 무르익고 흘러넘쳐 하느님의 심판을 기다린다(4,13). 결판의 날이 다가오면서 해와 달이 어두워지고 별들은 빛을 잃게 될 것이다(4,14-15). 그날에 주님께서는 거룩한 산 시온에서 그리고 예루살렘 성소에서 민족들에게 호통을 치시겠지만, 당신 백성 이스라엘에게는 피난처와 요새가 되실 것이다(4,16). 그날이 오면 유다의 산천에 포도즙과 젖이 흘러넘치고 개울마다 물이 넘쳐 나겠지만, 유다 백성의 무고한 피를 흘리게 만든 이집트와 에돔과 같은 나라들은 폐허로 변할 것이다(4,18-19).

요엘서의 마무리는 전형적인 전화위복(轉禍爲福)이다. 이 책의 처음에 묘사된 생명을 위협하는 상황이 완전히 뒤바뀐다. 땅은 다시 비옥하게 되고 적군이 더이상 위협하지 않으며 안전이 보장된다. 주님께서 거룩한 시온산 위에 거주하시기 때문이다. 주님의 현존은 또한 유다와 예루살렘이 주민들로 넘쳐나게 하고 억울하게 흘린 피를 반드시 되갚아 정의가 바로 서게 할 것이다.

제22주간: 말씀의 기근

범위: 아모스서 전체
성가: 63
주제본문: 아모 8장

아모스는 히브리어로 '짐' 또는 '(짐을) 나르다'라는 뜻인데, '아모스야'의 준말일 수 있다. 이 경우 '주님께서 날라주셨다'는 이름뜻을 갖게 되고, 이는 주님께서 이 예언자를 통하여 이스라엘의 불의에 친히 개입하시겠다는 강력한 의지를 드러내는 것으로 볼 수 있다.

아모스는 호세아와 더불어 최초의 문서 예언자 그룹에 속한다. 문서 예언자란 본인의 이름을 제목으로 한 책 안에 그의 언행이 담긴 예언자를 말한다. 1,1의 머리글을 보면 아모스가 활동하던 시기는 유다 임금 우찌야(기원전 781-740년)와 이스라엘 임금 여로보암 2세(기원전 787-747년)의 치세 때이다. 그는 베들레헴 남동쪽 9킬로미터에 자리잡은 드고아에서 조용히 목축업을 하던 목양업자요 무화과를 재배하던 농부였다(1,1; 7,14). 그러나 지진(아마도 기원전 760년경)이 일어나기 이태 전에 북왕국 이스라엘에 관한 환시를 보고 나서 북쪽으로 올라가 그곳에서 환시 내용을 선포하기 시작하였다. 환시는 특정 사건에 대한 계시이고, 이 계시는 예언자가 백성에게 선포할 말씀이 된다. 히브리어에서 사건과 말씀이 한 낱말(다바르)이라는 것을 다시 한 번 상기해 주기 바란다.

남왕국 유다 출신 예언자가 북왕국 이스라엘에 올라가서 활동했다는 사실은 '하느님 백성의 통일성'과 '말씀의 보편성'을 드러내기 위한 것이다. 아모스가 활동하던 당시의 북왕국 상황은 정치·경제·종교면에서 양면성을 지니고 있었다. 정치면을 보면, 북왕국은 강력한 경쟁국이던 시리아가 남진 정책을 펴던 아시리아 제국의 희생물이 되는 바람에 여로보암 2세의 주도 아래 시리아에게 빼앗겼던 요르단 건너 동부 지역을 탈환하면서 다윗과 솔로몬 시대의 옛 영화를 되찾으리라는 희망에 부풀었다(6,13-14). 그러나 시리아를 정복한 아시리아 군대가 이번에는 사마리아를 향하여 서서히 움직이고 있었다.

경제면을 보면 아모스 시대에 북왕국은 외국과의 활발한 교역에 힘입어 물질적 풍요와 번영을 누리고 있었다. 그러나 왕국의 경제적 번영은 가난한 사람들과 부유한 사람들 사이의 심각한 불균형과 계층간의 갈등을 초래하였다. 수도 사마리아의 상류층 사람들은 사치와 호사에 여념이 없었다(3,9-15). 부유한 강자들은 가난한 약자들을 착취하고 이를 시정해야 할 법정은 부유한 강자들 편에 서서 부정한 판결을 내렸다(2,6-7; 4,1; 5,7).

종교면을 보면 백성들은 베델과 길갈에서 거행되는 장엄하고 화려한 전례를 자랑스럽게 생각하였지만 예언자는 이런 형식적인 종교 의식을 맹렬하게 비판하고(4,4-5; 5,4-5.21-27), 하느님께서는 그들의 축제를 경멸하신다고 선언한다(5,21). 아모스가 베델과 길갈의 전례를 비판한 이유로 세 가지를 들 수 있다. 첫째, 북왕국 사람들은 자신들의 종교 행위를 순수한 경신례 거행에만 한정시키고 공정과 정의를 실천하지 않았다(5,24). 둘째, 북왕국은 남왕국의 예루살렘 성전에 맞서서 베델과 길갈에 성소를 만들었다. 셋째, 북왕국은 이방신들을 섬겼다(5,26; 8,14).

아모스는 남왕국의 예루살렘 성소에 맞대응하기 위하여 세워진 북왕국의 베델 성소에서 주로 예언한 것 같다. 아모스의 활동은 다른 예언자들과 달리 몇 달밖에 지속되지 못한다. 베델의 사제가 그를 공공질서의 파괴자로 몰아 임금에게 고발하고 추방했기 때문이다(7,10-17). 베델에서 추방당한 아모스는 자기가 받은 환시와 신탁을 기록, 백성들에게 유포하여 살아 있는 전승으로 만들었고 이를 그의 추종자들이 수집하여 책으로 엮었을 것이다. 이 과정에서 남왕국 유다에 대한 신탁(2,4-5), 예루살렘 성소와 관련된 언급, 그리고 마지막 회복의 약속(9,11-15) 등이 덧붙여졌을 것이다.

아모스서의 최종 편집은 페르시아 시대(기원전 6-4세기)까지 늦잡는다. 이 시대에 페르시아 임금들의 도움에 힘입어 문필활동이 활발하게 전개되었으며 유다인들은 제국의 새로운 질서 안에서 자신들의 신원을 확고하게 다지기 위하여 무척 애를 쓰고 있었다.

아모스서는 크게 네 부분으로 나뉜다. 첫째 부분(1—2장)은 예언자 자신에 관해 소개하는 머리글에 이어 저마다 특정 나라의 죄악과 징벌을 선고하는 여덟 개의 설교를 전한다. 아모스는

"드고아에서 양을 치던 목자"(1,1)였고 "돌무화과를 가꾸는 농부"(7,14)였다. 그러나 남에게 고용된 목동이나 소작인은 아니었으니 완전한 빈털터리 가난뱅이로 볼 필요는 없다. 더욱이 감성과 상상력, 시적 표현이 풍부한 그의 신탁을 보면 그가 결코 무식한 사람이 아니었음을 알 수 있다. 다른 예언서들처럼 아모스서도 자체의 내용을 예언자가 본 환시와 동일시한다(아모 1,1; 이사 1,1; 오바 1,1; 하바 1,1). 1,2에서 주님은 사람들의 죄악을 거슬러 포효하는 사자처럼 묘사된다(3,8; 참조: 요엘 4,16).

머리글에 이어지는 여덟 개의 설교를 보면 하느님께서는 먼저 이스라엘과 유다의 여섯 이웃 나라가 저지른 죄악을 고발하시고 그에 상응한 벌을 내리겠다고 하신다(1,3—2,3). 그 여섯 나라는 시리아 · 불레셋의 네 도시(가자 · 아스돗 · 아스클론 · 에크론 또 다른 도시 갓은 6,2에 나옴), 띠로 · 에돔 · 암몬 · 모압이다. 그들의 죄악은 다른 민족들과의 전쟁에서 저지른 잔혹한 폭력이다. 그리고 그들에 대한 징벌은 성채를 불태우거나 주민들을 포로로 만들어 다른 곳으로 끌고 가는 것이다.

주변의 여섯 나라에 대한 죄악과 징벌 선고에 이어 유다와 이스라엘에 대한 고발과 선고가 나온다. 유다는 주님의 법을 배척하고 다른 신들을 섬겼다(2,4-5). 이는 시나이 계약의 위반으로서 이스라엘의 지난 역사를 보면 하느님께서는 광야에서나(출애 32—34장; 민수 25,1-18) 가나안 땅에서나(판관 2,6-23) 이런 죄악을 벌하지 않고 그대로 지나치지 않으셨다. 유다의 형제국 이스라엘은 시나이 계약에서 더욱더 멀어졌다. 그들은 눈앞의 작은 이익을 위해서 동료 인간의 생존을 위협하는 짓거리들을 서슴지 않았다(아모 2,6-8). 하느님은 예언자들과 나지르인들을 시켜 그들의 잘못을 일깨우셨지만 그들은 오히려 예언자들과 나지르인들을 조롱하고 배척하였다(2,11-12). 그러니 주님께서는 신명 27—28장에서 경고하신 것처럼 이민족들의 침략으로 그들을 심판하실 것이다(2,13-16).

아모스서의 둘째 부분(3—6장)은 계약의 백성이 상습적으로 저지른 죄악, 특히 북왕국이 저지른 죄악을 고발하고 징벌을 예고한다. 3,3-8에는 아홉 개의 반어적 의문문이 나온다. 이 모든 의문문에 대한 유일한 대답은 '맞다, 그럴 리가 없다'이다. 예언자의 말씀은 모두 하느님께서 하신 말씀이고 하느님께서 말씀하시면 예언자는 그 말씀을 전할 수밖에 없다는 것이다. 3,9-15에서는 북왕국의 수도 사마리아가 징벌의 표적이 된다. 예언서에는 이처럼 민족들의 수도가 징벌의 표적이 되는 경우가 흔하다. 하느님은 남왕국의 예루살렘 성전에 맞서 세운 베델의 성소를 파괴하시고 부자들의 화려한 별장을 쳐부수실 것이다(3,14-15). 특히 사마리아의 부유층 여자들을 징벌하실 것이다(4,1-3). 여기서 그들은 '바산의 암소들'로 불린다. 바산은 좋은 목장과 최고급 가축들을 생산해 내는 곳으로 알려졌는데, '바산의 암소들'은 '바산의 황소들'(시편 22,12)에 대한 대칭적 표현이다.

하느님이 이스라엘에게 내리시는 징벌은 징벌로서 끝나는 것이 아니라 당신께 돌아오라는 간절한 호소이다. 그런 의미에서 그분의 징벌은 은총이다. 그러나 이스라엘은 이 호소에 응답하지 않았다. 기근과 가뭄, 병충해와 메뚜기떼, 흑사병 등 온갖 재앙을 언급하는 4,6-11에 "그래도 너희는 나에게 돌아오지 않았다"는 말이 후렴처럼 다섯 번이나 반복된다. 이스라엘이 주님의 징벌에서 살아남기 위해서는 베델·길갈·브엘세바와 같은 성조들의 성소를 찾을 것이 아니라 하느님을 찾아야 하고(5,4-6), 악을 피하고 선을 찾아야 한다(5,14-15). 이제 주님의 날이 다가온다. 그런데 주님의 날은 더이상 주님께서 원수들의 손에서 당신 백성을 구원하실 날이 아니다. 그날은 이스라엘에게 빛이 아니라 어둠이다(5,18-20). 하느님은 겉치레뿐인 예배와 제물을 지겨워하시고, 다만 공정과 정의를 강물처럼 흐르게 하기를 바라신다(5,21-24). 사회 정의의 실천이 없는 예배는 공허하다. 6장에서 예언자는 백성의 안녕은 거들떠보지도 않고 착취와 향락에만 몰두하는 지도자들을 신랄하게 비판하고 고발한다.

아모스서의 셋째 부분(7,1—9,10)은 예언자가 본 다섯 개의 환시 이야기를 중심으로 엮어졌다. 처음 두 환시 이야기, 곧 곡식과 풀을 완전히 먹어치우는 메뚜기떼의 환시 이야기(7,1-3)와 들을 태우는 불의 환시 이야기(7,4-6)는 비슷하게 전개된다. 하느님께서 심판의 표상들을 보여주시자 예언자가 탄원을 하고 그 탄원을 받아들여 하느님께서 징벌을 멈추신다. 그러나 뒤의 세 환시 이야기에서는 예언자가 개입할 시간도 없이 하느님께서 이스라엘을 징벌하실 것임을 분명히한다. 주님께서 돌담에 다림줄을 대보시는 세번째 환시 이야기는 북왕국의 완전한 파괴를 가리킨다(7,7-8). 여기서 다림줄은 벽이나 건물을 파손하기 위해 고안해 낸 무거운 납덩어리를 매단 줄이다. 세번째 환시 이야기에 뒤이어 아모스 예언자가 베델의 사제에게 쫓겨나는 이야기(7,10-17)가 나온다. 여기서 아모스는 자신이 하느님께 사로잡히기 전까지는 예언자가 아니라 단순한 목양업자요 농부였음을 밝힌다. 이어서 그는 신명기계 역사서에 자주 언급된 바와 같이 예언자를 통해서 전해지는 주님의 말씀을 방해하거나 통제하려는 자를 단죄한다. 베델의 사제 가족들은 아모스가 백성에게 선언한 징벌의 일차적인 대상이 될 것이다(7,17).

네번째 환시 이야기(8,1-3)에는 잘 익은 여름 과일 바구니가 나온다. 팔레스티나에서 여름은 우리와 달리 일년 농사 주기에서 마지막 철이다. 따라서 환시의 여름 과일은 이스라엘의 종말을 가리킨다. 네번째 환시와 다섯번째 환시 사이에는 가난한 이들을 착취하는 자들에 대한 주님의 단죄와 징벌이 나온다. 징벌의 때 곧 주님의 날이 오면 대낮에 칠흑 같은 어둠이 닥치고 사람들은 외아들을 잃은 것처럼 비통해 할 것이다. 복음서에도 외아들 예수님을 잃은 아버지 하느님의 슬픔을 대낮에 닥친 어둠으로 표현한다(마르 15,33; 루가 23,44-45). 가장 큰 징벌은 백성들이 주님의 말씀을 받지 못해 굶주리고 목마른 것이다. "내가 이 땅에 기근을 내릴 날이 멀지 않았다. - 주 야훼의 말씀이시다. 양식이 없어 배고픈 것이 아니요, 물이 없어 목마른 것이 아니라, 야훼의 말씀을 들을 수 없어 굶주린 것이다. 이 바다에서 저 바다로 헤매고 북녘에서 동녘으로 돌아다니며 야훼의 말씀을 찾아도 들을 수 없는 세상이다. 그날이 오면 아름답고 씩씩한 젊은 남녀들도 목이 타서 쓰러지리라"(8,11-13). 말씀의 부재(不在)는 곧 주님의 부재로 백성의 가장 큰 불행이다.

다섯번째 환시 이야기(9,1-6)에는 물건이나 생물이 등장하지 않고 주님께서 제단 옆에 직접 나타나시어 예언자에게 말씀하신다. '기둥머리'와 '문상인방'의 언급(9,1)은 7장에 나오는 베델의 성전을 가리킬 수 있다. 환시 중에 주님께서는 이스라엘을 완전히 진멸하겠다고 선언하신다. 포로로 적군에게 붙잡혀 가는 것으로도 만족하지 않으시고 살아남은 자가 아무도 없게 만들리라 하신다. 그러나 이어지는 9,8의 말씀에서 죄 많은 왕국은 멸하시겠지만 선택된 민족 전체를 완전히 없앨 수는 없으리라고 하신다.

마지막 넷째 부분(9,11-15)은 이스라엘이 미래의 어느날 다시 회복되리라는 희망의 메시지이다. "그날이 오면 내가 무너진 다윗의 초막을 일으키리라. 틈이 벌어진 성벽을 구축하고 허물어진 터를 다시 세워 옛 모습을 되찾아 주리라"(9,11). 준엄한 고발과 심판에 이어지는 이 같은 긍정적인 마무리(호세아서도 마찬가지)는 후대의 청중들에게 본질적으로 미래에 대한 희망의 책임을 일깨워 준다.

제23주간: 만민의 주님

범위: 오바디야서와 요나서
성가: 4
주제본문: 요나 3—4장

1. 오바디야서

'주님의 종'이라는 뜻을 지닌 오바디야라는 이름의 인물들은 성서에 열세 명이나 등장한다. 그 가운데 예언자 오바디야의 개인적 삶이나 역사적 배경에 대해서는 알려진 바가 거의 없다. 오바디야의 작중연대와 저작연대에 관해서도 추측만 할 뿐이다. 그가 전한 신탁에서 유다가 멸망할 때 에사오의 후손인 에돔인들이 야곱의 후손인 이스라엘인들에게 못되게 군 소행을 고발하는 것을 보면 오바디야서가 예루살렘이 함락된 지 얼마 안 되어 씌어진 듯하다.

오바디야서는 21절짜리 책으로 예언서 가운데 가장 짧다. 그렇다고 해서 이 예언서를 무시해도 좋을 책으로 여겨서는 안 된다. 오히려 오바디야서 역시 다른 긴 예언서에서 볼 수 있는 영감에 가득찬 아름다운 신탁들로 꾸며져 있다. 사실 성령의 영감을 받아 기록된 것으로 인정된 성서의 어느 책도 중요하지 않

책은 없다.

오바디야서는 세 부분으로 나눌 수 있다. 첫째 부분(1-9절)은 에돔이 교만한 탓으로 망하게 되리라는 메시지를 담고 있다. "너희는 거드럭거리다가 제 꾀에 넘어가리라. '이렇게 바위굴에서 살고 있는데, 이렇게 높다랗게 집 짓고 살고 있는데, 누가 우리를 저 땅바닥으로 끌어내리랴' 하며 으스대는 자들아, 너희가 독수리처럼 높은 곳에 집을 짓고 별들 사이에라도 사는 듯싶을 테지만 내가 너희를 거기에서 끌어내리리라. 야훼의 말씀이시다"(3-4절). 실제로 에돔의 수도는 바위와 동굴이 많은 곳에 자리잡고 있어서 접근하여 공격하기가 어려웠다. 2-6절의 내용은 예레 49,7-16에도 나온다. 그래서 좀더 짧고 단순한 오바디야서의 본문을 예레미야서의 저자가 이용한 것이 아닌가 추측하면서 오바디야서의 저작연대를 예레미야 시대보다 더 앞선 9세기 말이나 8세기 초로 잡기도 한다. 그러나 예루살렘 멸망에 관한 10-14절의 시사가 너무 분명하기 때문에 이런 가설은 받아들일 수 없다. 두 본문이 동일한 사료를 이용했는지도 모른다.

둘째 부분(10-14절)에서는 기원전 587년 예루살렘이 함락될 때 에돔이 침략자들과 결탁하여 같은 핏줄을 타고난 동기 야곱의 후손들을 약탈한 소행을 고발한다. "한 동기인 야곱의 후손을 무참히 죽인 죄로 너희는 치욕을 당하고 영영 망하게 되었다. 오랑캐가 예루살렘 성문을 부수고 밀려들어 약탈하여 서로 나누어 가지던 날, 너희는 도와주기는커녕 도리어 한통속이 되었다"(10-11절). 예루살렘의 멸망을 전하는 다른 성서 대목들에도 에돔이 신이 나서 도성을 약탈하는 데 가담했다는 언급이 나온다(시편 137,7; 애가 4,22; 에제 25,12; 35,5.12).

셋째 부분(15-21절)은 주님의 날에 에돔에게 닥칠 재앙과 야곱 집안의 회복을 대비시킨다. "시온산에는 난을 피한 자가 남아, 시온은 다시 거룩한 곳이 되고 야곱 가문은 제 땅을 차지하리라. 야곱 가문은 불이 되고 요셉 가문은 불씨가 되어 검불 같은 에사오 가문에 옮겨 붙어 하나도 남기지 않고 살라버리리라. 이는 내 말이라, 어김이 없다"(17-18절).

오바디야서의 핵심 메시지는 하느님께서 당신이 한번 선택하신 이스라엘 공동체를 멸망하도록 버려두지 않으시고 어떤 위협에서도 보호하신다는 것이다. 오바디야서를 주도하는 신탁의 대상인 에돔은 이런 위협의 구체적 표상 또는 표본일 따름이다.

2. 요나서

요나서 저자는 '비둘기'라는 이름뜻을 지닌 요나를 기원전 8세기 여로보암 2세의 통치시절(기원전 787-747년)에 활동한 나자렛 근처 갓헤벨 출신의 예언자 아미때의 아들 요나와 동일시한다(2열왕 14,24-25). 그러나 요나서의 요나는 열왕기에서와 달리 북왕국 이스라엘이 아니라 아시리아의 수도 니느웨에서 예언활동을 벌인다.

요나서는 여러 가지 면에서 다른 예언서들과는 다른 특징을 보인다. 첫째, 다른 예언서들에는 예언자 자신의 이야기는 최소로 하고 예언자가 전한 말씀을 전하는 것에 주력하는 데 반해, 요나서에서는 모든 것을 알고 있는 저자가 예언자 자신에 관한 이야기를 펼쳐 나간다. 이는 열왕기에 나오는 엘리야 이야기와 엘리사 이야기와 같다. 이 이야기에는 예언자들의 행동이 주로 다루어지고 그들의 설교는 거의 나오지 않는다. 둘째, 요나서에서 요나는 예언자처럼 행동하면서도 그에게는 다른 예언자들과는 달리 한번도 예언자라는 명칭이 붙지 않는다. 셋째, 요나서에 나오는 등장 요소는 하느님과 요나를 제외하고 모두 하나의 표상이요 상징일 뿐이다. 니느웨는 여느 대도시를 가리키고, 다르싯은 단지 미지의 머나먼 곳일 따름이며, 요나를 삼켰다가 토해낸 큰 물고기는 구원의 상징이다. 넷째, 다른 예언자들은 모두 이스라엘 안에서 겨레의 회개를 촉구하지만 요나는 이방인들의 땅에서 이방인들에게 회개의 설교를 한다. 마지막으로 다른 예언자들과는 달리 요나는 설교의 대상들이 자신의 회개 요청을 받아들여 하느님의 징벌을 면하게 된 것을 두고 기뻐하기는커녕 심통이 나서 죽을 지경이다.

요나서의 작중연대는 여로보암 2세가 이스라엘을 통치하고 아시리아 제국이 기세를 올리던 8세기로 제시되지만 저작연대는 어휘와 문체, 그리고 내용을 살펴볼 때 훨씬 후대로 추정된다. 페르시아 시대의 공용어인 아람어식 표현(예를 들어 1,9의 '하늘의 신'), 출애급 설화와 시편의 이용, 유배 이후 시대에 유행하던 단편소설식 문학 유형 등은 이 책의 저작연대를 기원전 6-4세기의 페르시아 시대로 늦잡게 한다. 저자의 니느웨 언급도, 그곳의 임금이 아시리아 제국의 임금이 아니라 한 도시의 임금으로 제시되는 것으로 미루어 역사적 사실(fact)과는 거리가 멀다 하겠다.

요나서의 교훈은 크게 두 가지이다. 하나는 예언자의 내적 체험에 대한 가르침이다. 예언자는 주님께 받은 소명 때문에 동시대 사람들에게 소외되고 남다른 고통을 겪게 된다. 그러나 예언자는 자신이 원하지 않는다고 해서 말씀 선포의 직무를 저버릴 수 없다. 하느님의 말씀을 올바로 전하는 참 예언자가 있다는 사실 하나만으로도 동시대인들은 위안과 구원의 희망을 갖게 마련이다. 하느님은 이런 예언자를 통하여 온 세상을 움직이신다.

요나서의 또 다른 교훈은 구원의 보편주의이다. 하느님의 자비는 그분의 정의를 훨씬 뛰어넘는다. 그분의 자비는 그것을 받을 만한 가치가 없는 사람들에게까지 미친다. 죄악이 가득한 니느웨가 멸망하는 것은 정의의 실현이다. 그러나 하느님은 주민들의 회개를 보시고 그곳에 자비를 베풀기로 결정하신다. 마찬가지로 하느님의 직접적인 명령을 거역한 예언자 요나를 죽음의 바다에 빠뜨리는 것은 정의의 실현이었지만, 그분께서는 요나가 회개하기 전인데도 큰 물고기를 보내어 그를 구출하시는 자비를 베푸셨다. 이처럼 구원하시는 하느님의 자비는 선택된 민족 이스라엘의 경계를 뛰어넘어 온 세상 모든 민족에게 베풀어진다. 요나서의 보편주의는 유배에서 돌아올 당시의 제2이사야서(이사 40─55장)보다 더 넓다.

요나서의 구조는 각 장이 바뀌면서 기승전결(起承轉結)을 뚜렷하게 드러낸다. 저자는 구성이 탄탄한 이야기를 풍자와 해학을 섞어 능숙하게 끌어간다. 1장에서 하느님은 요나에게 니느웨로 가서 회개의 설교를 하라는 소명을 주시는데, 요나는 이 소명을 받들지 않으려고 도망친다. 여기서 하느님은 요나더러 니느웨 사람들에게 가서 그들의 죄악이 당신의 진노를 일으키게 하였다고 설명하라고 하시는데, 이는 니느웨에 대한 당신의 특별한 관심과 배려를 드러내시는 것이다. 성서에서 니느웨는 노아의 홍수가 끝난 뒤 노아의 손자 구스에 의해 건설된 최초의 도시로 처음 소개된다(창세 10,11). 예언자들에게 니느웨는 거친 폭력의 도시로 악명이 높았다. 현재는 이라크의 모술시 근처 티그리스강 건너에 위치해 있다. 오늘날 에살하똔 임금(681-669년)의 궁전으로 알려진 니느웨의 한 유적지에 발굴자들이 '예언자 요나의 흙무덤'이라는 이름을 붙여놓은 폐허가 이 도시와 요나서를 연결시킨다.

요나가 도망치려 한 다르싯은 이스라엘 사람들에게 세상에서 가장 먼 곳으로 알려졌다. 이사 66,19에 따르면 이곳은 아직 하느님의 소문을 듣지도 그분의 영광을 보지도 못한 땅, 극변의 도시 중 하나이다. 하느님은 이곳에 당신의 재앙을 모면한 자들을 파견하여 그분의 영광을 선포하게 하실 작정이었다. 따라서 요나가 다르싯을 피신처로 선택한 것은 아이러니가 아닐 수 없다. 요빠는 팔레스티나 북서쪽 지중해 연안에 자리잡은 항구도시로서 바위로 둘러싸여 있다. 5천 년의 역사를 지닌 이 도시는 언제나 히브리인들의 통제에서 벗어나 있었다. 아시리아 시대에 이 도시는 불레셋의 왕국 아스클론에 속해 있었다. 요나는 다르싯으로 가기 전에 이미 하느님의 통제권에서 자유롭기 위하여 요빠를 택한다. 다르싯으로 가는 배를 즉시 얻어 탄 것은, 장거리를 항해하는 배가 매우 뜸했던 옛날의 포구 상황에 비추어 대단한 요행이었다. 지중해의 항해는 일 년 중 넉 달로 제한되어 있었고 그나마 폭풍우가 치는 날이면 출항이 금지되었으며 다르싯처럼 다른 쪽 극변의 항구도시로 가는 배는 더욱 얻어 타기가 어려웠다. 솔로몬의 다르싯행 배들은 3년에 한번 꼴로 돌아왔다(2역대 9,21). 그러나 요나에겐 요행으로 보이는 이 행운이 저자와 독자의 눈엔 불행의 씨앗이었다. 1,13에서 선원들이 다시 육지로 돌아가려는 것을 보면 항구를 떠난 지 얼마 안 되어 폭풍이 닥쳤기 때문이다.

폭풍 속에서 선원들은 저마다 자기가 섬기던 수호신에게 기도를 바치며 역경을 극복하기 위하여 부지런히 일하고 있었다. 저자는 이런 선원들의 모습과 자신의 소명을 거부하고 나태한 잠에 곯아떨어진 요나의 모습을 극적으로 대비시킨다. 선원들은 요나를 깨워 그의 신에게 부르짖어 보라고 권한다. 이방인들이 이스라엘의 예언자더러 기도하라고 권면하는 것이다. 행여 요나가 섬기는 신이 다른 선원들의 신들보다 더 높고 능력있는 신일지도 모르니까. 그러고는 누구 때문에 이런 폭풍우가 닥쳤는지 알아보기 위하여 제비를 뽑기로 한다. 고대의 선원들은 같은 배에 범법자를 태우면 그로 인해서 재앙이 닥친다는 믿음을 가지고 있었다. 제비가 요나에게 떨어지자 요나는 모든 것을 실토하고 자신을 바다에 던지라고 한다.

2장은 요나가 바다에 던져졌다가 큰 물고기에게 삼켜진 뒤,

그 뱃속에서 하느님께 감사와 찬미를 드리며 니느웨에 가서 설교하라는 주님의 소명을 받들기로 결심한다는 내용의 찬가이다. 이 찬가는 주로 시편 말씀과 표현을 폭넓게 이용한다. 하느님은 요나가 회개하기도 전에 불순종하는 요나를 구원하기로 결심하신다. 요나는 하느님의 구원을 체험한 뒤에야 그분께 순종하기로 결심한다. 성서에서 3이라는 숫자는 기적적인 사건을 묘사할 때 자주 등장한다. 엘리야 예언자는 과부의 아들을 살리기 위하여 세 번 그 아이 위에 몸을 펼쳤고(1열왕 17,21), 다니엘의 세 친구는 불가마에서 살아남았다(다니 3장). 그리고 요나가 물고기의 뱃속에서 지낸 3일은 예수님이 죽음의 세계에서 보낸 사흘의 예표이다(마태 12,38-42; 16,1-4; 루가 11,29-32).

3장의 내용은 요나가 회개하라는 주님의 말씀을 니느웨에 전하자 니느웨 사람들이 임금을 비롯하여 높은 사람부터 낮은 사람까지 모두 회개하고, 그것을 보신 주님께서 마음을 돌리시어 재앙을 내리지 않으셨다는 것이다. 니느웨의 회개는 철저하고 완전하다. 임금부터 용상에서 일어나 용포를 벗고 자루옷으로 갈아입고 잿더미 위에 앉아 단식하였다. 그러고는 온 국민에게 이렇게 선포하였다. "사람이나 짐승, 소떼나 양떼 할 것 없이 무엇이든지 맛을 보아서는 안 된다. 먹지도 마시지도 마라. 사람뿐 아니라 짐승에게까지 굵은 베옷을 입혀라. 그리고 하느님께 간절한 마음으로 부르짖어라. 권력을 잡았다고 해서 남을 못살게 굴던 나쁜 행실은 모두 버려라"(3,7-8). 어떤 예언서에도 니느웨 사람들처럼 이토록 진지하게 회개한 경우를 찾아볼 수 없다.

4장에서 요나는 자신의 회개 설교가 성공한 것을 두고 화를 낸다. 그런데 요나가 하느님께 불평하는 소리를 들어보면 정작 그가 화를 낸 이유는 원수 나라에 대해서 하느님이 자비를 베푸셨기 때문이다. 요나는 하느님께 드리는 기도에서 다르싯으로 도망친 진짜 이유를 밝힌다. 그는 하느님께서 이방인들에게 자비를 베푸실 것이라는 사실을 두려워했다는 것이다. "저는 다 알고 있었습니다. 하느님께서 애처롭고 불쌍한 것을 그냥 보아 넘기지 못하시고 좀처럼 화를 내지 않으시며 사랑이 한없으시어, 악을 보고 벌하려 하시다가도 금방 뉘우치시는 분인 줄 어찌 몰랐겠습니까?"(4,2). 요나의 이 말은 하느님의 자애를 강조하는 구약성서의 여러 대목과 맥을 같이한다(출애 34,6-7; 민수 14,18; 느헤 9,17; 시편 86,15; 103,8; 145,8; 요엘 2,13). 또 요나가 화를 낸 것은 이방인들에게 신나게 하느님의 징벌을 외쳤는데, 그 징벌이 내리지 않았으니 자신의 체면과 권위가 실추된 것으로 여겼기 때문일 것이다. 얼마나 화가 나고 실망을 했는지, 큰 물고기 뱃속에서 살아난 것을 감사하던 요나가 이제 목숨을 거두어 주시라고 하느님께 간청할 정도다.

요나는 목숨을 담보로 간청했으니 하느님이 마음을 돌리시어 니느웨를 멸망시키실 것으로 기대하면서 시가지가 보이는 동쪽 언덕에 자리잡고 앉았다. 「공동번역」에서 아주까리로 옮긴 끼까욘이라는 나무는 성장 속도가 빠르고 잎이 무성한 열대성 식물이다. 끼까욘의 그늘 밑에서 더위를 피하게 된 요나는 기분이 좋아졌다. 그러나 이튿날 새벽에 하느님께서 보낸 벌레가 그 식물을 먹어 치우자 요나는 열풍과 따가운 햇볕 때문에 숨이 막힐

지경이었다. 화가 잔뜩 난 요나가 하느님께 차라리 죽여 달라고 하자 이렇게 대답하신다. "너는 이 아주까리가 자라는 데 아무 한 일도 없으면서 그것이 하루 사이에 자랐다가 밤 사이에 죽었다고 해서 그토록 아까워하느냐? 이 니느웨에는 앞뒤를 가리지 못하는 어린이만 해도 십이만이나 되고 가축도 많이 있다. 내가 어찌 이 큰 도시를 아끼지 않겠느냐?"(4,10-11).

죄악이 넘쳐나는 니느웨는 반드시 망해야 한다고 믿는 요나의 정의감을 하느님의 자애가 압도하는 것이 4장의 핵심 주제이자 요나서 전체를 관통하는 가장 큰 주제이다.

제24주간: 구원의 약속

범위: 미가서 전체
성가: 73
주제본문: 미가 5장

　미가는 '누가 주님과 같으냐?'라는 뜻을 지닌 히브리어 '미카야'의 단축형이다. 비슷한 이름으로 천사 '미가엘'을 들 수 있는데, 이 이름은 '누가 하느님과 같으냐?'라는 뜻이다. 미가라는 이름은 성서에 자주 나오는데, 미가서의 주인공 미가 예언자와 1열왕 22장 또는 2역대 18장에 나오는 예언자 미가야는 전혀 다른 인물이다. 미가서는 단죄의 말씀(1—3장; 6,1—7,7)과 구원의 말씀(4—5장; 7,8-20)이 규칙적으로 번갈아 나오는 전형적인 예언서이다. 이런 형식은 후대의 편집자들이, 전해 오는 예언자의 신탁들을 모아 편집하였다는 확실한 증거가 된다.
　미가서의 작중연대는 이사야 예언자와 동시대인 기원전 8세기이다. 머리글(1,1)에 따르면 미가 예언자가 활동한 시기는 유다 임금 요담부터 아하즈를 거쳐 히즈키야의 통치까지, 그러니까 기원전 740년경부터 687년경까지이다. 그러나 미가서의 어떤 본문도 그가 요담 임금의 치세 때에 활동했다는 사실을 확인해 주지 못한다. 오히려 호된 비판과 고발을 담은 몇몇 구절은 히즈키야의 후계자 므나쎄 임금의 혼탁한 시절을 겨냥하는 것 같다. 그렇다면 미가의 활동시기를 기원전 725년경에서 680년 경으로 잡을 수 있을 것이다.

기원전 745년에 아시리아 제국은 디글랏-빌레셀 3세의 주도 아래 팽창정책을 펴기 시작하였다. 기원전 722년 북왕국 이스라엘의 수도 사마리아를 점령하고 몇천 명의 이스라엘인들을 포로로 끌고 갔다. 미가 예언자의 주요 활동무대인 유다도 아시리아의 위협에 직면하였는데, 기원전 712년 유다 임금 히즈키야는 이집트를 믿고 반아시리아 동맹에 가담했다가 패하여 아시리아 임금 사르곤의 충직한 종이 될 것을 약속하고 가까스로 나라를 건졌다. 기원전 701년 아시리아 임금 산헤립이 또다시 반란 동맹에 가담한 히즈키야를 몰아붙였지만 이사야 예언자의 도움에 힘입어 기적적으로 산헤립 군대의 예루살렘 포위를 막아냈다.

미가의 고향 모레셋은 예루살렘 남서쪽 40킬로미터에 자리잡은 작은 마을이었다. 이곳은 팔레스티나 중심부를 남북으로 가로지른 산악지방에서 지중해를 향하여 서쪽으로 완만하게 경사진 평원지대에 속한다. 아시리아 군대가 예루살렘을 공략할 때 먼저 유다의 평원지대를 침략했으니 틀림없이 이곳을 거쳐갔을 것이다. 미가는 고향에서 아시리아 침략군의 진군을 보면서 국가적 재난이 예루살렘을 향해서도 다가가고 있음을 확인한다 (1,8-16; 3,12).

미가서의 편집 과정은 세 단계를 거쳤을 것이다. 첫째, 미가의 제자들과 유다의 일부 지도자들이(예레 26,18-19) 미가의 예언과 신탁을 기억하여 보존하였을 것이다. 둘째, 백성들이 미가 예언자의 설교를 이사야 예언자의 설교와 더불어 수집했을 것이다(미가서와 이사야서는 유사점이 많다). 첫째 단계와 둘째 단계는 겹칠 수 있다. 마지막으로 바빌론의 예루살렘 함락(기원전 587년) 이후에 미가서의 최종 편집이 이루어졌을 것이다. 특히 미가 6―7장은 최종 편집 때 덧붙여진 것으로 보인다. 따라서 미가서의 최종 저작연대는 기원전 6세기나 5세기 초이다.

미가서의 메시지는 분명하다. 하느님의 정의는 실현되었다. 사마리아와 예루살렘은 하느님을 저버리고 우상숭배에 빠졌으며, 왕정시대 이전에 보여주던 평등과 형제애와 같은 소중한 가치를 망각하고 극심한 빈부의 차이, 계층간의 대립 등 사회적 불의를 만연시켰다. 예루살렘의 지도자들과 주민들은 하느님과 맺은 계약이 도성을 지켜주리라고 믿었지만, 미가는 그 믿음이 잘못된 것이라고 지적한다. 미가는 이스라엘 역사에서 재앙을 예고한 대표적 예언자로 기억된다(예레 26,18). 그러나 미가가 선포한 재앙은 하느님의 냉혹한 분노만을 드러내지 않는다. 하느님의 징벌은 단순한 재앙으로 끝나는 것이 아니고 회개의 호소로 바뀔 수 있다. 마침내 하느님은 유다 백성을 다시 불러모으심으로써 인류에 대한 당신의 자비가 한결같고 영원하다는 것을 증명하실 것이다.

미가서는 크게 둘로 나눌 수 있다. 전반부(1―5장)와 후반부(6―7장) 둘 다 '들어라'는 말로 시작하여 같은 구조와 내용을 보인다. 곧 먼저 고발과 징벌을 선포하고 그 다음에 희망과 구원을 예고한다.

머리글 다음에 이어지는 전반부는 "만민들아, 들어라. 만물들아, 귀를 기울여라"로 시작된다. 이는 특정한 시대와 장소에 한정된 예언과 신탁이 후대의 편집자들의 손을 거치면서 보편적인 메시지로 바뀌고 있음을 드러낸다. 사실 미가서의 전반부 전체는 온 세상의 주권을 지니신 주님께서 징벌과 구원으로 인류 전체를 다스리신다는 선언을 핵심 주제로 삼고 있다고 볼 수 있다.

1장에서는 먼저 사마리아를 겨냥한 선언(3-7절)이 예루살렘에 대한 애가(8-16절)로 연결된다. 2장의 신탁은 이웃의 밭과 재산을 유린하는 대지주들의 탐욕과 착취를 고발하고 그들이 침략자들에게 땅을 빼앗긴 채 알거지가 되고 말 것이라고 예고한다(1-5절). 또한 거짓 설교가들을 고발한다(6-11절). 거짓 설교가들은 상황의 심각성을 제대로 인식하지 못하고 주님의 인내와 관용만을 내세워 백성을 안심시킨다(2,7; 참조: 출애 34,6; 시편 103,8; 요엘 2,13). 지도층에 대한 고발은 3장에서도 계속된다. 미가 예언자는 먼저 백성을 착취하는 지도자들을 식인종으로 묘사하면서 고발한다(1-4절). 그런 다음 백성에게 거짓 평화와 안전을 선포하면서 그들을 잘못 이끌다가 수치를 당하는 거짓 예언자들과, 주님의 영과 공정과 능력으로 가득찬 참 예언자인 자신을 비교한다(5-8절). 이스라엘이 망하고 예루살렘이 폐허가 되는 것은 바로 우두머리·사제·예언자 등 지도자의 잘못 때문이다. "시온이 갈아엎은 밭이 되고, 예루살렘이 돌무더기가 되며, 성전 언덕이 잡초로 뒤덮이게 되거든, 그것이 바로 너희 탓인 줄 알아라"(3,12). 미가의 이 예언은 100년이 지난 예레미야 시대의 청중이 기억할 정도로 깊은 인상을 남겼다(예레 26,18).

4장과 5장은 희망과 구원의 신탁이다. 4,1-5은 메시아 시대의 신탁으로 알려진 이사 2,2-5과 거의 비슷하다. 온 세상 민족이 예루살렘으로 올라온다는 주제는 이 두 대목말고도 예언서에 자주 나온다(이사 56,4-8; 60장; 66,18-20; 하깨 2,7; 즈가 8,20-23). 그날이 오면 새로운 시나이인 시온에서 새 율법이 나오고 예루살렘에서 주님의 말씀이 나올 것이다. 그날에 주님께서 흩어진 이스라엘의 남은 자들을 불러모으시어 시온에서 친히 그들을 영원히 다스리실 것이다(미가 4,6-8). 지금은 시온이 진통을 겪는 산모처럼 신음하고 뭇 민족이 시온이 망하는 꼴을 지켜보려고 하겠지만, 그날이 오면 주님께서 시온을 일으키시어 다른 민족을 굴복시키시고 노획물을 당신께 바치게 하실 것이다(4,9-13).

지금은 적에게 포위된 비참한 신세이지만, 장차 다윗 가문의 메시아가 나타나 양떼를 치는 목자처럼 이스라엘의 자손들을 안전하고 평화롭게 다스릴 것이다. "에브라다 지방 베들레헴아, 너는 비록 유다 부족들 가운데서 보잘것없으나 나 대신 이스라엘을 다스릴 자, 너에게서 난다. 그의 핏줄을 더듬으면, 까마득한 옛날로 올라간다. 그 여인이 아이를 낳기까지 야훼께서는 이스라엘을 내버려두시리라. 그런 다음 남은 겨레들이 이스라엘 자손들에게 돌아오면, 그가 백성의 목자로 나서리라"(5,1-3). 이 신탁은 메시아를 다윗 가문과 연결시킨 사무엘서의 전통(1사무 16장; 2사무 5,2; 7,8)과 동정녀가 아들을 낳으리라는 이사야 예언서의 전통(이사 7,10-17)이 합쳐진 형태이다. 마태오복음 저자는 이를 예수님의 탄생과 연결한다(마태 2,6; 참조: 요한 7,42). 메시아 시대가 오면 야곱의 남은 자들이 민족 가운데서 크게 성장하여 수많은 민족을 굴복시킬 것이다(5,6-8). 그날이 오면 주님께서 마술사·점쟁이·아세라 목상을 비롯하여 온갖 부정한 것들을 없애버리시고 이스라엘을 완전히 정화하실 것이다(5,9-14).

미가서의 후반부(6—7장)는 이스라엘을 고발하는 소송정식(訴訟定式)으로 시작된다. "잘 들어라. 야훼께서 말씀하신다. '일어나 산악을 향해 변명해 보아라. 할말이 있거든 언덕들에게 말해보아라'"(6,1). 주님께서 산악과 주춧돌을 증인으로 불러세우시고 이스라엘을 거슬러 격정적 어조로 논고를 펴신다(3-5절). 가톨릭 교회는 성금요일 전례에 주님의 논고 말씀, "내 백성아, 내가 너에게 무엇을 하였느냐? 내가 무엇으로 너를 성가시게 하였느냐? 대답해 보아라"(「새번역」 미가 6,3)를 인용한다. 이스라엘은 모세와 아론과 미리암을 시켜 이집트 종살이에서 자신들을 구해주신 야훼 하느님의 계약을 파기하고 반역하였다. 그들은 계약의 윤리적 실천을 소홀히 하고 겉치레뿐인 경신례에 집착하였다. 주님을 기쁘게 해드리기 위하여 그들이 생각한 것은 고작 소나 양과 같은 짐승을 제물로 푸짐히 바치는 일이었다. 심지어 율법으로 엄금한 자기 자식들의 봉헌도(레위 18,21; 20,2-3; 신명 12,31; 18,10; 2열왕 16,3; 21,6; 에제 20,26) 서슴지 않았다. 그러나 그분이 당신 백성에게 바라시는 참된 예배는 정의를 실천하고 겸손하게 하느님과 함께 걷는 일이다. 창세기 저자는 하느님과 함께 걸은 대표적인 인물로 에녹(창세 6,22.24)과 노아(6,9)를 제시한다. "사람아, 무엇이 착한 일이고 주님께서 너에게 요구하시는 것이 무엇인지 그분께서 너에게 이미 말씀하셨다. 공정을 실천하고 신의를 사랑하며 겸손하게 네 하느님과 함께 걷는 것이 아니냐?"(「새번역」 미가 6,8). 여기서 미가는 동시대의 예언자들인 아모스(5,24)와 호세아(2,19-20; 6,6)와 이사야(7,9; 30,15)와 일치한다.

주님께서는 공정과 진실을 저버린 예루살렘의 주민들에게 징벌을 선고하신다(6,9-16). 그들은 북왕국의 부도덕한 왕조인 오므리 가문과 아합 가문의 악행과 우상숭배를 그대로 답습하였다(6,16). 이런 죄악의 결과는 황폐와 치욕이다. 7장에서 예언자는 슬픔과 외로움 속에서 부르짖는다(1절). 들에는 수확할 것이 없고 경건한 이들은 사라졌다(2절). 악인들이 설쳐대고 진실과 신의에 바탕을 둔 사회가 무너졌으며 심지어 정상적인 가족관계마저 붕괴되었다(3-6절). 이런 상황에서 예언자는 하느님의 구원만을 고대한다(7절).

후반부의 끝맺음은 전례 분위기를 자아낸다. 먼저 주님께 대한 신뢰를 고백하는 노래(7,8-10)와 하느님 편에서 복구를 약속하시는 응답(7,11-13)이 나온다. 그리고 열악한 환경에서 힘겹게 살아가는 당신 백성을 주님께서 돌보아 주시라는 간청과 민족이 주님을 알아모시고 경외하게 해주시라는 호소(7,14-17)가 이어진다. 그런 다음 주님의 한결같은 사랑과 자비를 기리는 찬미가(7,18-20)로 책을 마무리한다. "마음을 돌이키시어 우리를 불쌍히 여기시고 우리의 온갖 죄악을 부수어 주십시오. 깊은 바다에 쓸어넣어 주십시오. 한 옛날 우리 선조들에게 맹세하신 대로 우리 야곱의 후손에게, 우리 아브라함의 후손에게, 거짓 없는 사랑, 한결같은 사랑을 베풀어 주십시오"(7,19-20). 죄악을 깊은 바다에 쓸어넣는다는 표현은 이집트 군대를 홍해 바다에 쓸어넣은 출애굽 사건에서 영감을 받은 것으로 보인다. 거짓 없고 한결같은 사랑은 하느님의 자애(헤세드)를 가리킨다. 성서에서 아브라함의 하느님, 이사악의 하느님, 야곱의 하느님은 언제나 성실하고 순수한 사랑을 베푸시는 자애의 하느님을 가리킨다.

제25주간: 신실한 믿음

범위: 나훔서와 하바꾹서
성가: 480
주제본문: 하바 3장

1. 나훔서

 열왕기 하권, 이사야서, 호세아서, 요나서와 미가서에서 아시리아의 운명을 두고 수많은 언급이 있고 난 다음, 마침내 이 거대한 제국의 몰락을 목격한 예언자의 증언이 나온다. 그가 바로 나훔 예언자이다.
 나훔은 '위로받은 이' 또는 '위로하는 이'라는 뜻이다. 하기야 위로를 받은 이라야 다른 사람을 위로할 수 있으니(2고린 1,4) 어느 쪽을 택하든지 옳다. 구약성서에서 나훔이라는 이름을 가진 사람은 이 예언자말고는 없지만, 같은 어근에서 나온 변형꼴 이름으로 북왕국 이스라엘의 임금 므나헴(2열왕 15장. 그리스어로는 바르나바: 사도 4,36; 13,1)과 유배 이후 예루살렘을 복구한 저 유명한 유다의 총독 느헤미야('주님께서 위로하신다'는 뜻)를 들 수 있다. 이름말고는 나훔에 관해서 알려진 바가 없다. 나훔서의 머리글(1,1)에 나오는 나훔의 고향 엘코스도 어디에 있었는지 분명하지 않다.

　나훔서의 작중연대는 아시리아 제국이 이집트의 데베스(오늘의 테베)를 점령하고 약탈한(3,8 참조) 기원전 663년에서 니느웨가 함락된 기원전 612년 사이다. 아시리아 제국이 한창 융성하던 기원전 8-7세기는 이스라엘인들에게 암울한 시대였다. 기원전 721년에 북왕국 이스라엘이 망하고 홀로 남은 남왕국 유다도 아시리아의 강압적 지배 아래에서 시달리고 있었다. 나훔은 이 어두운 시대에 희망의 등불을 밝힘으로써 자기 겨레에게 위로를 안겨준 예언자이다(로마 15,4-5 참조). 나훔서의 저작연대는 니느웨 함락에 관한 생생한 증언으로 보아 아시리아의 멸망에서 그리 멀지 않은 시기, 적어도 이 제국의 역사와 사회상에 대한 기억이 사라지기 전일 것이다. 오래지 않아 강력한 바빌론 제국이 아시리아에 대한 기억을 지울 것이다.

　나훔서는 세 부분으로 나눌 수 있다. 첫째 부분(1,2-8)은 시구의 첫 글자를 순서에 맞추어 히브리어 알파벳으로 시작하는 이른바 '알파벳 노래'로 엮어진 시편이다. 그런데 히브리어 알파벳 22자의 반절인 11자만 이용하는 반쪽자리 알파벳 노래이다. 여기서 예언자는 주 하느님의 열정을 노래한다. "주님께서는 열정을 지니신 분, 보복하시는 하느님, 주님께서는 보복하시는 분, 진노하시는 분이시다. 주님께서는 당신의 적들에게 보복하시는 분, 당신의 원수들에게 화를 터뜨리시는 분이시다"(「새번역」 나훔 1,2). 여기서 열정은 질투로 옮길 수도 있다. 하느님의 열정이나 질투는 편협한 이기심의 발로가 아니라 순수한 사랑의 표현이다. 때때로 이 열정이나 질투는 거룩한 분노를 동반한다. 당신 백성을 괴롭히는 원수에 대해서는 복수의 분노를, 당신 백성의 죄악에 대해서는 정화의 분노를 터뜨리신다. 이스라엘 백성은 하느님의 열정적인 사랑 앞에서 갈라짐 없는 사랑으로 응답해야 한다(출애 20,5; 34,14; 신명 4,24; 5,9; 6,15; 32,16; 여호 24,19-20,23; 시편 78,58; 에제 8,3.5). 3절의 표현은 구약성서 다른 곳에도 자주 나온다. "주님께서는 분노에 더디시고 힘이 뛰어나신 분, 그러나 벌하지 않으신 채 내버려두지는 않으신다"(「새번역」1,3; 출애 34,6-7; 민수 14,18; 시편 99,8; 예레 30,11; 요나 4,2).

둘째 부분(1,9-2,3)은 첫째 부분에서 소개한 하느님의 열정과 분노를 유다와 아시리아의 구체적인 상황에 적용하는 신탁이다. 아시리아 군대가 엄청나게 많아도 유다는 두려워할 필요가 없다. 주님께서 니느웨를 징벌하실 것이기 때문이다. "나 이제 너를 억누르던 적의 멍에를 부러뜨리고 너를 묶은 사슬을 끊어주리라. 나 야훼가 너 니느웨에 판결을 내린다. 너의 이름을 이을 자손을 내가 남기지 아니하리라"(1,13-14ㄱ). 니느웨의 패망을 알리는 소식은 유다인들에게는 평화의 기쁜 소식이다. 유다는 이제 축제를 올리고 적들에게서 구출될 것을 고대하며 하느님께 드린 서원을 지켜야 한다. "보라, 기쁜 소식을 전하는 이, 평화를 알리는 이의 발이 산을 넘어온다. 유다야, 축일을 지내고 서원을 지켜라. 불한당이 다시는 너를 넘나들지 못할 것이기 때문이다. 그는 완전히 망하였다"(「새번역」2,1).

셋째 부분(2,4-3,19)은 니느웨가 멸망하는 것을 지켜본 예언자의 생생한 목격 증언이다. 주님께서 당신의 주권을 인정하지 않고 거만하게 굴던 아시리아를 심판하실 것이라는 예언은 이미 이사 10,5-27에 나왔다. 여기서는 니느웨를 징벌하시는 이유를 폭력과 거짓과 약탈로 제시한다(3,1). 이 셋째 부분에서는 주님께 징벌을 당하는 유다의 참상을 전한 기존의 예언자들, 예를 들면 이사야나 예레미야의 신탁이 많이 인용된다. 대표적인 예로 3,5.19을 들 수 있다. "나 이제 너를 치리라. 만군의 야훼께서 하시는 말씀이시다. '네 치마를 벗겨 그 알몸을 뭇 민족 앞에 드러내 주리라. 뭇 나라에 네 부끄러움을 드러내 주리라'"(3,5; 참조: 이사 47,2-3; 예레 13,22-26). "네 상처는 나을 길이 없고 얻어터진 자리는 아물 길이 없다"(나훔 3,19ㄱ; 참조: 예레 10,19; 30,12). 니느웨의 멸망은 주 하느님의 주권과 당신 백성에 대한 그분의 사랑을 증거하는 구체적 실례이다.

2. 하바꾹서

나훔서가 아시리아와 유다의 운명에 관한 신탁이라면, 하바꾹서는 바빌론과 유다의 운명에 관한 신탁이라 할 수 있다. 그런데 하바꾹서는 예언자가 직접 하느님께 계시를 요청하고 그 답을 얻어내는 특이한 형태를 취한다. 다른 예언서에서는 하느님이 예언자들에게 계시의 말씀을 주시고 예언자들은 이 말씀을 받아 백성에게 선포하는 것으로 되어 있다.

하바꾹이라는 이름은 아시리아어로 '바실초'를 가리킨다. 바실초는 향료로 쓰이는 박하 비슷한 식물이다. 하바꾹서에는 '예언자 하바꾹'이라는 표현이 두 번 나올 뿐 예언자 자신에 관하여 어떤 정보도 없다. 그리고 기원전 2세기의 문헌으로 알려진 제2경전 벨과 큰 뱀 대목(다니 14,33-39) 이외에는 구약성서 어느 곳에서도 하바꾹에 대한 언급을 찾아볼 수 없다. 그래서인지 후대의 유다 전통들은 이 예언자의 역사적 배경을 다양하게 제시한다. 서기 1세기의 차명 작품「예언자들의 생애」에는 하바꾹을 다니엘서처럼 바빌론 유배 시절의 예언자로 제시하되 레위 지파가 아니라 시므온 지파 출신으로 소개한다. 그런가 하면 서기 2-3세기 작품으로 알려진「세데르 올람 랍바」에서는 하바꾹이 므나쎄 임금 통치시절(기원전 687-642년)에 활동한 예언자로 되어 있다. 중세(기원전 1280년경)의 유다교 작품인「세페르 하-조하르」는 하바꾹을 기원전 9세기 이스라엘의 예언자 엘리사가 되살린 수넴 여인의 아들과 동일시한다(2열왕 4,8-37).

하바꾹서의 작중연대는 신바빌론이 아시리아 제국을 무너뜨리고 메소포타미아의 패권을 장악하게 되는 7세기 말에서 6세기 초로 본다. 좀더 세부적으로 말하자면, 갈대아인들이 일어서고(1,6) 남왕국 유다가 피폐해지는(1—2장) 상황 묘사로 미루어 하바꾹 예언자는 여호야킴의 통치시절(기원전 609-598년)과 여호야긴의 짧은 통치 기간(기원전 598-597년)에 활동한 것으로 볼 수 있다. 느부갓네살이 가르그미스와 하맛에서 이집트를 쳐 이긴 뒤(기원전 605년), 유다는 신바빌론 제국의 속국이 되었다. 여호야킴은 3년 동안 바빌론에 조공을 바치면서 느부갓네살의 충복 구실을 성실히 수행하다가 602년에 반기를 들었다. 느부갓네살은 곧바로 응징에 나서 유다 전역을 초토화하고 598년에 예루살렘을 함락하였다. 여호야킴은 바빌론이 예루살렘을 침공하는 도중에 전사한 것으로 보인다. 느부갓네살은 그의 후계자로 여호야긴을 임명하고 유다의 지도층 인사들을 바빌론으로 끌고 갔다. 이것이 제1차 바빌론 유배이다. 하바꾹은 예레미야 예언자와 동시대 인물로서 여호야킴과 여호야긴의 통치시절에 예루살렘 성전에서 활동한 것으로 보인다.

하바꾹서는 하느님의 주권과 통치에 대한 신학적 문제를 다룬다. 악과 불의가 판치는 세상에 하느님의 정의는 어디에서 찾아볼 수 있는가 하는 것이다. 악과 불의는 유다의 안팎에서 저질러지고 있다. 예언자는 이를 보고 참을 수가 없다.

이 책은 둘로 나뉜다. 전반부(1—2장)는 신탁이고 후반부(3장)는 기도이다. 전반부의 구조를 보면 예언자의 항변과 하느님의 답변으로 되어 있다. 예언자는 먼저 하느님 앞에서 유다 땅이 무법천지가 되었다고 불평을 터뜨린다(1,2-4). 이 불평에 하느님은, 무법천지가 된 것은 갈대아인들을 일으켜 세상을 지배하도록 하신 당신의 계획 때문이라고 답변하신다(1,5-11). 하바꾹은 다시 갈대아인들의 지나친 폭력을 두고 불평한다(1,12-17). 이에 대한 하느님의 답변은 2장에 주어진다. 거만한 자는 망하고 신실한 의인은 살리라는 원칙에 따라 갈대아인들은 마침내 망하고 말 것이다. "멋대로 설치지 마라. 나는 그런 사람을 옳게 여기지 않는다. 그러나 의로운 사람은 그의 신실함으로써 살리라"(2,4). 이어지는 다섯 가지 불행 선언(2,6ㄴ-20)은 이 원칙을 구체적 실례로 입증한다.

후반부(3장)는 이 대목의 제목대로(3,1) 하바꾹 예언자의 기도이다. 이 기도는 하느님의 답변에 대한 예언자의 반응으로 볼 수 있다. 기도의 형식은 전례 찬가이다. 예언자는 하느님께 침입자들을 무찔러 달라고 청한다. 때로는 이 청원이 받아들여진 것처럼 하느님의 행동을 묘사하는 동사가 과거형으로 되어 있다. 예언자는 하느님께서 온 세상을 다스리는 통치자요 주인이심을 인정하고 갈대아인들을 멸망시킬 그분의 권능이 드러나시기만을 성실하게 기다린다. 하바꾹서는 결국 하느님의 정의를 분명히 밝히고 그분의 계획이 실현될 것을 예상하는 책이라고 할 수 있다.

하바꾹서는 유다교와 그리스도교에서 중요한 구실을 한다. 유다교의 경전인 히브리어 성서와 초기 그리스도교 경전인 칠십인역 그리스어 성서 둘 다 이 책을 열두 소예언서 가운데 여덟번째 위치에 둔다. 사해 문서에는 기원전 1세기 작품으로 추정되는 하바꾹서 처음 두 장의 주석서가 들어 있다. 유다교 전통에서는 하바 3장을 하느님께서 시나이산에서 율법(토라)을 계시해 준 사건을 묘사하는 대목으로 여긴다. 앞에서 인용한 하바 2,4ㄴ("의로운 사람은 그의 신실함으로써 살리라")은 유다교 전통에서나 그리스도교 전통에서 주목을 받는 구절이다. 탈무드에서 랍비 시믈라이는 이 구절을 율법 613조목 전체를 요약한 것으로 본다. 그런가 하면 사도 바오로는 믿음으로 의화된다는 자신의 주장을 뒷받침하기 위해 하바 2,4ㄴ을 끌어들인다(로마 1,17; 갈라 3,11; 참조: 히브 10,38-39).

제26주간: 주님의 날이 오면

범위: 스바니야서와 하께서
성가: 18
주제본문: 스바 3장

1. 스바니야서

'하느님께서 보호하셨다'는 이름뜻을 지닌 스바니야의 생애에 대해서는 스바니야서의 머리글에 나오는 간단한 족보말고는 알려진 바가 없다. 이 족보의 첫 이름 구시는 에티오피아를 가리키는 외국 이름이고 맨 마지막에 나오는 이름 히즈키야는 유다 임금이다. 외국인 혈통에 왕족 혈통이라니 이해하기가 쉽지 않은 출생 기원이다.

머리글은 스바니야서의 작중연대를 요시야 임금의 통치시절(기원전 640-609년)로 제시한다. 이스라엘 역사에서 이 시기 역시 매우 중요하다. 한 세기 이상 고대 근동 전체를 호령하던 아시리아 대제국이 서서히 몰락해 가는 것을 보면서 유다 임금 요시야는 가나안의 바알 숭배와 아시리아의 천체 숭배를 근절하는 종교개혁을 단행한다(2열왕 23,4-14). 이런 상황에서 스바니야 예언자는 주님의 권능이 온전히 드러나게 될 주님의 날을 선포한다. 스바니야서는 니느웨의 파괴를 주님께서 하늘과 땅의 임금이심을 드러내는 사건으로 계시한다.

스바니야는 심판이 유다부터 시작하여 온 세상에 미칠 것을 예고한다. 그러나 동시에 이스라엘 백성과 더불어 모든 이가 하느님께 모여들 날이 올 것이라는 보편적 구원과 회복을 약속한다.

스바니야서는 세 부분으로 나눌 수 있다. 첫째 부분(1,2—2,3)은 예루살렘의 주민들에게 보내는 경고의 신탁이다. 그들은 야훼 종교와 주변의 다신교를 혼합함으로써 결과적으로 야훼 하느님의 주권과 권능을 제대로 인정하지도 않고 거기에 존경을 표하지도 않았다. 예언자는 그들에게 회개할 수 있는 마지막 기회를 주기 위하여 주님의 날을 선포한다(1,14-18). 주님의 날은 이미 아모스, 나훔, 요엘이 언급한 바대로 징벌의 날이요 분노와 파멸의 날이다. 이날에 살아남으려면 주님을 찾고 정의와 겸손을 찾아야 한다(2,1-3).

둘째 부분(2,4-15)은 이스라엘 이외의 다른 민족을 거슬러 선포한 신탁을 포함한다. 스바니야는 다른 예언자들처럼 사방으로 눈을 돌린다. 서쪽의 불레셋, 동쪽의 모압과 암몬, 남쪽의 에티오피아, 그리고 북쪽의 아시리아가 멸망할 것이다. 주님의 주권은 사방의 민족뿐만 아니라 그들이 섬기는 모든 신들에게까지도 미친다. "야훼께서 세상의 모든 신을 맥 못쓰게 만드시리니, 그날에 사람들은 야훼를 공경하리라. 바다를 끼고 사는 뭇 민족도 모두 저희의 고장에서 야훼를 예배하리라"(2,11).

마지막 셋째 부분(3장)은 다시 예루살렘 주민들에게 관심을 집중시킨다. 먼저 다른 예언자들처럼 예루살렘 주민을 대표하는 지도자·통치자·예언자·사제들의 잘못을 고발함으로써 그곳을 단죄한다(3,1-4). 제후와 판관들은 백성을 착취하고 예언자들은 거짓 예언으로 사람들을 속이며 사제들은 혼합주의로 성소를 더럽히고 율법을 짓밟는다. 이런 예루살렘의 불의와는 달리 하느님은 날마다 올바른 판결을 내리시는 공정한 분이시다(3,5). 그분은 당신의 도읍인 예루살렘만은 당신을 경외하고 당신의 가르침을 받들리라고 기대하였으나 그들은 그분의 기대를 저버리고 빗나갔다(3,7). 그래서 그분은 뭇 민족과 더불어 당신의 백성도 없애버리기로 작정하셨다(3,8-9). 그러나 주님의 뜻을 받드는 적은 수의 겸손한 이들을 살아남게 하심으로써 그들에게서 당신의 백성을 새롭게 일으키리라고 하신다. 이들이 바로 '남은 자들'이다. "내가 기를 못 펴는 가난한 사람만을 네 안에 남기리니 이렇게 살아남은 이스라엘은 야훼의 이름만 믿고 안심하리라. 그들은 남을 억울하게 속일 줄도 모르고 거짓말을 할 줄도 모르며 간사한 혀로 사기칠 줄도 모른다. 그러나 배불리 먹고 편히 쉬리니, 아무도 들볶지 못하리라"(3,12-13). 주님께서 친히 보살피시고 다스리시는 이 남은 자들을 통하여 주님의 도성 시온은 회복되고 그분의 백성 이스라엘은 온 세상 민족들의 칭송을 받으며 이름을 떨치게 될 것이다(3,16-20).

2. 하깨서

스바니야서는 이스라엘이 남은 자들을 통하여 회복되리라는 희망으로 자신의 메시지를 마무리하지만, 이스라엘이 역사의 현장에서 구체적으로 어떻게 회복될 것인지는 설명하지 않는다. 이 문제는 하깨서와 즈가리야서와 말라기서가 정식으로 다룬다. 특별히 하깨와 제1즈가리야 예언자는 자신들이 하느님의 축복을 받게 된 새 시대에 살고 있다는 뚜렷한 의식을 갖고 있었다. 앞으로 자세히 살펴보겠지만 이 두 책의 메시지는 매우 비슷하다.

하깨서말고도 예언자 하깨(히브리어로 '축제'라는 뜻이다)에 관하여 증언하는 책이 있는데 에즈라서다. 에즈라서에서 하깨 예언자는 이또의 아들 즈가리야 예언자와 함께 등장한다(에즈 5,1; 6,14). 여기서 두 예언자는 다리우스의 칙령을 받들어 무너진 예루살렘 성전을 세우는 일을 주도한다. 실제로 하깨서의 머리글을 보면 주님의 말씀이 하깨 예언자에게 내린 시기는 다리우스 임금 제2년, 그러니까 기원전 520년 음력 8월 1일경이다. 이때부터 주님의 말씀은 그해 음력 11월 24일경까지 거의 넉 달 동안 내렸다.

하깨서의 관심은 예루살렘 성전과 메시아 대망에 집중된다. 기원전 539년 고레스의 칙령에 따라 바빌론에서 유다로 돌아온 유배자들은 성전 건립과 예루살렘 도성 복구에 몰두한다. 그러나 사마리아 주민들의 방해 공작과 예루살렘 주민들의 무성의로 복구 작업이 지지부진한 상태에서 하깨 예언자가 주님의 말씀을 받아 전한다. 때는 기원전 522년 고레스의 후계자 캄비세스 황제가 죽은 뒤, 다리우스가 집권하고 2년이 지난 뒤였다. 다리우스는 고레스의 직계 혈통이 아니라 파르티아 지방 태수의 아들이었기 때문에 왕위 계승을 둘러싸고 페르시아 곳곳에서 반란이 일어났다. 페르시아의 정치적 불안정은 예루살렘에도 영향을 미쳤다. 더구나 정치적 불안정과 더불어 예루살렘은 가뭄과 흉작으로 말미암아 빈곤이 만연한 상태였다(1장). 하깨 예언자는 즈가리야 예언자와 더불어 동시대인들에게 이 같은 어려운 상황을 주님께 대한 충실한 믿음으로 극복하자고 격려하고 충고하였다.

예언자는 동시대인들에게 시대의 징표를 읽도록 유도한다. 예언자가 보기에 예루살렘 주민들에게 닥친 가뭄과 흉작은 예루살렘 성전 건립에 성의를 보이지 않았기 때문이다. "나 만군의 야훼가 말한다. 너희가 어떻게 지내왔는지 돌아보아라. 많이 거두려니 했지만, 거두고 보니 얼마나 되더냐? 집에 들여온 것마저도 내가 날려버리리라. 만군의 야훼가 그 곡절을 일러주리라. 너희가 나의 성전 무너진 것은 아랑곳하지 않고 제 집만 짓느라고 바삐 돌아다닌 탓이다"(1,7.9). 성전 건축은 주 하느님께 대한 이스라엘 백성의 믿음을 가늠하는 척도이다. 그리고 주님의 집에 하느님을 모셔야만 그분에게 복을 받을 수 있다. 하느님의 현존이 성전과 그곳에서 거행된 전례를 통하여 이스라엘에 머물게 되면 이스라엘은 다시 일어날 수 있다.

성전 건축과 더불어 하깨 예언자가 관심을 두는 것은 메시아 대망이다. 하깨서의 마무리는 스알디엘의 아들 즈루빠벨에 관한 예찬이다. 즈루빠벨은 기원전 598년 제1차 바빌론 유배 때 유배 간 유다의 마지막 임금 여호야긴의 손자였다(2열왕 24,8-17; 25,27-30). 페르시아 제국의 중앙정부는 즈루빠벨을 통상 총독으로 일컫는 유다 지방의 행정관으로 임명하였다. "그날이 오면, 만군의 야훼가 말한다. 스알디엘의 아들 즈루빠벨아, 내가 너를 들어올리리라. 너는 나의 종이다. 만군의 야훼가 말한다. 내가 너를 뽑았으니 너는 옥새처럼 소중하다. 만군의 야훼가 말한다"(하깨 2,23). 하깨 예언자의 두 관심사, 곧 주님의 현존과 메시아 대망은 예수 그리스도의 인격과 삶 안에서 수렴되고 성취된다.

제27주간: 예루살렘의 재건

범위: 즈가 1—8장
성가: 65
주제본문: 즈가 8장

즈가리야서는 이사야서처럼 한 예언자의 저서가 아니다. 즈가 1—8장은 하깨와 동시대의 예언자 베레기야의 아들 즈가리야(히브리어로 '하느님께서 기억하셨다'는 뜻)한테서 나온 것이 확실하지만, 제2즈가리야서로 불리는 즈가 9—14장은 훨씬 후대의 작품인데다 무명의 여러 저자들한테서 유래하는 신탁들을 포함한다. 그래서 이 둘을 따로 다룰 필요가 있다.

편의상 제1즈가리야서로 불리는 즈가 1—8장의 주인공 즈가리야 예언자는 하깨 예언자가 마지막 신탁을 선포하기 한 달 전, 그러니까 기원전 520년 음력 10월에 예언 활동을 시작하여 518년 음력 11월까지 계속하였다. 이 예언자 자신에 관해서는 별로 알려진 바가 없다. 즈가리야서에서는 이또의 손자로 소개되지만(1,1.7), 에즈라서에서는 이또의 아들로 되어 있다(에즈 5,1; 6,14). 느헤미야서에 따르면, 즈가리야 예언자는 기원전 500년경까지도 이또 사제 가문의 우두머리로 나타난다(느헤 12,16). 성전의 구실을 강조하고 예루살렘 함락을 애도하는 금식의 지속 여부와 제의적 문제에 관해 답변하며, 거룩한 땅의 정결을 걱정하는 것으로 미루어 그가 사제였음을 알 수 있다. 즈가리야는 유배 이후 바빌론에서 돌아온 유배자들과 유다에 남아 있던 주민 사이의 갈등을 해소하기 위하여 동포들의 성실성에 호소하고 미래에 대한 약속을 선포함으로써 선임자 하께 예언자가 시작한 이스라엘의 재건운동을 더욱 강화한다.

제1즈가리야서는 이스라엘 공동체의 복구를 미리 서술하는 여덟 개의 환시 이야기와 사이사이에 끼워넣은 신탁들로 엮어진다. 신탁은 환시를 당대의 사건과 연결하는 구실을 한다. 환시는 예언서들에 자주 등장한다. 그러나 즈가리야서처럼 환시가 예언자의 선포 내용 대부분을 차지하는 경우는 다른 예언서에서는 찾아볼 수 없다. 제1즈가리야서의 환시들은 세 가지 기본적인 주제를 드러낸다. 하늘과 땅 사이에 펼쳐지는 사건, 끊임없이 변화하는 역동적 세계, 우주적 전망이 그것이다. 이 세 주제를 통하여 환시가는 주님의 우주적 위업이 이제 곧 일어날 것이며 그 구체적 실례로 이스라엘의 회복을 제시한다.

여덟 환시는 모두 예언자의 장면 목격, 예언자의 질문, 천사의 답변이라는 일정한 틀을 갖고 있다. 첫째 환시(1,7-17)에서 예언자는 땅을 순찰하는 기사들과 말들을 본다. 순찰대는 주님께 돌아와서 세상이 평안하다고 보고한다. 이 보고에 반발하여 예언자는 주님께, 어찌하여 예루살렘과 유다 성읍들을 황폐한 채 버려두시느냐고 항변한다. 그러자 주님의 천사는, 주님께서 예루살렘을 불쌍히 여기시고 징벌의 도구로 택한 이방 민족이 이스라엘에 지나친 폭력을 행사한 것에 분노를 터뜨리시겠다고 약속하신다(1,14-15). 주님께서는 측량줄을 늘이시어 예루살렘의 주거지를 더 크게 짓게 하시고 당신의 성전을 다시 세우실 것이다. 예루살렘의 번영과 성전의 재건은 이스라엘에 대한 주님의 열정과 이방 민족에 대한 분노의 확실한 표지이다.

둘째 환시(2,1-4)는 네 개의 뿔과 이 뿔들을 징벌하러 나타난 대장장이들을 보여준다. 네 개의 뿔은 이스라엘 민족을 사방으로 흩어지게 한 적들을 가리킨다. 주님께서 이 뿔들을 없애기 위하여 대장장이들을 보내셨다는 것이다. 셋째 환시(2,5-9)에서는 예언자가 직접 환시의 장면 속으로 뛰어든다. 예언자는 측량줄을 잡고 있는 어떤 사람을 만나는데, 곁에 있던 천사가 다른 천사를 시켜 그 사람에게 예루살렘을 측량할 필요가 없다고 일러준다. 그곳에 주민과 짐승이 너무 불어나서 경계를 지을 수 없을 것이라고 한다. 그리고 주님께서 친히 불벽이 되어 이 도성을 보호해 주실 것이라는 약속도 한다. 셋째 환시가 끝나고 신탁이 하나 끼여드는데, 주님께서 온 천하 사방에 흩어진 당신 백성을 다시 불러모아 이스라엘을 온전히 회복하실 것임을 확인하는 내용이다.

넷째 환시(3,1-10)는 주님께서 사탄, 곧 고발자 앞에서 여호수아 대사제를 변호하시고 그를 영화롭게 들어올리시는 장면을 보여준다. 이는 사제직의 완전한 회복을 통하여 이스라엘에 참된 예배가 곧 시작될 것임을 예고한다. 다섯째 환시(4,1-14)에는 일곱 개의 부리를 갖춘 등잔과 그 등잔 좌우에 서 있는 두 그루의 올리브가 등장한다. 등잔은 하느님의 현존을 가리키고 일곱 부리는 온 세상을 완벽하게 지켜보고 돌보시는 그분의 주권과 통치를 가리킨다. 두 그루의 올리브는 등잔에 기름을 제공하기 위한 것이지만 다른 한편으로 유배 이후 시대의 공동체를 이끌던 정치 지도자 즈루빠벨과 종교 지도자 여호수아 대사제를 가리킨다. 등잔은 올리브나무에 빛을 던져주고, 나무는 등잔에 기름을 제공함으로써 서로 긴밀하게 연결된다. 이 환시는 정치 지도자와 종교 지도자가 주님의 능력에 온전히 의존하면서도 서로 협력하여 이제 막 회복된 이스라엘 공동체를 훌륭하게 이끌어 갈 것임을 시사한다.

여섯째 환시(5,1-4)에는 날아다니는 두루마리가 나온다. 이 두루마리는 온 나라를 두루 날아다니면서 죄를 짓고 성소에 들어갈 수 없는 사람들을 없애버린다. 두루마리의 한쪽에는 이웃을 거스른 죄와, 다른 한쪽에는 하느님을 거스른 죄와 관련된 내용이 적혀 있다(5,4). 일곱째 환시(5,5-11)는 뒤주(새번역) 또는 말(공동번역)로 옮긴 에바(40리터들이 용기)가 등장한다. 에바 한가운데 여자가 앉아 있었는데 천사는 그 여자를 악이라고 하면서 에바 속에 밀어넣고는 그 아가리를 납덩어리로 밀봉하였다. 그러자 날개가 달린 다른 여자 둘이 나타나 그 에바를 들어올려 옮기는데, 천사는 예언자에게 그것을 시날 땅으로 가져간다고 알려주었다. 성서에서 시날은 권력에 탐닉하는 대제국을 가리키는데(창세 10,10; 11,2; 이사 11,11; 다니 1,2), 여기서는 이스라엘 백성에게 온갖 유혹과 재난을 가져온 바빌론 제국을 뜻한다. 이로써 악은 안전하게 밀봉된 채 거룩한 땅에서 바빌론 제국의 중심부로 옮겨진다.

마지막 여덟째 환시(6,1-8)는 첫째 환시처럼 다시 말들에 관한 것이다. 청동으로 된 두 산 사이로 병거 넉 대가 나오고 있었는데 저마다 붉은 말·검은 말·흰 말·점박이 말들이 매여 있었다. 바빌론 신화에서 신들이 사는 처소 입구는 두 개의 산으로 되어 있다. 따라서 넉 대의 병거가 두 청동 산 사이에서 나왔다는 것은 하느님의 처소에서 나왔다는 뜻이다. 그런데 북녘 땅으로 가는 말들은 주님의 영을 모시고 간다. 이는 하느님께서 당신의 영을 바빌론 유배자들에게 보내시어 예루살렘 성전을 재건하도록 그들의 마음을 일깨우기 위해서다.

여덟째 환시에 이어지는 신탁(6,9-15)은 여호수아 예언자와 즈루빠벨의 역할을 강조한다. 그런데 이 신탁의 히브리어 성서 본문에는 여호수아의 이름만 나오고 즈루빠벨의 이름이 빠져 있다. 「공동번역」에서는 11절의 '여호사닥의 아들 예수아 대사제'를 '스알디엘의 아들 즈루빠벨'로 바꾸어 옮겼지만 「새번역」에서는 내용의 불일치를 감수하고 이를 원래의 본문대로 두었다. 아마도 메시아로 여겨지던(즈가 3,8; 하깨 2,23) 즈루빠벨이 무슨 이유에서인지 갑자기 사라진 뒤, 새로운 이스라엘 공동체인 성전 중심 국가의 대내적 통치가 왕족에서 사제단으로 넘어가고 여호수아 대사제가 즈루빠벨의 사명까지 이어받았던 것 같다. 어떻든 이 신탁은 환시를 통하여 하느님이 모든 준비를 갖추신 다음 성전 중심의 새로운 공동체를 완전하게 복구하실 것임을 선포한다.

7—8장에는 금식 규정이 중요한 문제로 떠오른다. 백성들은 음력 7월에 있었던 성전 방화와 음력 9월에 있었던 게달리야 살

해를 애도하기 위하여 지켜온 금식을 예루살렘이 복구된 지금도 계속해서 지켜야 하는가, 성전의 사제들과 예언자들에게 물어왔다. 이 질문에 즈가리야는 주님의 답변을 전한다. 백성들이 금식을 할 때나 희생 제사를 바치고 음복을 할 때에도 하느님을 염두에 두지 않고 자신들만을 위해서 하였다는 것이다. 그러나 하느님이 원하시는 참다운 회개와 제물은 공정과 정의를 실천하는 것이다. "너희는 사실대로 공정한 재판을 하여라. 동족끼리 서로 신의를 지키며 열렬히 사랑하여라. 과부와 고아, 더부살이와 영세민을 억누르지 말고 동족끼리 해칠 마음을 품지 마라"(7,9-10). 이스라엘 백성이 풍요로운 땅에서 쫓겨나고 그들이 살던 땅이 폐허가 된 것은 그들이 주님의 이런 말씀을 듣지 않았기 때문이다(7,11-14).

그러나 이제 시온에 뜨거운 애정을 갖고 계시는 만군의 주님께서 시온을 '거룩한 산'으로 다시 만드시고 예루살렘을 '진실한 성읍'(새번역)으로 다시 만들 날이 올 것이다(8,1-3). 그분께서 친히 당신의 백성을 해뜨는 곳과 해지는 곳에서 구해내시어 예루살렘으로 데려와 살게 하실 것이고, 그렇게 되면 이 땅에 다시 태평성대가 찾아오고 유다 집안과 이스라엘이 민족 가운데서 저주의 대상이 아니라 복이 될 것이다(8,7-13). 그때 이스라엘 백성이 할 일은 거짓을 멀리하고 정의를 실천하는 것이다(8,16-17). 그리고 금식은 이제 축제로 바뀌어야 한다. "이제 그 단식은 기쁨과 즐거움으로 바뀌어 즐거운 축제가 되리라. 너희는 성실과 평화를 기리어라"(8,19). 제1즈가리야서의 핵심 메시지는 바로 이 한마디에 들어 있다.

제1즈가리야서의 마지막 말씀은 출애 19,5-6에서 밝힌 만민을 위한 이스라엘의 소명을 구체적으로 재확인한다. "나 만군의 야훼가 말한다. 앞으로는 말이 다른 종족의 열 사람이 유다 사람 하나의 옷자락을 붙잡고 '하느님께서는 당신들과 함께 계신 줄 압니다. 그러니 우리도 함께 데려가 주십시오' 하고 부탁하리라"(8,23).

제28주간: 메시아 시대의 도래

범위: 즈가 9—14장
성가: 92
주제본문: 즈가 9장

제2즈가리야서는 제1즈가리야서와 뚜렷하게 구별된다. 먼저 역사적 상황이 다르다. 이 책에서는 이스라엘 공동체와 예루살렘 성전 재건이 더이상 문제가 되지 않는다. 그리고 등장하는 인물들이 서로 다르다. 메시아 희망은 즈루빠벨이나 여호수아 대사제와 같은 실명의 인물이 아니라 '겸손한 임금-메시아' (9,9-10), '배척받는 목자'(11장), '찔려 죽은 이'(12장) 등 무명의 인물들을 지향한다. 또한 자주 언급되는 포로들은 더이상 바빌론 유배자들이 아니라 이방인 세계 곳곳에 흩어져 사는 디아스포라 유다인들을 가리킨다. 문학 양식면에서도 이 두 부분은 다르다. 제2즈가리야서에서는 여덟 개의 환시를 중심으로 짧은 신탁이 곁들여진 제1즈가리야서와는 달리 환시가 전혀 등장하지 않고 전편에 서사시적 신탁만 펼쳐진다. 그리고 여기서는 질문을 하거나 신탁을 전하는 예언자도 환시의 뜻을 밝혀주는 천사도 등장하지 않는다.

제2즈가리야서의 저작연대를 두고, 위로는 유배 이전부터 아래로는 기원전 2세기 대사제 오니아스 3세(2마카 4,34)나 시몬(1 마카 16,11-17)의 시대까지 여러 가지 가설이 있다. 후자의 가설을 내세우는 이들은 12장의 '찔려 죽은 이'를 그 근거로 삼는다. 그러나 이 작품의 저작연대는 그리스 시대 초기인 기원전 330-300년경으로 보는 것이 가장 무난하다. 알렉산드로스 대왕이 동방 원정을 시작하여 띠로를 파괴한 것을 전제하는 9,1-8의 내용이 이를 강력하게 뒷받침한다. 바로 이어지는 9,9-10에서는 하느님의 평화로운 통치를 실현하는 겸손한 임금-메시아가 거만한 마케도니아의 정복자 알렉산드로스 대왕과 비교된다. 그리스군에 대한 9,13의 언급도 이 소책자의 연대를 그리스 시대로 잡는 데 일조한다.

제2즈가리야서의 내용 전체는 '메시아 시대의 도래'라는 주제로 모아진다. 이 소책자는 둘로 나눌 수 있다. 운문이 주를 이루는 전반부(9-11장)는 온 세상 모든 민족 위에 군림하시는 하느님의 절대 주권과 평화로운 통치를 강조하면서 좀더 보편적인 메시지로 시작하여 이스라엘의 구원에 관한 특별한 메시지로 좁혀지는 반면, 산문이 주를 이루는 후반부(12-14장)는 이스라엘의 회복과 구원에 관한 메시지로 시작하여 온 세상의 구원으로 넓혀진다.

전반부는 시작 부분에서 아모스와 비슷한 점이 많다. 먼저 이방 민족을 거슬러 선포한 신탁들로 시작한다(9,1-8). 그리고 이 이방 민족은 시리아 · 페니키아 · 불레셋과 같이 시리아-팔레스티나에 사는 민족이다. 또한 이 나라들의 도시 이름이 거론된다. 이스라엘 주변의 이방 민족은 하느님께 정복당하고 황폐해지지만, 정화 과정을 거쳐 살아남은 자들이 이스라엘의 신앙 공동체에 들어오게 될 것이다(9,7-8).

이어지는 메시아 신탁은 예수님의 예루살렘 입성을 기념하는 사순절 성지주일의 복음(루가 19,28-40; 참조: 마태 21,1-11; 마르 11,1-11; 요한 12,12-19)과 연결되는 유명한 대목이다. "수도 시온아, 한껏 기뻐하여라. 수도 예루살렘아, 환성을 올려라. 보아라, 네 임금이 너를 찾아오신다. 정의를 세워 너를 찾아오신다. 그는 겸비하여 나귀, 어린 새끼 나귀를 타고 오시어 에브라임의 병거를 없애고 예루살렘의 군마를 없애시리라. 군인들이 메고 있는 활을 꺾어버리시고 뭇 민족에게 평화를 선포하시리라. 이 바다에서 저 바다까지, 큰 강에서 땅 끝까지 다스리시리라"(9,9-10). 이 임금-메시아는 마케도니아의 정복자 알렉산드로스 대왕과는 달리 겸손하지만, 하느님의 절대 주권과 평화로운 통치를 분명히 드러낼 것이다. 에브라임의 병거와 예루살렘의 군마를 없애고 군인들의 활을 꺾는다는 표현은 그리스 시대에 이스라엘이 무장을 전혀 할 수 없었던 상황을 반영하지만, 메시아 시대의 특징인 무장해제를 강조한다(참조: 이사 2,4; 호세 2,20; 미가 4,3).

이어지는 대목에서 하느님은 이스라엘의 적들에 맞서 용감히 싸우는 전사(戰士)로 나타나신다. 하느님과 이스라엘은 피의 계약으로 묶인 혈맹관계이다(9,11). 하느님이 직접 싸워 적들을 무찌르시는 성전(聖戰)은 이방 민족에게는 패배와 파괴를, 이스라엘에게는 풍산과 번영을 안겨줄 것이다(9,15-17).

10장은 9장에 나오는 풍산과 성전(聖戰)의 표상을 다시 이용하지만, 그 내용을 자세히 보면 9장과 다른 점들이 눈에 띈다. 여기서는 9장과 달리 하느님이 직접 이스라엘 백성에게 풍산을 가져다 주시는 것이 아니라 그들이 하느님께 요구하도록 하신다(10,1). 전쟁도 당신이 직접 나서서 싸우시는 것이 아니라 유다 가문에서 지도자를 내세우시고 에브라임에서 용사로 만들어 싸우게 하신다(10,4-7). 풍산은 하느님께서 주시는 것이지 집안의 수호신 같은 우상들이 주는 것이 아닌데도 점쟁이들과 거짓 예언자들이 백성을 속이고 있다. 그래서 "백성은 목자 없는 양 떼처럼 헤매며 고생만 한다"(10,2; 참조: 에제 34,5; 마태 9,36). 주님께서는 기존의 지도자들을 치시고 유다 가문에서 새 지도자를 내세우실 것이다. 그런 다음 그들을 도와 원수들을 짓밟으실 것이다. 4절의 '모퉁잇돌'은 백성의 우두머리를 가리키고(판관 20,2; 1사무 14,38) '말뚝'은 왕궁의 주인인 임금을 가리킨다(이사 22,23 참조). 주님께서는 백성의 하소연을 들으시고 이집트의 노예살이에서 빼내시듯 이민족 사이에 흩어져 사는 유다인들을 데려내 오실 것이다(10,8-12).

나쁜 목자를 지탄하는 11장의 배경은 에제 34장과 37장이다. 고대 근동에서 양과 목자의 표상은 널리 알려져 있었다. 양은 백성이고 목자는 임금을 비롯한 통치자들을 가리킨다. 11장에서 하느님은 에제 34장처럼 양떼를 착취하는 이스라엘의 목자들을 고발하시고 저주를 내리신다. "화를 입으리라! 양떼를 버리는 못된 목자야, 팔도 오른눈도 칼에 맞아서 팔은 오그라들고 눈은 아주 멀어버려라"(11,17). 이 나쁜 목자들 대신 예언자가 양떼를 돌보기로 하고 지팡이 두 개를 가져왔다. 하나는 '호의' (「공동번역」: '귀염둥이'), 또 하나는 '일치'(「공동번역」: '단짝') 라고 불렀다. 에제 37,15-28에서는 두 지팡이가 유다와 이스라엘을 가리키는데, 예언자는 두 지팡이를 붙여서 하나로 만든 다음 그것을 손에 쥐고서 외친다. "나는 그들과 평화의 계약을 맺을 것이다. 그들과 맺은 이 계약은 영원히 깨지지 아니하리라. 나는 그들을 불어나게 하고 나의 성소를 영원히 그들 가운데 둘 것이다. 나는 나의 집을 그들 가운데 둘 것이다. 나는 그들의 하느님이 되고 그들은 나의 백성이 되리라"(에제 37,26-27). 주님께서 유다와 이스라엘을 일치시키시고 그들과 평화의 계약을 영원히 맺으시리라는 예언이다.

즈가 11장은 이와는 정반대이다. 하느님께 양떼를 돌보라는 소명을 받은 예언자는 목동 셋을 고용하였는데 그들이 양떼를 제대로 돌보지 않았으므로 그만두게 하였다. 그런 다음 예언자는 양 장사꾼들이 보는 앞에서 '호의'라는 지팡이를 부러뜨려서 주님께서 민족과 맺으신 계약이 깨어졌음을 알렸다. 여기서 양 장사꾼들은 이스라엘을 집어삼키려는 외국 세력을 말한다. 예언자는 더이상 도살당할 양을 돌보지 않기로 하고 양 장사꾼들에게 품삯을 주고 싶으면 주고 말 테면 말라고 하였다. 그러자 그들은 삼십 세겔을 예언자에게 품삯으로 주었다. 이 삼십 세겔은 남의 종이 자기 소에게 받혀 죽었을 때 소 주인이 지불하는 몸값이다. 이런 헐값의 금액을 지불하겠다는 것은 예언자를 보낸 이스라엘의 하느님을 조롱하는 신성모독이다. 유다가 예수님을 팔아 넘긴 대가로 받은 금액도 삼십 세겔이었다. 주님의 분부대로 삼십 세겔을 성전 금고에 넣은 예언자는 '일치'라는 이름의 다른 지팡이도 부러뜨렸다. 이는 유다와 이스라엘 사이에 맺은 형제의 계약이 깨어진 것을 뜻한다. 역사적으로 유다와 이스라엘의 형제 관계가 깨어진 것은 기원전 328년 사마리아인들이 그리짐산에 자신들의 성전을 짓게 되면서 다시 돌이킬 수 없는 상황이 되어버렸다. 이로써 남북으로 갈라진 하느님 백성의 모든 구성원이 하나가 되리라는 희망(예레 3,18; 에제 37,15-28; 호세 2,1-2)도 함께 사라졌다. 이처럼 즈가 11장의 저자는 비슷한 표상을 사용하면서도 에제 37장과는 달리 구원과 회복 대신 고발과 저주를 선언한다.

제2즈가리야의 전반부는 어두운 전망으로 끝을 맺지만 이어지는 후반부(12—14장)는 희망의 말씀으로 시작된다. 이 말씀은 "하늘을 펼치시고 땅의 기초를 놓으시고 영을 만들어 사람에게 불어넣으신 야훼의 말씀이시다"(12,1). 주님께서는 예루살렘과 유다를 포위하고 공격하는 민족을 모조리 치실 것이다. "보아라, 나는 예루살렘을 술잔으로 삼아 인근 뭇 민족을 취하게 하리라. 예루살렘이 포위당하는 날, 나는 예루살렘을 바위처럼 끄떡도 하지 않게 하리니, 뭇 민족이 그것을 들어 옮기려고 하다가 도리어 박살이 나리라"(12,2-3). 여기서 술잔은 흔히 주님의 진노가 가져오는 징벌을 상징한다(참조: 이사 51,22; 예레 25,15; 하바 2,16). 예루살렘을 공격하던 민족은 그 예루살렘 때문에 주님의 징벌을 받게 된다는 것이다.

후반부에서 가장 많이 반복되는 표현은 '그날'이다(12,3.4.6.

8,9.11; 13,1.2.4; 14,4.6.8.9.13.20). 여기서 그날은 예언자들이 자주 언급하는 주님의 날로서 심판의 날이요 구원의 날이다. 12,9—13,9은 이름 모를 신비스런 한 인물, '찔려 죽은 이'의 모습을 종합적으로 묘사한다. 「공동번역」으로는 뜻이 분명히 드러나지 않아서 「새번역」을 참조하여 풀이하겠다. 먼저 가장 중요한 본문부터 소개한다. "나는 다윗 집안과 예루살렘 주민 위에 은총과 자비를 구하는 영을 부어주리라. 그리하여 그들은 나를, 자기들이 찔러 죽인 이를 바라보며, 외아들을 잃고 곡하듯이 그를 위하여 곡하고, 맏아들을 잃고 슬피 울듯이 그를 위하여 슬피 울리라. 그날에 므기또 벌판에서 하닷-림몬을 위하여 곡하는 것처럼 예루살렘에서도 곡소리가 크게 울리리라" (12,10-11). 페니키아인들의 신 하닷-림몬은 수확이 끝나면 죽었다가 봄비가 내리면 소생하는 풍산신으로, 비옥한 이즈르엘 평야의 므기또 성읍에서 주로 섬겼다.

첫째, 이 인물과 관련된 본문에서 '다윗 집안'이 세 번 (12,10.12; 13,1)이나 언급되는 것으로 보아 이 인물을 왕족으로 여길 수 있다. 둘째, 하느님께서는 찔려 죽은 이와 당신을 동일시하신다(12,10). 셋째, 주님께서는 사람들에게 은총과 자비를 구하는 영을 보내시어 그들로 하여금 자기들이 찔러 죽인 이를 바라보며(요한 19,37; 묵시 1,7) 죄를 뉘우치게 하신다. 넷째, 이 회개의 결과로 다윗 집안과 예루살렘 주민들의 죄와 부정을 씻어줄 샘이 터져 나오게 될 것이다(13,1). 이 기회를 이용하여 하느님은 이스라엘에서 예언자들과 온갖 우상들을 제거하실 것이다(13,2-6). 다섯째, '칼의 노래'(13,7-9)에서 하느님은 당신의 동업자인 한 목자를 칼로 쳐서 양떼가 흩어지게 하신다(마태 26,31; 마르 14,27; 요한 16,32). 흩어진 양떼 가운데 삼분의 이는 죽고 삼분의 일만 살아남는다. 주님께서는 이 삼분의 일을 불속에 넣고 정화시켜 당신을 제대로 섬기는 백성으로 만드신다.

제2즈가리야서의 '칼에 찔려 죽은 이'의 표상은 이사 52,13—53,12에 나오는 '야훼의 종'과 더불어 초대교회의 그리스도인들과 신약성서 저자들에게 깊은 인상을 남겼다. 두 인물은 의인이요 주님과 가장 가까운 사이였는데도 그분에게 얻어맞고 고통을 당하였다. 그러나 그들은 자신들의 고통과 죽음을 통하여 백성의 회개와 하느님의 용서를 끌어냈다. 이 두 인물에 대한 구약성서의 묘사는 신약성서에서 예수 그리스도의 파스카 신비, 곧 그분의 수난과 죽음과 부활의 의미를 밝히는 데 도움을 주었다.

제2즈가리야서의 모든 주제를 수렴하는 14장은 묵시문학으로 분류해야 옳을 것 같다. 여기서 묘사된 예루살렘의 재난과 자연의 대격변은 작은 묵시록으로 알려진 마르 13장을 연상시킨다. 주님의 날이 오면 주님께서 예루살렘에 내려오시어 친히 그곳을 공격하던 민족을 무찌르실 것이다(14,1-5). 그런 다음 완벽한 기후와 어둠이 없는 밝은 대낮이 지속되고 예루살렘에서 마르지 않는 생수가 솟아날 것이다. 한 분 하느님께서 세상을 다스리시기 때문이다(14,6-9). 이제 온 세상 민족 가운데서 주님께 얻어맞고 살아남은 이들이 모두 주님을 경배하러 예루살렘에 올라와 초막절, 곧 창조주이신 주님의 절대 주권을 경축하는 종말론적인 축제를 거행할 것이다(14,10-21).

제2즈가리야서는 신약성서에서 예수님의 생애 마지막 며칠을 묘사하는 대목에 자주 인용된다. 예를 들어 앞에서 언급한 바 있지만 즈가 9,9은 예수님의 예루살렘 입성을 전하는 마태 21,5 과 요한 12,15에 인용된다. 두 복음서 저자는 즈가리야서에서 묘사한 것처럼 예수님을 겸손과 위엄을 동시에 갖춘 메시아로 제시한다. "목자를 쳐서 양떼를 흩뜨려라"는 즈가 13,7의 말씀 은 마태 26,31; 마르 14,27; 요한 16,32에서 예수님이 체포되시 어 십자가에 처형되실 때 제자들이 뿔뿔이 흩어진 것을 묘사하 는 데 인용된다. 그러나 하느님께서는 흩어진 양떼를 정화시켜 남은 자들의 새 공동체를 만들어 내시리라는 즈가 13,8-9의 내 용처럼 십자가 죽음을 겪은 예수님도 부활하신 뒤에 새로운 신 앙 공동체를 창조하실 것이다(마태 26,32; 마르 14,28). 제2즈가 리야서와 복음서 둘 다 지도자의 처형과 새 공동체의 창조를 하 느님의 위업으로 본다. 징벌과 희망이 동시에 공존하는 것이다.

제29주간: 새로운 메시아 시대를 향하여

범위: 말라기서 전체
성가: 91
주제본문: 말라 3장

예언서의 마지막 책이자 초대교회 전통에 따른 그리스어 구약성서의 마지막 책인 말라기서는 머리글(1,1)과 부록(3,22-24)을 빼고는 동일한 저자의 작품이다. 이 책의 머리글에서 저자의 이름을 말라기로 밝히고 있지만, 사실은 제2즈가리야서의 저자처럼 그가 누구인지 알 수 없다. 말라기라는 이름은 '나의 사자(使者)'라는 뜻으로 3,1에서 끌어들인 일종의 가명으로 볼 수도 있기 때문이다. 그러나 우리는 편의상 그를 전통적인 이름 그대로 말라기로 부른다. 예언서의 마지막 책을 남긴 이 말라기 예언자는 3,1에 따르면 메시아의 선구자이다. 그는 구약시대의 마지막에 서서 신약시대를 내다보며 메시아의 도래를 선포한다고 말할 수 있다.

말라기서의 역사적 배경은 기원전 480-460년경이다. 이 시기는 하깨/즈가리야 시대와 에즈라/느헤미야 시대 사이다. 기원전 539년 유배에서 돌아온 유다인들은 하깨와 즈가리야의 독려에 힘입어 예루살렘 성전을 재건립하고(기원전 520-515년) 성전 전례를 완전히 회복하였다. 그러나 두 예언자가 예루살렘 성전의 복구와 연결시켰던 이스라엘의 완전 회복에 대한 높은 기대와 희망은 시간이 지나면서 점점 흔들리기 시작하였다. 특히 백성을 올바로 인도하고 가르쳐야 할 사제들이 스스로 제사와 전례 규정을 정확하게 지키지 않았고, 백성들은 십일조 규정을 제대로 이행하지 않고 이방 민족과 통혼하면서 하느님 백성으로서의 자기 주체성을 모호하게 만들었다. 이 같은 혼돈의 시대에 가장 큰 고통을 겪는 이들은 하루 품팔이 노동자들과 과부와 고아와 외국인 등 사회의 저변층이었다. 그들은 백성의 지도자들에게서 특별한 보호를 받지 못하고 손쉽게 가진 자들의 억압과 착취의 대상이 되었다.

이 같은 문제는 기원전 440년경 느헤미야와 에즈라의 대개혁을 거쳐서 점점 정리될 것이었다. 느헤미야는 이방인 통혼 문제를 비롯하여(느헤 10,29-31) 십일조 규정의 정확한 준수(10,33.38-39), 규정에 맞는 전례 거행(10,33-37), 가난한 이들의 착취 금지(5,1-13)에 초점을 맞추어 개혁을 진행하였다. 말라기 예언자가 활동한 것은 바로 이 대개혁이 시작되기 바로 직전이다. 페르시아 황제의 연대로 따지자면 아하스에로스 1세(기원전 486-464년) 통치시절이다. 말라기는 대개혁자 에즈라와 느헤미야가 유다에 안정을 회복할 임무를 띠고 페르시아에서 예루살렘으로 다가올 때 그 길을 미리 준비한 셈이다.

말라기 예언자는 유다를 짓누르는 국제 정세, 지도자들, 특히 사제들의 도덕적 해이, 약자들을 억압하고 착취하는 사회적 불의에 맞서서 시나이 계약에 바탕을 둔 유배 이전의 예언자 전통을 논쟁의 무기로 삼았다. 당대 사람들은 착하고 의롭게 살아가는 것이 아무런 도움이나 이익을 주지 못한다고 주장하였다. 오히려 악을 일삼는 자들이 번성하고 하느님을 모독하는 자들이 처벌을 받지 않고 잘만 살아간다는 것이다. 이런 주장에 말라기 예언자는 옛 예언자 전통에 따라 강력하게 응수한다. 이 세상은 근본적으로 정의가 드날리게 되어 있다. 왜냐하면 계약에 성실하신 정의의 하느님께서 다스리시기 때문이다. 하느님은 의인들의 송사를 들어주시고 악인들의 잘못을 처벌하신다. 현재의 열악한 상황만을 보고 오판하면 큰 잘못이다. 계약이 언제나 유효하다는 것을 믿고 정의와 자비를 실천하고 십일조를 제대로 바치면서 하느님께 마땅한 공경을 바치는 사람들은 반드시 주님께서 간직하시는 생명의 책에 그 이름이 기록될 것이다.

말라기서는 머리글과 마지막 세 절의 부록을 제외하고 여섯 개의 신탁으로 구성된다. 그리고 이 신탁은 이스라엘 백성의 질문과 주님의 답변으로 된 논쟁 형식을 취한다. 신탁 안에서 주님께서는 예언자를 시켜 이스라엘 백성의 질문을 반복하시고 그 질문에 하나하나 답변하신다. 첫째 신탁(1,2-5)은 하느님께서 이스라엘을 사랑하셔서 그들을 다른 민족 위에 아무런 조건 없이 자유롭게 선택하셨다. 야곱을 선택하시어 에사오 위에 두신 것이 그 가장 좋은 예이다. "나는 야곱을 사랑하고 에사오를 미워하였다"(1,2-3; 로마 9,13)는 말씀은 야곱의 후손인 이스라엘 백성에 대한 주님의 특별한 애정을 강조한다. 이스라엘에 대한 하느님의 사랑은 갓난아이에 대한 어머니의 모성애처럼 무조건적이고 절대적이다. 처음에 이스라엘과 에돔의 관계는 때로는 적이 되어 미워하고 때로는 형제처럼 평화롭게 공존하는 사이였으나 바빌론 군대가 587년 유다와 예루살렘을 짓밟을 때 에돔인들이 형제국을 약탈한 이후에는 둘 사이에 적개심만 자리잡게 되었다(애가 4,21-22; 시편 137,7; 참조: 이사 34,5-9; 63,1-6). 주님께서는 에돔이 아무리 재건하려고 해도 헐어버리시겠다는 4절의 말씀은 한두 세기 뒤에 에돔이 나바테아인들에게 밀려 유다 남부로 쫓겨난 상황을 미리 시사한 것으로 이해할 수 있다. 첫째 신탁의 결론은 온 세상을 다스리시는 주님의 절대 주권을 확인한다. "야훼께서 이스라엘 국경 밖에서도 이름을 떨치신다"(1,5).

둘째 신탁(1,6—2,9)은 사제들의 타락을 고발한다. 말라기는 아모스를 비롯하여 사제들에게 비판적이었던 예언자들의 전통 위에 서 있다. 말라기가 비판하는 사제들의 가장 큰 잘못은 하느님께 값싼 제물을 바치는 짓이다. 그들은 하느님께 더러운 빵과 훔친 짐승, 절뚝거리거나 병든 짐승을 성의 없이 바침으로써 하느님의 이름을 업신여겼다. 아무도 이런 짐승을 총독에게 바치는 일은 없다(1,8). 만군의 주님께 어울리는 제물은 향기로운 제물, 깨끗한 곡식 예물이어야 한다. "나의 이름은 해 뜨는 데서 해 지는 데까지 뭇 민족 사이에 크게 떨쳐, 사람들은 내 이름을 부르며 향기롭게 제물을 살라 바치고 깨끗한 곡식 예물을 바치고 있다. 만군의 야훼가 말한다. 내 이름은 뭇 민족 사이에 크게 떨치고 있다"(1,11). 어떤 교부들은 이 11절의 말씀에서 하느님께서 인류 전체와 맺게 될 새 계약의 경신례가 예고되는 것으로 본다. 말라기는 사제직 자체를 반대하지는 않는다. 그러나 당대의 상황을 주도하던 사독 가문 사제들의 타락과 부패를 신랄하게 비판한다. 사독 가문의 사제들은 즈루빠벨의 치세 아래 예루살렘 성전이 재건되었을 때 성전의 모든 권한과 임무를 장악하고 막강한 영향력을 행사하였다. 말라기 예언자는 이들에 맞서 레위 가문 사제들의 사제직을 옹호한다. 사독 가문 사제들과 레위 가문 사제들 사이의 갈등은 다윗과 솔로몬 시대까지 올라가는 오랜 역사를 지닌다. 다윗 임금 시절에 레위의 후손인 무시 가문의 에비아달은 사독과 더불어 만남의 천막에서 함께 봉직하였다. 그러나 솔로몬 임금의 형이자 경쟁자인 아도니야를 지지했다는 죄목으로 에비아달은 고향 아나돗으로 쫓겨나고 사독 가문 사제들이 예루살렘 성전 전례를 장악하기 시작하였다. 그 이후부터 무시 가문의 사제들은 예루살렘 성전 대신 지방에서 떠돌며 백성을 가르치는 소임만을 맡았다.

셋째 신탁(2,10-16)은 두 가지 잘못, 이방인들과의 통혼과 이혼을 단죄한다. 단죄의 근거는 주님께서 조상들과 맺은 계약이다. "우리의 조상은 한 분이 아니시냐? 우리를 내신 하느님도 한 분이 아니시냐? 그런데 어찌하여 우리는 서로 배신하여, 우리 조상이 맺은 계약을 깨뜨리느냐?"(2,10). 이 두 가지 잘못은 불충실이라는 말로 연결된다. 전자는 야훼 하느님에 대한 불충실이고 후자는 동료 인간에 대한 불충실이다. 주님과의 신의를 저버리면 필연적으로 공동체와의 신의도 저버리게 마련이다(참조: 출애 20,1-11; 20,12-17). 주님을 사랑하지 않는 자들은 제 이웃도 사랑할 수 없다(참조: 레위 19,18; 신명 6,4-9).

넷째 신탁(2,17—3,5)은 주님의 공정 또는 정의를 선포한다. 공정은 자애와 더불어 하느님의 가장 중요한 속성 가운데 하나이다. 그분은 자애로우실 뿐만 아니라 공정하시므로 이스라엘의 악을 적당히 보아 넘기지 않으신다. 따라서 주님께서 악인들을 좋아하신다고 말하고 주님께서 어디 계시냐고 함부로 지껄이는 것은 그분께 대한 모독이다. 그분은 대장간의 불이 금과 은에서 쇠똥을 걸러내듯, 빨랫터의 잿물이 옷에서 더러운 때를 빨아내듯 이스라엘을 심판하고 정화하실 것이다. 주님은 심판과 정화의 날에 앞서 먼저 당신의 사자를 보내시어 이스라엘 백성을 준비시키실 것이다. "보라, 내가 나의 사자를 보낸다. 그가 내 앞에서 길을 닦으리라. 너희가 찾던 주님, 그가 홀연히 자기 성전으로 오리라. 너희가 좋아하는 계약의 사자, 보라, 그가 온다"(「새번역」 3,1). 사자를 보내어 주님의 길을 미리 닦아놓는다는 생각은 이사 40,1-11과 맥을 같이한다. 주님께서 성전에 나타나신다는 것은 그곳이 주님의 현존을 가리키는 장소이기 때문에 당연하다. 이스라엘 백성 가운데 주님께서 심판하실 자들의 목록이 말라 3,5에 열거된다. 요술사, 간음하는 자(배우자의 배신과 우상숭배 모두를 뜻함), 거짓 맹세하는 자, 날품팔이의 품삯을 떼어먹는 자, 과부와 고아와 이방인을 억압하는 자, 주님께 불경하는 자들이다.

다섯째 신탁(3,6-12)은 주님의 한결같은 성실성과 이스라엘의 끊임없는 배신을 비교한다. 조상 때부터 당신의 계명을 어기고 돌아서 버린 백성에게 주님께서는 또다시 요청하신다. "이제 나에게로 돌아오너라. 나도 너희에게로 돌아가리라"(3,7; 즈가

1,3; 참조: 예레 31,33; 에제 37,23; 호세 2,25; 즈가 8,8; 13,9). 이스라엘 백성은 주님의 이 요청에 "우리가 어떻게 돌아가겠습니까?" 하고 여쭙는다. 십일조와 봉헌 예물을 올바로 바치는 것이라고 주님께서 답변하신다. 십일조와 봉헌 예물을 올바로 바치지 않는 것은 주님을 속이고 약탈하는 행위이다. "사람이 하느님을 약탈할 수 있느냐? 그런데도 너희는 나를 약탈하면서 '저희가 어떻게 당신을 약탈하였습니까?' 하고 말한다. 십일조와 봉헌 예물이 아니냐! 너희 온 백성이 나를 약탈하고 있으니 저주를 받으리라. 너희는 십일조를 모두 창고에 들여놓아 내 집에 양식이 넉넉하게 하여라. 그러고 나서 나를 시험해 보아라. ─ 만군의 주님께서 말씀하신다. ─ 내가 하늘의 창문을 열어 너희에게 복을 넘치도록 쏟아붓지 않나 보아라"(「새번역」 3,8-10). 성전의 양식 창고는 성전 봉직자들만이 아니라 가난한 이들도 돌보는 구실을 하였다.

마지막 여섯째 신탁(3,13-21)은 주님께 불경하고 거만한 자들을 거슬러 의인과 악인을 분명히 판가름할 심판의 날이 반드시 오리라고 선언한다. 거만한 불경자들은 "하느님을 섬겨보아야 쓸데없는 일이다" 또는 "못된 짓을 해야 성공한다" 하고 말하면서 하느님을 시험한다(3,14-15). 그러나 그날이 오면 주님을 공경하던 자들은 생명의 책에 기록되어 그분의 귀염을 받겠지만 제멋대로 살던 악인들은 모두 검불(「공동번역」: 풀무불)처럼 타 버려 흔적도 없이 사라질 것이다(3,16-19).

말라기서의 마지막 세 절은 여섯 개의 신탁에 덧붙이는 부록처럼 되어 있으나 엘리야 예언자를 시켜 새 시대를 준비하는 중요한 메시지를 전한다. 주님께서는 마지막으로 이스라엘 백성에게 호렙산(시나이산)에서 모세를 통하여 그들에게 내린 율법과 계명을 되새기라고 당부하신다. 주님의 크고 두려운 날이 오기 전에 불마차를 타고 승천했던 엘리야 예언자(2열왕 2,11)를 보내어 이스라엘 공동체의 기초가 되는 가정을 화목하게 만드실 것이다.

말라기서는 예언서의 마지막 책이면서 동시에 구약성서 전체의 마무리 구실을 훌륭하게 한다. 그래서인지 신약성서에서 말라기서의 인용을 자주 볼 수 있다. 예수님은 세례자 요한의 출현으로 말라 3,1의 예언이 성취되었다고 선포하신다(마태 11,10; 병행: 루가 7,27; 참조: 마르 1,2). 세례자 요한은 구약의 마지막 예언자이면서 신약의 새 시대를 여는 선구자 역할을 충실히 한 인물이다. 주님의 날에 엘리야 예언자를 먼저 보내시겠다는 말라 3,23의 말씀은 세례자 요한을 엘리야와 연결하시는 예수님의 말씀에서 재확인된다(마태 11,14; 17,10-13; 마르 9,11-13; 루가 1,17; 참조: 요한 1,21.25). 세례자 요한이나 엘리야의 선구자 역할은 메시아 시대에 백성을 회개의 길로 이끄는 것이다. 말라기서의 마지막 세 절에는 모세와 엘리야가 함께 언급되는데, 예수님의 거룩한 변모 때에도 함께 등장한다(마태 17,1-8; 병행: 마르 9,2-8; 루가 9,28-36). 구약과 신약 중간 시대의 유다교 문헌에서 엘리야는 모세와 더불어 메시아 시대의 선구자로 알려져 있다.

요한묵시록

요한묵시록

- 심판과 구원의 드라마 -

1. 이 책의 성격

요한묵시록은 수많은 표상과 상징이 등장하는데다 성서의 다른 책들에 비해 표현이나 내용도 매우 생소해서 이해하기 어려운 책으로 여겨져 왔다. 그런가 하면 시대에 따라 사이비 종교인들이 이 책을 두고 잘못된 해석들을 내놓아 사람들을 현혹시키고 파국으로 몰고 가기도 한다. 잘못된 해석의 대표적인 예는 과거에 쓰인 이 책이 현재나 미래의 사정을 정확히 예측해 놓았다고 주장하는 것이다. 노스트라다무스 같은 예언자는 이 책에서 자기 이론과 예언을 끄집어냈고, 휴거론자들이나 종말론자들은 이 책을 바탕으로 말세의 징조가 나타났다고 떠들어댔지만 그들의 예언은 모호하고 종말 일정도 번번이 빗나갔다. 이 같은 오해와 남용은 모두 요한묵시록의 성격과 집필 목적을 제대로 이해하지 못한 데서 온다. 요한묵시록은 토정비결이나 정감록과 같은 점술책이 아니다. 이 책은 특정한 그리스도교 공동체에 보내는 편지 형태의 묵시요 예언이다.

먼저 요한묵시록은 특정 그리스도교 공동체에 보낸 편지 형태를 취한다. 요한계 문헌들(요한복음, 요한의 세 편지, 요한묵시록)은 모두 소아시아와 관련이 있지만, 바오로 사도 역시 소아시아와 불가분의 관계를 맺고 있다. 그의 고향 다르소, 그가 유럽 선교의 근거지로 삼았던 안티오키아, 초기 전도여행 여정은 모두 소아시아에 속한다. 요한묵시록의 저자는 틀림없이 바오로 사도의 서간을 일부라도 알고 있었을 것이다. 언어와 문학양식의 관점에서 비교해 보면 요한묵시록은 요한복음서보다 바오로의 서간에 더 가깝다.

요한묵시록은 묵시이다. 묵시문학은 기원전 200년경부터 서기 100년경까지 유다교 안에서 유행하던 문학 양식으로서 마지막 때와 하느님의 결정적 통치에 관한 계시를 담고 있다(유다교의 묵시문학에 대해서는 이 책 192-196쪽 참조). 요한묵시록에서는 우리가 사는 지상세계 위에, 그리고 지상세계를 넘어 천상세계가 실제로 있다는 것을 당연한 사실로 받아들이고 환시, 상징적 짐승과 숫자, 그리고 우주적 재앙 등이 수시로 등장한다. 또한 선과 악의 대결, 의인과 악인의 철저한 구별, 마지막 때에 올 하느님 나라의 결정적 승리가 주요 주제로 떠오른다. 이 책의 메시지는 명백하다. 신실한 이들은 믿음을 계속 유지하고, 흔들리는 이들은 의심을 버리고 확신을 가지라는 것이다. 이 점에서 이 책은 유다교의 주요 묵시문학의 영향을 직접 또는 간접으로 받았다고 할 수 있다.

그러나 요한묵시록은 묵시를 넘어서는 예언이다. 유다교의 다른 묵시문학과 달리 이 책의 저자는 더이상 과거에서 끌어온 가상의 인물(예를 들면 에녹이나 다니엘)이 아니라 저자들에게 널리 알려진 지도자였다. 또한 이 책의 주인공은 살해된 어린양, 곧 십자가에 못박혀 돌아가신 예수 그리스도이시다. 이 책의 수신인도 아시아의 일곱 교회라는 구체적 단체들이다. 묵시문학에서는 의인과 악인을 철저히 분리하고 악인에게는 더이상 회개를 요청하지 않는다. 그를 기다리고 있는 것은 최후의 징벌뿐이다. 그러나 예언은 묵시와는 달리 죄인들도 회개할 수 있는 가능성이 주어지고 의인들도 잘못하면 최후의 선택에서 배제될 수 있다. 그래서 예언자들은 의인들에게 끝까지 충실하라고 권면한다. 요한묵시록도 언뜻 보기에는 의인과 악인의 엄격한 구별을 처음부터 끝까지 견지하는 것처럼 되어 있지만, 교회에 보내는 예언적 메시지를 비롯하여 의인에 해당하는 그리스도인 독자에게 보내는 강한 경고와 권고를 수없이 반복한다. 무엇보다 이 책의 핵심 메시지는 보편적 구원이다. 하느님은 살해된 어린양을 통하여 인류를 구원하신다는 것이다. 요한묵시록을 묵시로만 보면 이 메시지를 보지 못하고 지나칠 수 있지만 예언으로 보면 이를 쉽게 찾아낼 수 있다.

요한묵시록은 묵시와 예언, 심판과 구원을 동시에 포함하는 모순의 책이다. 요한묵시록의 모순을 해결할 수 있는 열쇠는 십자가에서 살해된 어린양이다. 살해된 어린양은 하느님의 대리인이자 현존이다. 하느님의 결정적 심판은 십자가에서 내려졌고 그분의 결정적 승리는 살해된 어린양의 승리이다. 어린양을 살해한 악이 승리한 것처럼 보이지만 실제로는 십자가에서 악의 희생양이 된 어린양이 오히려 승리자가 된 것이다. 이것이 하느님의 심판이요 승리이며 동시에 그리스도교적 승리이다.

2. 저자와 집필 연대

요한묵시록 저자는 자신을 네 번이나 요한이라고 밝힌다(1,1.4.9; 22,8). 그리스도교의 오랜 전통은 여기서 한걸음 더 나아가 이 책의 저자를 제베대오의 아들 사도 요한과 동일시하였다. 최초의 증언은 순교자 유스티누스 성인의 「트리폰과의 대화」(150년경)에서 확인할 수 있다. 사도 요한을 묵시록의 저자로 보는 견해는 이레네우스, 무라토리오 경전, 알렉산드리아의 클레멘스, 테르툴리아누스, 히폴리투스, 오리게네스로 이어졌다. 이와 다른 견해는 3세기부터 나오기 시작한다. 로마의 사제 가이우스는 요한묵시록을 자기네 교리의 근거로 삼으려 했던 몬타니우스파를 반박하는 자리에서 이 책의 저자를 이단자 체린투스라고 주장하였다. 이보다 중요한 증언이 알렉산드리아의 데니스에게서 나왔는데(265년경), 그는 문학과 신학의 관점에서 이 책을 비판·분석한 다음 그 저자는 요한복음서의 저자와 같을 수 없다고 결론지었다. 데니스의 견해는 그에게 동조한 것처럼 보이는 에우세비우스의 「교회사」에 인용된다(3.39). 동방교회에서는 묵시록의 저자를 사도 요한과 연계시키지 않는 것을 넘어서서 묵시록 자체를 정경으로 받아들이기를 주저했다. 예루살렘의 치릴루스와 나지안즈의 그레고리우스는 신약성서 정경에 이를 포함시키지 않았고 요한 크리소스토무스와 테오도레투스는 이 책을 한번도 언급하지 않았다. 시리아어 신약성서인 페쉬타에도 이 책은 포함되지 않는다.

오늘날 학계의 일반적 견해로는 이 책의 저자를 요한복음의 저자와 동일시하지 않는다. 저자는 자신을 요한이라고 소개하면서도 한번도 사도라고 부르지 않고 열두 사도를 과거의 창립자로 부르기 때문이다(21,14). 요한이라는 이름말고도 그는 자신을 구약성서의 명예로운 칭호인 하느님의 '종'(1,1), 수신인들의 '형제'(1,9)라고 부른다. 이 책의 독자들에게 잘 알려진, 그래서 더이상 상세한 설명을 할 필요가 없는 인물로 자신을 소개하고 있는 것이다. 한편 그는 자신의 글을 '예언의 말씀'(1,3; 22,7.10.18.19)으로 묘사함으로써 자신을 예언자로 내세우는 듯한 인상을 준다. 아마도 저자는 그리스도교 예언자 단체에 속한 순회 예언자였을 가능성이 높다. 또한 구약성서와 수많은 히브리식 표현에 익숙한 것으로 미루어 팔레스티나 출신의 유다계 그리스도인이었고 그리스도교로 개종하기 전에는 묵시문학에 심취했던 인물이었을 것이다.

요한묵시록의 집필 연대를 비교적 정확하게 언급한 최초의 인물은 이레네우스다. 그는 도미티아누스 황제 치세 말년(서기 81-96년), 그러니까 95년경에 이 책이 씌었다고 밝혔다(「반이단론」 5.30.3). 후대의 그리스도교 저술가들은 도미티아누스를 초대교회의 박해를 주도한 인물로 꼽았다(에우세비우스 「교회사」 3.17). 요한묵시록 처음에 나오는 일곱 도시 가운데 세 도시 스미르나와 베르가모와 에페소가 황제숭배 경쟁을 주도하였다.

시민들은 모두 신격화한 황제의 숭배에 열성을 보여야 했고 이를 거부하면 로마의 적이기 전에 도시의 적으로 간주되어 박해를 받았다. 묵시 13장에 나오는 바다와 땅에서 올라온 짐승들은 황제나 황제숭배를 강요하는 지방 행정관들이다. 지방 행정관들은 황제숭배를 통하여 식민지 백성을 효과적으로 통제할 수 있었다. 황제숭배가 로마에서 멀리 떨어진 동방에서 더 극성을 부린 이유도 여기에 있다. 도미티아누스는 로마에서조차 자기를 신으로 떠받들게 하였다. 수에토니우스는 그가 자신을 '주님이요 신(dominius et deus)'으로 내세우고 로마 신전의 사제들에게 주피터·주노·미네르바 신상과 함께 자기 초상이 새겨진 관을 쓰도록 지시했다고 전한다.

그러나 로마가 64년(네로 황제)부터 250년(데치우스 황제) 사이에 그리스도인들을 박해한 공식 증거는 없다. 도미티아누스 황제에 대해서 긍정적으로 평가하는 로마의 역사가들도 있었다. 그들의 기록에 따르면 도미티아누스는 폭군이 아니라 사회개혁을 열성적으로 추구하려던 황제였다고 한다. 황제숭배도 선임자들 이상으로 요구하지 않았고 궁정 서기관들도 결코 그에게 '주님이요 신'이라는 칭호를 붙인 적이 없다는 것이다. 묵시록의 저자 요한이 지역 교회들에 보내는 메시지에서 명시적으로 지목한 순교자가 안티파스(2,13) 한 사람뿐이라는 사실은 이 시기에 그리스도에 대한 박해가 조직적이고 전면적으로 일어나지 않았다는 또 다른 증거이다.

이런 이유 때문에 일부에서는 요한묵시록의 집필 연대를 네로 황제의 박해와 예루살렘 파괴 사이, 곧 65-70년경으로 추정하기도 한다. 아니면 박해받는 공동체들에 해방의 기쁜 소식을 전하는 4—11장은 이 시기에, 박해자들의 심판을 알리는 12—22장은 90-95년경에 씌어진 것으로 보기도 한다. 그러나 도미티아누스 치세의 박해 유무를 떠나서 여러 가지 정황으로 보아 묵시록의 집필 연대는 리옹의 이레네우스가 제시한 95년경이 맞다. 첫째, 요한묵시록은 내용이 복잡할지라도 문체와 어휘와 표현이 일관성 있는 동일 저자의 작품임이 확실하므로 한 세대 이상 차이나는 두 저자의 저서로 구분할 수 없다. 둘째, 로마를 암시하는 '바빌론'(17,5)의 사용은 예루살렘 파괴(70년) 이후에 가능하다. 유다교 문헌에서 로마는 바빌론에 이어 제2의 예루살렘 파괴자로 나온다. 셋째, 열두 사도를 과거의 존경받는 교회 창립자로 확인한다(21,14). 넷째, 묵시록의 저자는 네로가 부활하여 다시 돌아오리라는 소문을 언급하는데(13,3; 17,10-11), 이런 소문은 68년부터 초세기 말까지 널리 유포되어 있었다.

3. 집필 동기와 목적

1세기 말에 로마 제국내에서 그리스도교에 대한 조직적이고 전면적인 박해는 없었다 할지라도 요한묵시록의 수신자들인 소아시아의 일곱 교회에는 산발적이고 지엽적인 박해가 있었을 것이다. 이미 안티파스라는 사람이 공적으로 처형당하였고 실명으로 확인된 이 순교자말고도 몇 사람이 더 살해되었을 것이다(6,9-11; 20,4). 또한 저자는 앞으로 다른 사람들도 순교할 것으로 내다보았다(2,10; 6,11; 7,9-17). 무엇보다 아우구스투스 황제 이래 소아시아 지역에 만연한 황제숭배 관습은 그리스도인들에게 커다란 위협이었다. 일곱 도시 가운데 티아디라를 빼고는 모두 황제숭배 신전을 가지고 있었다. 오로지 한 분이신 하느님을 믿는 그리스도인들로서는 황제숭배를 도저히 용인할 수 없었다. 더구나 신전에서 황제에게 바치는 제사 자체도 문제였다. 그리스도인들에게 유일하고 결정적인 제사는 예수 그리스도의 십자가 희생 제사뿐이었다. 로마 제국은 황제숭배를 제국의 안녕과 번영에 연결시켰다. 네로 시대부터 제국에 닥친 악과 불행을 로마 황제와 제국의 신들을 경배하지 않는 그리스도인들의 탓으로 돌렸다. 따라서 황제숭배가 성행하면 할수록 그것을 거부하는 그리스도인들은 점점 더 심각한 위협에 직면하게 마련이었다. 그리스도인들의 죄목은 자신들의 신 이외에 어떤 신도 섬기기를 거부하는 것이었는데, 이 때문에 그리스인들은 일찍이 그리스도인들을 '무신론자'로 규정하였다.

이런 상황에서 그리스도인들이 박해를 받고 안 받고는 오로지 지방 행정관과 여론의 향방에 달렸다. 그리스도인들이 제국의 안전을 위협한다는 시민들의 고발이 들어오기만 하면 지방 행정관은 로마법에 따라 얼마든지 그들을 처벌할 수 있었다. 묵시록의 저자는 여타 신약성서 저자들과 달리 이런 위협을 정확하게 간파하였다. 사도행전·바오로 서간·베드로 1서·사목 서간 등의 저자들은 로마의 권위와 질서를 인정하였다. 1세기 말엽 당시 아시아의 그리스도인들은 비교적 평화롭게 살고 있었다. 그들이 억압받는 단체였다는 증거는 문헌상 찾아보기 힘들다. 요한은 이러한 일반적인 견해와는 달리 로마 제국과 그 제국의 가치와 질서를 유지하고 그 혜택을 누리는 소아시아의 사회 전체를 부정적인 눈으로 바라본다. 그는 로마의 정치 질서를 완전히 부패한 것으로 본다. 그 질서는 사탄의 영역에 속한 것이다. 요한은 그리스도인들을 이 부패한 사탄의 세력에서 떼어놓고자 하였다. 그러나 전체적으로 소아시아의 그리스도인들은 여느 시민들처럼 대부분 로마 질서에 순응하며 살았다. 요한의 눈에 이것은 악의 세력과 타협하는 것이었다.

요한은 로마와 교회 사이를 타협하거나 양립할 수 없는 질서의 대립관계로 보았고 예언자적 안목으로 로마 제국이 근본적으로 부패한 집단임을 간파하였다. 그의 안목은 이원론적이다. 한쪽에는 하느님이 계시고 다른 쪽에는 악이 도사리고 있다. 그리고 로마는 사탄의 도구요 악 그 자체이다. 하느님과 그분이 보내신 예수 그리스도를 섬기는 일은 황제숭배와 정면으로 충돌한다. 피할 수 없는 박해가 임박해 있다. 그러나 모든 그리스도인이 다 이런 견해를 가진 것은 아니다. 예를 들어 사목서간을 대표하는 디모테오 1서의 저자는 그리스도인들이 평온한 삶을 살아갈 수 있도록 황제와 고관들을 위해서 기도하라고 권면하였다(1디모 2,2). 사목서간이 묘사하는 교회는 세상과 잘 어울리는 교회이다. 이 교회는 제도와 구조, 정통성, 질서와 권위를 강조한다. 역사적으로 이런 교회가 늘 그리스도교를 대표하였다.

사목서간의 저자는 그리스도인들에게 세상의 질서에 순응하는 '착한 시민'이 될 것을 요구하였다. 그러나 '착한 시민'이 되기 위하여 그리스도인들은 나쁜 제도와 구조를 비판 없이 받아들여야 하는 너무나 값비싼 대가를 지불하고 있는 것은 아닐까? 요한은 그렇다고 확신하였다. 그러나 모든 그리스도인이 요한과 같은 확신을 가진 것은 아니다. 오히려 요한의 견해는 소수 의견에 지나지 않는다. 이런 견해를 가진 그리스도인들이야말로 구약의 예언자 전통에 언급된 남은 자들이다. 예언자요 묵시가인 요한은 아시아 지방의 도시들에도 자기와 같은 견해와 비전을 가진 이들이 있다는 사실을 알고 기뻐하였다. 그들은 소수이며 곤경에 빠져 있다. 요한은 자신의 견해를 널리 알리고 이 소수의 남은 자들을 격려하기 위하여 글을 쓰기로 작정하였다. 그리고 1세기 말의 분위기로 보아 가장 적절한 형태의 글은 묵시적 예언이었다.

묵시록의 집필 목적은 로마 세계로부터 박해받고 그 세계의 질서에 순응하지 못하여 스스로 소외된 그리스도인들을 위로하고 격려하며 권면하기 위한 것이다. 요한은 이 목적을 달성하기 위하여 세 가지 메시지를 전한다. 첫째, 자신의 목숨까지도 바침으로써 예수 그리스도 안에서 하느님께 가는 길을 발견하고 그분과 그 길의 충실한 증언이 된 그리스도인들은 복된 지위를 얻게 될 것이라고 계시한다. 둘째, 그리스도인들을 박해하는 자들이 반드시 하느님에게 심판을 받을 것이며 그 심판의 때가 가까이 다가왔다고 선언한다. 로마는 반드시 망한다! 셋째, 요한은 그리스도인들이 로마 제국의 질서에 순응하는 온갖 형태의 문화적 수용을 단죄하고 이제 곧 멸망하게 될 악의 세력에 동조하거나 영합하지 말라고 권고한다.

4. 구조와 내용

　요한묵시록은 머리말(1,1-8)과 맺음말(22,6-21)을 제외하고 분량면에서 심한 불균형을 이룬 두 부분으로 나눌 수 있는데, 전반부(1,9—3,22)는 요한의 환시가 소명을 설명하는 데(1,9-20) 이어 그리스도께서 일곱 교회에 보내는 말씀(2—3장)을 다룬다. 이 전반부는 편지 형태로 선포된 예언이다. 한편 이 전반부는 주요 부분인 후반부(4,1—22,5)의 입문 구실을 한다. 후반부는 본격적인 의미에서 묵시문학에 속하는데, 묵시문학의 전형적 도식을 엿볼 수 있다. 곧 그 내용이 세말의 전조(6—11장), 시련과 선악의 대격돌(12—20장), 완결과 최종 현시(21,1—22,5)로 전개된다.

　묵시문학의 이 전형적 도식은 칠진법과 환시들로 전개된다. 칠진법은 중요한 메시지와 요소를 일곱이라는 숫자로 한정하는 것을 말한다. 처음 일곱 가지 선언(2—3장)을 비롯하여 일곱 봉인(6,1—8,5), 일곱 나팔(8,6—11,19), 일곱 대접(15—16장)이 등장한다. 이 밖에도 묵시록에는 완전을 뜻하는 일곱이라는 숫자가 수없이 등장한다. 예를 들어 일곱 천사, 일곱 교회, 일곱 등잔, 일곱 영, 일곱 별, 어린양의 일곱 뿔과 일곱 눈 등등. 칠진법과 더불어 요한은 묵시문학의 불가피한 요소인 환시가 대거 묘사된다. 요한은 성령에 사로잡혀(4,2) 천상의 환시와 지상에서 일어날 환시를 본다. 4—5장의 환시는 천상에 관한 환시로서, 수많은 원로와 생물과 천사들이 옥좌에 앉아 계신 하느님과 그분에게서 봉인된 두루마리를 받아든 살해된 어린양을 흠숭한다. 6—16장의 환시는 우주적 대재앙에 관한 것이다. 이 부분은 가장 해석하기 어렵다. 수많은 상징적 표상이 나오는데 그 가운데 대표적인 표상이 666이라는 수를 가진 짐승이다. 이 짐승을 두고 네로에서 히틀러에 이르기까지 시대마다 다양하게 해석한다.

제1주간: 일곱 교회에 보낸 편지

범위: 묵시 1—3장
성가: 518
주제본문: 묵시 3장

　머리말(1,1-3)에서 저자는 이 책의 발신자와 수신자, 그리고 그 내용을 밝힌다. 이 책의 발신자는 요한이요 수신자는 하느님의 종들, 곧 이 책을 읽거나 듣게 될 모든 신앙인이다. 이 책의 내용은 먼저 하느님이 예수 그리스도께, 그리고 그리스도께서 다시 당신의 천사를 보내시어 당신의 종 요한에게 알려주신 계시이다. 그 계시는 곧 일어날 일들에 대한 하느님의 말씀과 예수 그리스도께서 증언하신 말씀으로 되어 있다. 이 말씀을 읽는 사람과 듣는 사람, 그리고 그것을 실천하는 사람은 모두 행복하다. 왜냐하면 그 일들이 성취될 때가 가까웠기 때문이다(1,3).
　1,4-8은 인사말이다. 요한은 아시아의 일곱 교회에 이 글을 쓴다고 밝힌다. 아시아 속주의 일곱 교회는 1,11에서 그 이름이 밝혀진다. 에페소 · 스미르나 · 베르가모 · 티아디라 · 사르디스 · 필라델피아 · 라오디게이아가 그것이다. 아시아 속주에는 이 일곱 교회말고도 골로사이 · 히에라폴리스 · 트로아스 등 다른 교회도 있었지만, 충만을 뜻하는 일곱이라는 숫자 때문에 이

들 교회에 보내는 메시지가 다른 교회에도 적용되는 보편적이고 항구적인 가르침으로 받아들일 수 있다. 4절의 "지금 계시고 전에도 계셨고 또 장차 오실 그분"이라는 표현은 호렙산에서 모세에게 계시된 하느님의 이름 야훼('나는 있다')를 풀이한 것이다. 구약성서의 아람어 역본 가운데 하나인 차명 요나단 타르굼 신명 32,39에서는 야훼를 '지금도 계시고 전에도 계셨으며 앞으로도 계실 분'이라고 풀어서 제시한다. 요한은 '앞으로도 계실 분'을 '장차 오실 그분'으로 바꿈으로써 하느님의 이름풀이에 종말론적인 성격을 부여한다. 4절의 '일곱 영'은 사람들에게 충만한 은총을 내리시는 성령을 가리킬 수도 있고 하느님의 일곱 천사(곧 세상에 하느님의 위업을 드러내는 사자)를 가리킬 수도 있다. 8절의 알파요 오메가는 그리스어 알파벳의 첫 자와 끝 자로서 시작과 마침을 뜻한다(참조: 1,17; 21,6; 22,13).

요한이 계시를 받은 곳은 에페소 항구에서 남서쪽으로 100킬로미터 떨어진 파트모스 섬에 갇혀 있을 때였다. 로마 시대에 이곳은 유형지였다. 요한은 하느님의 말씀을 전파하고 예수님을 증언한 탓으로 이곳에 유배된 것이다. 어느 주일에 요한에게 '사람의 아들 같은 분'이 나타나서 일곱 교회에 보내는 가르침을 전해주었다. '사람의 아들 같은 분'은 유다교 묵시문학에 자주 등장하는 인물로 왕권과 사법권을 쥐고 하느님의 계획을 실행하는 신비스런 존재를 가리킨다. 요한은 다니 7,9-14에 나오는 상징을 이용하여 이 신비스런 존재에 초월성과 존엄성을 부여한다(묵시 1,12-16). 그분은 살해되셨다가 영광스럽게 부활하신 그리스도로서 오른손에 일곱 별을 쥐고 일곱 등경 사이를 거닐며 입으로는 날카로운 쌍날칼을 내보내신다. 여기서 일곱 별은 일곱 교회의 천사들이고 일곱 등경은 일곱 교회이며(1,20), 오른손은 권능을, 입에서 나오는 날카로운 쌍날칼은 부활하신 그리스도의 유일한 무기인 그분의 말씀을 가리킨다. 이를 풀이하면 예수 그리스도께서는 일곱 교회에 권위를 행사하시는 분으로서 일곱 교회를 두루 다니며 당신의 말씀으로 사람들을 일깨우고 회개시키신다는 뜻이다.

2—3장에서 일곱 교회는 저마다 부활하신 그리스도께 당신의 처지에 따라 내려진 외적이고 영적인 판결을 듣는다. 판결은 보통 칭찬과 질책이 섞여 있다. 일반적으로 일곱 교회가 겪은 외적 시련은 적대적 유다인들에게서 왔고 내적 시련은 니골라오파와 같은 이단자들에게서 왔다. 니골라오파 이단에 대해서는 이들이 영지주의와 도덕적 자유주의에 물들어 있다는 것말고는 알려진 바가 별로 없다.

첫째 편지는 에페소 교회를 겨냥한다(2,1-7). 에페소는 서남쪽 아시아 속주의 수도요 큰 항구도시로서 아르테미스 여신 숭배의 중심지였다(사도 19장 참조). 에페소 교회는 인내심으로 거짓 순회 설교사들을 내몰고 그리스도의 이름 때문에 당하는 어려움을 이겨냈다는 점에서 칭찬을 받을 만하다. 그러나 신앙을 받아들일 때 지녔던 그리스도와 동료 신자들에 대한 순수한 사랑을 저버린 점에 대해서는 비난받아 마땅하다. 이에 대한 경고로 부활하신 그리스도께서는 회개하지 않으면 그 교회의 등경을 치워버리겠다고 경고하신다. 등경이 치워진 공동체는 교회가 아니다. 동시에 니골라오파를 배척한 것을 두고는 칭찬하시면서 성령께서 여러 교회에 하시는 말씀을 끝까지 잘 듣는 사람에게는 하느님의 낙원에 있는 생명나무의 열매를 먹게 해주겠다고 약속하신다. 아담과 하와가 낙원에서 지선악과를 따먹고 쫓겨난 다음에 인류는 낙원의 생명나무에 결코 접근할 수 없게 되었다(창세 3,22-24). 유다교에서는 메시아가 나타나 이 금기를 깨고 유다인들을 다시 이 생명나무에 접근할 수 있도록 해줄 것으로 고대하고 있었다.

둘째 편지는 스미르나 교회를 겨냥한다(2,8-11). '몰약'이라는 뜻의 스미르나는 에페소 북쪽에서 56킬로미터 정도 떨어진 항구도시였다. 이곳에서는 특히 유다인들이 로마인들에게 그리스도인들을 중상모략하여 박해하도록 하였다. 그런 유다인들은 영적인 의미에서 사탄의 무리이다. 실제로 사탄이라는 말은 '중상가'라는 뜻이다. 부활하신 그리스도께서는 스미르나 교회 공동체에 이 사탄의 자녀들인 유다인들이 일으키는 박해를 잘 견뎌내라고 권고하신다. 박해는 '열흘 동안' 곧 잠깐 동안만 계속될 것이다. 끝까지 충실한 승리자는 두번째 죽음인 영적 죽음의 화를 입지 않을 것이다.

셋째 편지는 베르가모 교회를 겨냥한다(2,12-17). 스미르나에서 북쪽으로 64킬로미터 정도 떨어진 베르가모는 큰 도시는 아니지만 여러 신들의 신전이 자리잡은 중요한 종교 중심지였고 아시아 속주에서 가장 먼저 황제숭배를 본격적으로 시작한 곳이다. 그래서 요한은 베르가모를 '사탄의 왕좌가 있는 곳'이라고 말한다(「새번역」 2,13). 그러나 베르가모 공동체는 그리스도께 대한 믿음을 충실히 지켜왔다. 이곳에서 일어난 박해에서 안티파스가 순교하였다. 안티파스가 누구인지는 알려지지 않았다. 그러나 이곳에는 이교도 예언자 발람의 가르침, 우상숭배에 떨어진 자들과 니골라오파의 가르침을 고수하는 자들이 있었다. 유다교 일부 전통에 따르면 발람은 모압 땅에서 이스라엘을 부추겨 하느님을 배신하도록 한 장본인이다(민수 25,1-2과 31,16의 연결). 성령께서 교회에 하시는 말씀을 끝까지 듣고 따르는 승리자에게는 숨겨진 만나와 흰 돌을 주시겠다고 약속하신다. 유다교 전통에 따르면 '감추어 둔 만나'는 예루살렘이 파괴되자 예레미야 예언자에 의해서 계약 궤와 함께 느보산에 숨겨졌다가(2마카 2,4-8) 주님의 날에 다시 발견될 메시아 왕국의 음식이다. 여기서 감추어 둔 만나는 우상들에게 바친 제물과 정면으로 대립된다. 그리스도인들에게 이 만나는 종말론적 양식이며 천상 생명의 첫 열매인 성체성사를 떠올리게 한다(요한 6,31-58). 흰 돌은 정확하게 무엇인지 규명하기 어렵지만, 천상 잔치의 입장권으로 볼 수 있겠다.

넷째 편지는 티아디라 교회를 겨냥한다(묵시 2,18-29). 베르가모에서 남동쪽으로 64킬로미터 가량 떨어진 티아디라는 바오로 사도의 필립비 선교여행을 도와준 옷감 장수 리디아의 고향으로 염색업과 금속공업이 발달한 도시였다(사도 16,11-15). 에페소 교회의 덕성으로는 유일하게 사랑만 지적되었지만 티아디라 공동체 경우에는 사랑말고도 믿음과 봉사와 인내가 나열된다. 티아디라 교회의 유일한 단점은 소수의 무리가 이세벨의 가르침을 따른다는 것이다. 본디 이세벨은 페니키아 시돈 출신으로 북왕국 이스라엘의 임금 아합에게 시집와서 바알 숭배를 퍼뜨린 악명 높은 이방인 여자이다(1열왕 16,31; 2열왕 9,22). 묵시록에서는 상징적 의미로 니콜라오파에 속한 요한의 경쟁자를 가리킨다. 그리스도께서는 그의 가르침을 따라 간음을 저지른 자들, 곧 우상숭배에 빠진 자들은 큰 환난과 죽음으로 징벌하겠지만, 영지주의자들이 선전하는 사탄의 비밀을 알려고 하지 않는 신실한 이들에게는 다른 짐을 지우지 않겠다고 하신다. 오히려 끝까지 맡겨진 일에 충실한 승리자에게는 샛별을 주시겠다고 약속하신다. 유다교에서 별은 구세주를 가리키고(민수 24,17) 로마인들에게는 '샛별(금성)'이 승리와 통치의 상징이었다.

다섯째 편지는 사르디스 교회를 겨냥한다(묵시 3,1-6). 티아디라에서 48킬로미터 정도 떨어진 사르디스는 고대 리디아 왕국의 수도로서 난공불락의 요새를 자랑하는 곳이었으나 역사적으로 두 번이나 속임수로 탈취된 적이 있었다. 로마 시대에 사르디스는 에페소처럼 상업의 중심지였는데 서기 17년에는 이곳에 큰 지진이 일어났다. 이 대목에서 그리스도께서는 일곱 별과 일곱 영을 지니신 분으로 소개된다. 그분은 생명을 주는 성령을 지니시고 또한 그 성령을 주신다(요한 7,39 참조). 그분만이 죽은 교회에 생명을 회복시키실 수 있다. 사르디스 교회의 경우, 처음으로 교회가 한 일들이 칭찬을 받지 못하고 심한 질책을 받는다. 사르디스의 그리스도인들은 영적으로 죽어 있거나 동면 상태이다. 에페소서의 말씀처럼 그들은 잠에서, 죽음에서 깨어나야 한다. "잠에서 깨어나라. 죽음에서 일어나라. 그리스도께서 너에게 빛을 비추어 주시리라"(에페 5,14). 그들에게 생명은 아직 완전히 꺼지지 않았다. 아직 남아 있는 생명의 불꽃을 다시 일으켜야 한다. 그렇지 않으면 영원히 꺼져버릴지도 모른다. 난공불락의 요새 성읍인 사르디스가 두 번이나 몰래 탈취된 적이 있었듯이 주님께서는 도둑처럼 그들에게 몰래 닥치실 것이다(마태 24,43-44 참조). 그때 종교적이고 도덕적인 나태함에 물들지 않은 소수의 남은 자들만이 거룩함의 상징인 흰옷을 입고 생명의 책에 기록될 것이다. 이 책은 선택된 이들의 이름이 적혀 있다는 천상 명부이다(13,8; 17,8; 20,12.15; 21,27; 참조: 탈출 32,32-33; 시편 69,28-29; 다니 12,1; 필립 4,3).

여섯째 편지는 필라델피아 교회를 겨냥한다(묵시 3,7-13). 사르디스에서 남동쪽으로 48킬로미터 정도 떨어진 필라델피아는 기원전 2세기에 리디아와 프리기아 지방에 그리스 문화를 전파시키기 위하여 건설된 도시이다. 서기 17년의 지진 때 이곳도 다른 도시들처럼 큰 피해를 입었다. 안티오키아의 이냐시오(110년경 사망)가 이곳 교회에 편지를 쓸 당시 유다인들은 그리스도인들에게 매우 공격적이고 적대적이었다. 스미르나처럼 필라델피아 공동체의 가장 큰 문제는 유다인들의 박해였다. 3,7에 나오는 '다윗의 열쇠를 가지신 분'은 이사 22,22의 인용이다. 거기에서 다윗의 열쇠는 충실한 종 엘리아킴에게 주어지고 엘리아킴은 유다 왕실을 관리할 책임을 떠맡는다. 이 다윗의 열쇠는 부활하신 그리스도의 권위를 가리킨다. 그리스도께서는 하늘과 땅(마태 28,18), 죽음과 지옥(묵시 1,18)의 온갖 권한을 가지고 하느님의 집안(에페 2,22; 히브 3,6)인 교회를 다스리신다. 그분은 당신을 충실히 따르는 필라델피아의 그리스도인들에게 아무도 닫을 수 없는 문을 활짝 열어두셨다(3,8). 이 문은 복음을 선포할 기회인 동시에 메시아 왕국으로 들어가는 입구다. 필라델피아 공동체는 주님의 말씀을 굳게 지키고 그분의 이름을 증언하였으므로 주님께서는 그들을 튼튼하게 지켜주시고 아무도 그에게서 승리의 화관을 빼앗아 가지 못하게 하실 것이다(3,9-11).

마지막으로 일곱째 편지는 라오디게이아 교회를 겨냥한다(묵시 3,14-22). 필라델피아에서 남동쪽으로 64킬로미터 정도 떨어진 라오디게이아는 안티오쿠스 2세(기원전 261-246년)가 창건하였고 로마 시대에 중요한 상업도시로 발전하였다. 금융의 중심지이기도 한 이곳은 옷감과 양탄자 제조업이 발달했고 안약으로 사용하던 '프리기아 가루'로 유명한 의술 학교가 자리잡고 있었다. 이곳은 서기 60년경에 대지진이 났을 때도 제국의 도움 없이 자력으로 폐허에서 일어났을 정도로 부요한 도시였다. 근처에는 오늘날 파묵 깔레로 알려진 가파른 벼랑에서 흘러나오는 온천이 있다. 라오디게이아의 미적지근한 신앙을 고발하는 "너는 차지도 않고 뜨겁지도 않다"(3,15)는 표현은 이 온천을 염두에 둔 것이다. 라오디게이아 교회는 착각 속에 빠져 있다. 스스로 부자라고 말하면서 자신이 비참하고 가난하며 눈멀고 벌거벗었다는 것을 모른다. 부활하신 주님께서는 이 공동체에 권고한다. 그곳 그리스도인들은 불로 단련된 금을 사서 부자가 되고, 흰옷을 입어 벌거벗은 몸을 가리며, 안약을 눈에 발라 눈을 떠야 한다. 금과 흰옷과 안약은 라오디게이아의 특산품이다. 3,19의 말씀은 비단 라오디게이아 교회에만 해당되는 권고는 아니다. "나는 내가 사랑하는 자일수록 책망도 하고 징계도 한다. 그러므로 너는 열심히 노력하고 네 잘못을 뉘우쳐라."

그리스도께서는 각 교회에 보내는 편지마다 마지막에 일곱 교회에 공통의 충고를 덧붙이신다. "귀 있는 자는 성령께서 여러 교회에 하시는 말씀을 들어야 한다"(2,7.11.17.29; 3,6.13.22).

제2주간: 천상 예배와 세말의 전조

범위: 묵시 4—11장
성가: 437
주제본문: 묵시 11장

    4장의 환시는 창조에 관한 것이고 5장의 환시는 구원에 관한 것이다. 이 환시의 기록은 여러 예언서 본문, 특히 에제 1—10장에서 영감을 받았다. 먼저 천상 성전에 관한 4장의 묘사는 에제 1장에서 따왔다. 요한이 성령에 사로잡혀 본 환시에는 천상 옥좌가 나오고 옥좌에 어떤 분이 앉아 계시는데, 그분의 모습은 벽옥과 홍옥같이 보였고 옥좌 둘레에는 비취옥 같은 무지개가 드리워져 있었다(4,2-3). 벽옥과 홍옥과 비취옥 같은 무지개는 하느님이 내뿜는 광채를 가리킨다(에제 1,26-28 참조).

    그 옥좌 둘레에는 흰옷을 입고 금관을 쓴 스물네 원로가 저마다 다른 어좌에 앉아 있고 옥좌 앞에서는 일곱 횃불이 타고 있었는데, 그것은 하느님의 일곱 영이시다. 스물넷이라는 수는 사제들의 24조(1역대 24,3-19)를 가리킬 수도 있고 열두 지파와 열두 사도를 가리킬 수도 있다. 묵시록의 원로들은 사제들처럼 하느님을 예배하는 역할을 맡는다(묵시 4,9-10; 5,8-11; 11,16-18; 19,4). 이들은 승리를 뜻하는 흰옷을 입고 임금처럼 머리에 금관을 쓰고 어좌에 앉아 있다. 그리스 임금이나 로마 황제의 사절들은 통상 흰옷을 입고 금관을 쓰고 나타났다. 원로들의 모습은 사제들의 왕국인 하느님 백성(묵시 1,6; 출애 19,6)에 딱 들어맞는다. 따라서 스물네 명의 원로는 천상에서 하느님 백성인 지상 교회를 대표한다고 할 수 있다. 즈가 4장의 환시를 보면 일곱 등잔은 세상을 살피시는 하느님의 눈으로 묘사된다(4,2.10). 묵시 5,6에서 어린양의 일곱 눈은 세상에 파견된 일곱 영이다. 요한은 일곱 횃불을 일곱 천사와 동일시한다. 유다교 전승에서 타오르는 횃불은 하느님 앞에서 시중드는 일곱 대천사 곧 미가엘 · 가브리엘 · 라파엘 · 우리엘 · 라구엘 · 사리엘 · 르미엘을 가리킨다(1에녹 20,1-8).

옥좌 앞에는 수정처럼 맑은 유리 바다가 있었다. 이 유리 바다는 궁창 위의 윗물을 가리킨다(창세 1,7; 시편 104,3). 고대의 신화에서 큰 바다는 혼돈 또는 심연을 뜻한다. 새 하늘에는 더 이상 바다가 없다는 묵시 21,1의 언급에 주목할 필요가 있다.

하느님의 옥좌는 네 생물 위에 놓여 있었는데, 그들은 저마다 사자 · 황소 · 사람 얼굴 · 독수리 같았다. 네 생물은 날개를 여섯 개씩 가지고 몸에 눈이 가득 달려 있었다. 그들은 밤낮 쉬지 않고 "거룩하시다. 거룩하시다. 거룩하시다. 전능하신 주 하느님, 전에도 계셨고 지금도 계시고 장차 오실 분이시로다"(묵시 4,8; 이사 6,3) 하고 외치고 있었다. 리옹의 이레네우스 성인은 이 네 생물을 네 복음서 저자를 가리키는 상징으로 풀이하였다(180년경). 사자는 마르코, 황소는 루가, 사람은 마태오, 독수리는 요한으로 여겼다. 그러나 네 생물에 대한 묘사는 묵시록의 저자가 에제 1,5-25의 거룹 묘사(참조: 에제 10,14)에서 직접 영감을 받아 서술한 것이고 하느님이 창조하고 다스리시는 온 세상을 가리킨다. 고대 근동의 날개 달린 스핑크스에서 영감을 받아 에제키엘이 묘사한 거룹은 인간 형체에 네 얼굴(사람·사자·황소·독수리)과 네 날개와 인간의 손을 가지고 있다. 요한은 에제키엘의 거룹 묘사를 좀더 단순화시켰지만 날개는 네 개가 아니라 이사 6장의 영향을 받아 여섯 개로 늘린다. 이사 6,3에서도 여기서처럼 거룹들이 하느님의 거룩하심을 삼중으로 선포한다. 네 생물의 온몸에 달린 눈은 하느님의 전지하심, 곧 온 세상을 꿰뚫어보시는 능력을 나타낸다.

네 생물의 찬양에 맞추어 스물네 원로도 옥좌에 앉아 계신 분 앞에 엎드려 경배하고 신하로서 복종과 충성을 바치겠다는 표시로 자기네 금관을 그 앞에 던지며 외쳤다. "주님이신 우리 하느님, 하느님은 영광과 영예와 권능을 누리실 만한 분이십니다. 주님께서는 모든 것을 창조하셨고 만물이 주님의 뜻에 의해서 생겨났고 또 존재합니다"(4,11).

창조의 환시가 끝나고 곧바로 구원의 환시(5장)가 이어진다. 구원의 환시에서 하느님은 수동적이고 어린양이 주인공으로 활약한다. 요한은 옥좌에 앉으신 분이 오른손에 일곱 겹으로 봉인된 두루마리 하나를 들고 계신 것을 보았다. 보통 한쪽에만 글이 씌어진 것과는 달리 이 두루마리는 안팎으로 글이 적혀 있었다(에제 2,9-10 참조). 두루마리는 파피루스나 양피지를 연이어서 길다란 천처럼 만들고 한쪽 끝에 원통 막대기를 달아 돌리면서 읽도록 되어 있었다. 봉인은 두루마리를 다 말고 끝부분을 밀초로 붙여쓴 글이나 주인의 인장을 찍어두는 것을 말한다. 권한을 가진 사람만 이 봉인을 뜯을 수 있다. 두루마리를 오른손으로 들고 계신다는 것은 이 두루마리에 대한 권한을 갖고 계신다는 뜻이다. 하느님은 이 권한을 다른 이에게 넘겨주고 싶어하신다. 성서에서 두루마리는 생명의 책(묵시 3,5; 13,18), 장차 올 사건의 계시(에제 2―3장), 구약성서(이사 29,11-12; 2고린 3,14-16) 등 다양한 의미를 지닌다. 여기서는 세상의 구원에 대한 하느님의 계획이다. 글이 두루마리 양쪽에 씌었다는 것은 이 계획의 완전하고 결정적인 성격을 말한다.

천사가 하나 나타나 큰소리로 "이 봉인을 떼고 두루마리를 펼 자격이 있는 자가 누구인가?" 하고 외쳤다(5,2). 그러나 그런 존재는 하늘에도 땅에도 땅 아래에도 없음을 알고 요한은 슬피 울었다. 천상과 지상과 지하는 고대인들의 우주관에 따르면 우주 전체이다. 그러자 한 원로가 유다 지파에서 난 사자, 곧 다윗의 뿌리가 승리하여 일곱 봉인을 뜯고 두루마리를 펼 수 있다고 말하였다. 요한은 '유다 지파에서 난 사자'와 '다윗의 뿌리'라는(5절) 메시아 칭호를 창세 49,9과 이사 11,1.10(로마 15,2 참조)에서 빌려왔다. 요한이 보니 옥좌와 네 생물과 원로들 사이에 살해된 어린양이 서 계셨는데 일곱 뿔과 일곱 눈, 곧 온 땅에 파견된 하느님의 일곱 영을 지니신 분이었다. 요한은 사자가 살해된 어린양임을 알게 된다. 곧 하느님의 결정적 권능(=사자)은 십자가 죽음(=어린양)에서 드러난다는 것이다. 살해된 어린양이 옥좌에 앉으신 분의 오른손에서 두루마리를 받자 네 생물과 스물네 원로가 수금과 향 대접으로 그분에게 합당한 예배를 드렸다. 하느님의 권능이 어린양에게 옮겨졌다는 것을 말한다. 그러자 네 생물과 스물네 원로는 유다인들의 공식 예배에서처럼 수금을 들고 노래를 부르며 향 대접, 곧 성도들의 기도를 하느님께 올렸다. 그들은 새 노래를 불렀다. 새 노래는 시편에서 자주 언급된다(시편 33,3; 40,3; 96,1; 98,1; 144,9; 149,1). 묵시록 저자는 새 이름(2,17; 3,12), 새 하늘과 새 땅(21,1), 새 예루살렘(21,10) 등 '새로움'을 자주 강조한다. 이 새로움은 시간의 새로움이라기보다는 성질이나 상태의 새로움을 말한다.

6장에는 어린양이 처음 여섯 봉인을 뜯는 환시가 나온다. 네 기사가 등장하는 6,1-8의 환시는 즈가 1,8-11; 6,1-8에서 영감을 받았다. 네 기사는 종말을 가리키는 표징이다. 첫째 봉인을 뜯자 네 생물 가운데 하나가 천둥 같은 소리로 "오너라" 하고 말하였다. 천둥 같은 소리를 내는 생물은 사자이다(10,3-4). 그러자 흰 말을 타고 활을 가진 첫째 기사가 등장한다. 흰색은 승리를 뜻하며 이 첫째 기사는 정복자 또는 거짓 메시아이다. 둘째 봉인을 뜯자 둘째 생물이 "오너라" 하고 말하고 붉은 말을 타고 칼을 든 둘째 기사가 나타난다. 둘째 기사는 전쟁의 파괴를 가리킨다. 셋째 봉인을 뜯자 셋째 생물이 "오너라" 하고 말하고 검은 말을 타고 저울을 든 셋째 기사가 등장한다. 이 셋째 기사는 기근을 상징한다. 넷째 봉인을 뜯자 넷째 생물이 "오너라" 하고 말하고 푸르스름한 말을 탄 죽음이라는 이름을 지닌 넷째 기사가 등장한다. 넷째 기사는 치명적 전염병을 상징한다. 전쟁과 기근과 흑사병과 들짐승으로 인류의 사분의 일이 쓰러질 것이다(6,8). 8,7-12에서는 삼분의 일이 쓰러진다.

어린양이 다섯째 봉인(6,9-11)을 뜯었을 때, 요한은 하느님의 말씀 때문에 살해된 이들의 영혼이 제단 아래에 있는 것을 보았다. 성전 제단 위에서는 희생 제물을 태우고 그 제단 밑에는 제물의 생명인 피를 뿌렸다(레위 4,7; 17,11). 묵시록에서 여기 처음으로 등장하는 제단은 천상 제단을 말한다. 살해된 이들은 순교자들이고 그들이 제단 아래 있다는 것은 지상의 십자가 제단에서 희생되고 천상에서 아버지 하느님의 영역에 들어가신 예수 그리스도와 같은 운명을 나누고 있다는 것이다. 그들에게는 승리와 영광을 뜻하는 희고 긴 겉옷이 주어졌고 다른 동료들의 수가 찰 때까지 조금 더 기다려야 한다.

어린양이 여섯째 봉인을 뜯자 공관 복음의 묵시록에 언급된 것과 같은 우주적 대재난이 일어난다(6,12-17). 큰 지진이 일어나고 해가 검붉은 핏빛으로 변하며, 하늘의 별들이 설익은 무화과 열매가 떨어지듯 흔들려 땅에 떨어지고 하늘이 두루마리처럼 둘둘 말려 사라져 버리고 산과 섬도 없어져 버린다. 권세가와 노예와 자유인 등 모든 계층 사람들이 옥좌에 계신 하느님과 그분의 어린양이 개입하시어 심판하실 진노의 날(시편 110,5; 에제 7,1-9; 요엘 2,11; 스바 1,14-15; 말라 3,2)을 공포에 떨면서 맞이한다. 불의한 자들에게는 심판이 떨어지겠지만 의인들에게는 구원이 주어질 것이다.

7장의 환시 이야기는 에제 9장에서 영감을 받아 기록한 것이다. 요한은 네 천사가 땅의 네 모퉁이에 서서 네 바람을 붙잡고 있는 것을 보았다. 저자는 지구의 표면을 사각형으로 생각한다. 유다교 전승에서 네 천사들에게서 나온 바람이나 지구의 네 구석에서 불어오는 바람은 해를 끼치는 것이었다. 천사들은 하느님께서 선택된 이들을 봉인하실 때까지 폭풍우가 지상을 해치지 못하도록 막는다. 인장을 받는다는 것은 구원을 받아 하느님께 소속된다는 뜻이다. 인장을 받은 십사만사천 명은 이스라엘의 각 지파에서 만이천 명씩 나온 수로서 하느님 백성의 충만함을 가리키는 상징이다. 그러나 이들을 9-10절에 묘사된 이들과 다르게 생각하는 것은 잘못이다. 곧 요한이 여기서 하느님 백성을 유다계 그리스도인들(7,5-8)과 이방계 그리스도인들(9-10절)로 나누는 것으로 이해해서는 안 된다는 것이다. 하느님 백성 전체가 이집트를 탈출하여 광야를 거쳐 약속의 땅으로 들어가는 순례의 여정을 밟는다. 9-10절은 이 하느님 백성이 마침내 순례의 여정을 모두 끝내고 천상에서 구원의 축제를 지내는 모습을 묘사한다. 이 축제는 구원된 모든 이가 야자나무 가지를 들고 있는 것으로 보아 천상의 초막절이다. 유다교 전통에서 초막절은 종말론적 축제이다.

  8―9장은 일곱째 봉인을 뜯는 환시(8,1-5)와 처음 여섯 나팔의 환시를 전한다. 어린양이 일곱째 봉인을 뜯자 하늘에서는 반시간 가량 침묵이 흘렀다. 그런 다음 일곱 천사가 하느님 앞에서 일곱 나팔을 들고 서 있었다. 다른 천사가 금향로를 들고 나와 성도들의 기도를 하느님께 바쳤다. 하늘의 침묵은 여러 가지 의미를 지닌다. 성도들의 기도를 잘 들리게 하려는 배려, 태초의 침묵(4에즈 7,30-33 참조), 하느님의 발현을 준비함(참조: 1열왕 19,12; 욥 4,16; 스바 1,7; 즈가 2,17), 전례 중의 침묵(예루살렘 성전에서는 분향 예물을 올리는 동안 침묵을 지켰다) 등. 성도들의

기도가 올려진 다음 일곱 천사가 일곱 나팔을 불기 시작하였다. 구약에서 나팔소리는 하느님의 심판(이사 27,13; 요엘 2,1; 스바 1,16)을, 신약에서는 최후심판(마태 24,31; 1고린 15,52; 1데살 4,16)을 선포할 때 울려 퍼진다. 심판을 알리는 일곱 나팔은 하느님의 분노가 담긴 일곱 대접처럼 이집트의 열 재앙(출애 7—12장)을 종말 사건과 연결시키려는 시도로 볼 수 있다. 묵시록에서처럼 열 재앙이 종말론적으로 해석되는 예는 다른 묵시문학에서는 거의 찾아볼 수 없다. 일곱 나팔과 함께 찾아온 재앙들은 세상을 파괴하되 그 범위가 삼분의 일로 제한된다. 이는 이 재앙들이 세상을 완전히 파괴할, 일곱 대접에서 쏟아져 나올 본격적인 대재앙의 전조임을 드러내기 위한 것이다.

먼저 네 재앙이 소개된다(8,6-12). 첫째 나팔소리와 더불어 찾아온 재앙은 피 섞인 우박과 불이 땅의 삼분의 일을 태워버리는 것이다. 이는 이집트의 일곱째 재앙에 해당하며(출애 9,22-25) 분노의 일곱 대접 가운데 넷째와 일곱째 재앙과 같다(묵시 16,8-9.17-21). 둘째 나팔소리와 더불어 찾아온 재앙은 불타는 큰 산이 바다에 빠져 바다의 모든 생명체와 배를 삼분의 일이나 파괴하는 것이다. 이는 이집트의 첫째 재앙에 해당하며(출애 7,20-21) 두번째 분노의 대접에 쏟아진 재앙과 같다(묵시 16,3). 셋째 나팔소리와 함께 찾아온 재앙은 '쓴 쑥'이라는 이름의 별이 강들과 샘들을 덮쳐 그 삼분의 일을 독이 든 물로 바꾸고 이를 마신 사람들을 죽게 하는 것이다. '쓴 쑥 별'의 재앙은 이집트 재앙과 대접 재앙에 나타나지 않는다. 넷째 나팔소리와 함께 찾아온 재앙은 해·달·별 등 천체의 삼분의 일이 어두워지는 것이다. 이집트의 아홉째 재앙(출애 10,21)과 다섯째 대접 재앙에 해당한다(묵시 16,10).

　네 나팔소리가 울린 다음 독수리 한 마리가 하늘 높이 날아오르며 아직도 세 천사가 불려고 하는 세 재앙의 나팔소리가 남아 있다고 말한다(8,13). 남아 있는 세 재앙은 다섯째·여섯째·일곱째 재앙으로 이에 대한 분명한 언급이 나온다(9,12; 11,14). 다섯째 재앙과 여섯째 재앙은 9장에서 묘사된다. 다섯째 나팔소리가 나자 하늘에서 별 하나가 떨어졌고 그에게 지하로 내려가는 입구의 열쇠가 주어졌다. 이 별은 초자연적 존재를 가리키며 이런 초자연적 존재가 하늘에서 떨어진다는 표상은 묵시문학에서 천사들의 타락과 추락을 가리킬 때 자주 이용된다. 하늘에서 떨어진 이 별이 지하 입구를 열자 그곳에서 연기와 더불어 메뚜기떼가 나와 온 땅에 퍼졌다. 이 메뚜기들은 땅의 식물은 그대로 두고 이마에 하느님의 인장을 받지 않은 사람들만 해치라는 명령을 받았다. 그러나 그들을 죽이지는 말고 다섯 달 동안 괴롭히기만 하라는 명령을 받았다. 메뚜기 재앙은 이집트의 여덟째 재앙이다(출애 10,4-20). 묵시록의 대접 재앙에는 메뚜기떼가 나오지 않는다. 여섯째 나팔소리와 함께 닥친 재앙은 유프라테스강 너머 민족의 침략이다. 나팔소리가 난 뒤에 한 제단의 네 모퉁이 뿔에서 유프라테스강에 묶여 있는 네 천사를 풀어주라는 목소리가 들렸다. 여기 네 천사는 네 민족을 가리킨다. 유프라테스는 이스라엘을 괴롭힌 아시리아 제국과 바빌론 제국의 대표적 큰 강이었고 묵시록의 저자가 살던 시대에는 로마 제국의 동쪽 경계였다. 그 강 건너에는 무서운 파르티아 제국이 자리잡고 있었다. 네 천사가 풀려나자 붉은색과 파란색과 노란색 갑옷을 입은 기병들이 나타났는데, 이 색깔은 그들이 탄 말의 입에서 뿜어져 나오는 불과 연기와 유황 색깔과 맞아떨어진다. 기병들은 이 세 가지 재앙으로 인류의 삼분의 일을 죽인다. 그런데 이 재앙에서 살아남은 자들도 열 가지 재앙을 겪고도 회개하지 않은 파라오처럼 우상숭배를 단념하지 않는다. 묵시록 저자는 다른 성서 저자들처럼 근원적 죄란 인간의 윤리적 탈선이 아니라, 자신이 창조주에게서 나왔고 그분에게 속해 있다는 사실을 받아들이려 하지 않고 자신이 만들어 낸 허상을 절대자로 받들어 섬기는 우상숭배라고 믿는다. 회개란 하느님 없이 홀로 서기를 하려는 시도를 포기하고 그분과 함께 삶을 엮어가기로 작정한다는 것을 말한다. 이 여섯째 재앙은 똑같이 유프라테스가 언급된 여섯째 대접 재앙과 비슷하다.

여섯째 나팔소리와 재앙의 환시 다음에 요한은 두 개의 또 다른 환시를 소개한다. 에제 2,8—3,3에서 영감을 받은 10장의 환시에서는 머리에 무지개를 두르고 얼굴은 해와 같고 발은 불기둥과 같은 큰 천사가 구름에 휩싸여 하늘에서 내려오고 있었는데, 그의 손에는 작은 두루마리가 펼쳐져 있었다. 묵시록에서 큰 천사는 셋뿐이다(5,2; 10,1; 18,21). 구름과 무지개와 해와 불기둥은 모두 하느님의 영광을 반영하는 표상이다. 이 큰 천사는 하느님의 사자인 동시에 예수 그리스도의 사자이다. 작은 두루마리가 펼쳐져 있다는 것은 이 두루마리가 곧 일어날 사건에 대한 제한된 계시를 담고 있다는 뜻이다. 천사가 사자처럼 큰소리로 외치자 일곱 천둥도 저마다 소리를 내며 말하였다. 천둥은 메시지의 초월적 성격을 가리키는데, 요한이 그것을 기록하려고 하자 하늘에서 그것을 기록하지 말고 봉인해 두라는 소리가 들려왔다. 다니 8,26에서도 환시를 봉인해 두라는 명령이 나온다. 요한은 자신에게 전달된 메시지를 당분간 비밀로 해야 한다. 땅과 바다를 딛고 선 천사는 하늘을 향해 오른손을 쳐들고, 곧 우주의 세 부분을 만지면서 그것들을 창조하신 하느님께 장엄하게 맹세한다. 이제 일곱째 천사가 나팔을 불 때 하느님께서 당신의 종 예언자들에게 선포하신 대로 그분의 신비로운 계획이 밝혀질 것이라고….

요한에게 하늘에서 또 소리가 들려왔다. 천사에게 두루마리를 받아 삼키라는 명령이었다. 그런데 삼켜보니 두 가지 상반된 맛, 곧 꿀같이 단맛과 배를 쓰리게 하는 쓴맛이 났다. 에제키엘에게는 심판을 예언하는 소명이 꿀처럼 달았지만(에제 3,1-3), 요한에게는 달면서도 썼다. 그러나 에제키엘도 소명을 수행하면서 쓰라림과 초조함, 자신을 무겁게 짓누르는 주님의 손길을 느꼈다(에제 3,14). 하느님의 모든 말씀은 심지어 심판의 예고조차도 은혜인 동시에 도전이다. 하느님의 말씀을 전하는 사람은 누구나 이 두 가지 맛, 달고도 쓴맛을 체험한다(예레 15,16-18 참조).

11장은 두 증인 대목(1-14절)과 일곱째 나팔 대목(15-19절)으로 나뉜다. 요한은 지팡이 같은 측량자를 받고 하느님의 성전과 제단, 그리고 성전 안에서 예배하는 이들을 재라는 명령을 듣는다. 성전은 교회를 상징한다. 성전의 측량은 7,1-8에서처럼 아무도 범접하지 못하도록 교회를 봉인하는 것이다. 하느님의 인장이 찍힌 이들은 그분에게 속한 공동체가 된다. 하느님은 두 증인을 내세우시고 그들에게 베옷을 입혀 천이백육십 일 동안 예언을 하게 하실 것이다. 이 기간은 이민족이 거룩한 도성 예루살렘, 곧 교회를 짓밟는 마흔두 달과 거의 같은 세월인데, 요한은 안티오쿠스 에피파네스의 박해 기간을 삼 년 반으로 제시한 다니 7,25와 12,7에서 영감을 받았다. 요한은 즈가 4,2-3.11-14에서 영감을 받아 두 증인을 두 올리브나무와 두 등잔대로 제시한다. 즈가리야서에서 등잔대는 이스라엘, 올리브나무들은 다윗 가문의 혈통을 이어받은 임금 즈루빠벨과 대사제 여호수아이다. 두 사람은 온 세상의 주님 곁에 서 있는 두 명의 기름부음받은 이들이다(즈가 4,14). 묵시 11장에서 두 증인은 하늘에서 불을 내뿜고 비가 내리지 않도록 하늘을 닫은 엘리야와 물을 피로 바꾸는 등 온갖 재앙으로 이집트를 친 모세(6절) 또는 그리스도의 십자가 길을 따르는 교회를(7-12절) 가리킨다. 유다교에서 모세와 엘리야는 종말에 메시아의 길을 준비하는 사자들이다(말라 3,22-24; 참조: 신명 18,15-18).

  두 증인은 지하에서 올라오는 짐승에게 살해되고 그들의 주검은 큰 도성의 한길가에 버려질 것이다. 이 짐승은 교회를 박해하는 사탄의 세력이다(묵시 20,7-9 참조). 묵시록의 저자가 염두에 둔 큰 도성은 언제나 로마지만, 로마의 죄악을 강조하기 위하여 유비적으로 방탕한 성읍의 전형인 소돔, 우상을 섬기면서 하느님 백성에게 적대적인 이집트, 이스라엘을 억압하고 유배 보낸 바빌론, 예언자들을 죽인 예루살렘 등도 곧잘 내세운다. 두 예언자가 죽자 땅의 주민들, 곧 도성의 주민들은 자기네를 억압하던 이들이 죽었다며 기뻐할 것이다. 초기 유다이즘에서는 수난과 순교가 예언자의 소명에 직결되어 있었다(느헤 9,26; 1데살 2,15; 마태 23,34-36; 루가 11,49-51; 사도 7,52). 예언자들이 죽어 지낸 사흘 반은 그들이 활동하던 삼 년 반에 비해 매우 짧다. 이 사흘 반은 예수님이 무덤에 갇혀 계시던 사흘을 연상케 한다. 사흘 반이 지나고 생명의 숨이 하느님한테 나와 그들에게 들어갔고 그들이 제 발로 일어섰다. 그들의 부활과 관련하여 요한은 에제 37장에서 영감을 받은 것이 사실이지만 거기서 그치지 않고 '하느님의 어좌 앞에 서 계시는 살해되신 어린양'(5,6)을 염두에 두었을 것이다. 두 예언자가 구름을 타고 하늘로 올라가자 큰 지진이 일어나 도성의 십분의 일이 무너지고 주민 칠천 명이 죽었다. 이와는 달리 열왕기의 엘리야 이야기에서는 칠천 명이 주님께 충실한 이들이었다(1열왕 19,18). 이를 보고 남은 사람들은 두려움에 싸여 회개하고 하늘의 하느님께 영광을 드렸다. 여기까지가 둘째 재앙이고 셋째 재앙이 곧 일어날 것이다(11,14).

　일곱째 천사가 나팔을 불자 하늘에서 큰소리가 울렸다. "세상 나라는 우리 주님과 그분이 세우신 나라가 되었고 그리스도께서 영원 무궁토록 군림하실 것이다"(11,15). 하느님께서 사탄과 그의 졸개들이 세상을 잠시 지배하도록 허락하셨지만, 이제 당신의 메시아와 함께 세상의 주권을 다시 장악하셨음을 말한다. 그때 스물네 원로가 얼굴을 땅에 대고 하느님을 경배하며 권능을 쥐시고 통치권을 다시 행사하기 시작한 하느님께 감사를 드린다고 말한다. 또한 이제 죽은 이들이 심판받을 때가 와서 하느님을 경외하는 사람들은 모두 상을 받고 땅을 어지럽히던 자들은 벌을 받을 것이라고 덧붙인다. 그러자 하늘 성전이 열리고 성전 안에 있던 하느님의 계약 궤가 보이면서 번개 · 천둥 · 지진이 일어나고 큰 우박이 떨어졌다(11,19). 출애 25장에 따르면 지상의 계약 궤는 천상의 원형 궤를 본떠 만든 것이다. 유다교 전승에서는 사라진 계약 궤가 종말에 다시 나타나는 것으로 되어 있다(2마카 2,8 참조). 하느님의 현현 때 일어나는 자연 현상(출애 19,16; 참조: 묵시 8,5에서는 일곱 나팔소리가 이 현상에 이어진다)과 더불어 천상의 계약 궤가 보였으니 종말이 다가왔음이 분명하다.

제3주간: 시련과 선악의 대격돌

범위: 묵시 12—18장
성가: 79
주제본문: 묵시 18장

이 대목은 종말 사건이 진행되는 과정을 다룬다. 12—13장은 현재 위세를 떨치는 악의 세력의 근원을 밝히는 데 주력한다. 12장은 임신한 여인과 용의 대립을 묘사한다. 여기서 여인은 메시아를 낳는 하느님의 백성을 상징하고 용은 창세 3장의 '옛 뱀'인 사탄(12,9)이다. 많은 교부들과 교회의 전례, 레지오 마리애 신심 단체 등에서는 이 여인을 메시아의 어머니이신 마리아로 여기는데, 묵시록의 저자가 이 대목에서 마리아를 교회의 상징으로 제시한 것으로 볼 수도 있다. 중국에서는 황제나 왕자·영웅·위인 등 위대한 인물을 용으로 묘사하지만 고대 근동에서 용은 혼돈과 파괴를 상징한다. 묵시록의 붉은(피와 살인의 색) 용은 일곱 머리에 금관을 쓰고 다니 7,7의 네번째 짐승처럼 열 개의 뿔(힘을 상징)을 가진 막강한 권능의 소유자이다. 용은 해산하려는 여인 앞에 지켜서서 이제 막 낳으려는 아들을 집어삼키려고 하였다. 그러나 하느님께서 아들을 당신의 천상 옥좌로 들어올리셨다. 하느님께서 십자가에 매달려 돌아가신 예수님을 당신 오른편에 앉히신 것을 말한다. 여인은 광야로 달아나 악의 세력이 판을 치는 천이백육십 일(11,2 참조) 동안 하느님의 보호를 받았다.

하늘에서는 대천사 미가엘과 그의 천사들이 용과 싸워 이기고 그 졸개들과 함께 용을 하늘에서 내쫓았다. 지상에 떨어진 용은 여인을 쫓아갔지만 여인은 큰 독수리 두 날개를 달고 광야에 있는 자기 처소로 날아가 삼 년 반 동안 그곳에서 지냈다. 뱀은 계속해서 여인의 나머지 후손들을 공격하려고 하였다. 이는 교회가 지상에서 하느님의 특별한 보호를 받고 있지만 거기에 몸담고 있는 그리스도인들이 아직 뱀의 공격에서 자유롭지 못하다는 것을 가리킨다.

13장에는 두 짐승이 용의 도구로 등장하는데, 로마와 황제숭배를 강요한 자들을 가리키는 표상이다. 사탄인 용은 바다에서 올라온 짐승에게 자기 권한을 나누어주었다. 이 짐승은 용처럼 뿔이 열이고 일곱 머리에 작은 관을 쓰고 있었으며 표범의 모습, 곰 발바닥, 사자의 입을 닮았다. 이 짐승의 모습은 전체적으로 다니 7,2-8의 네 짐승을 떠올리게 한다. 짐승의 머리 하나가 상처를 입어 죽은 것 같더니만 죽음에서 부활하신 어린양처럼 상처가 깨끗이 나아 살아났다. 여기에 현혹된 사람들은 용과 짐승에게 경배하였다. 상처가 나은 짐승은 죽었던 네로가 부활할 것이라는 전설을 가리킨다. 교만해진 이 짐승은 마흔두 달 동안, 곧 삼 년 반 동안 하느님을 모독하는 말을 하며 설쳐댔다. 오직 살해된 어린양이 갖고 계신 생명의 책에 기록되지 않은 자들만이 그 짐승에게 경배할 것이다. 감옥에 끌려가고 살해되는 그리스도인들이 생겨날 것이다(13,9-10). 이런 박해 상황에서 성도들에게는 특별한 인내와 믿음이 요구된다.

둘째 짐승은 첫째 짐승의 권한을 물려받아 사람들로 하여금 첫째 짐승을 경배하게 만들었다. 이 짐승은 황제숭배를 조장하는 자들로서 나중에 거짓 예언자로 일컬어진다(16,13; 19,20; 20,10). 어린양처럼 뿔이 둘인 둘째 짐승도 큰 표징을 일으켜서 사람들을 현혹하였다. 사람들이 보는 앞에서 엘리야처럼 하늘에서 땅에 불을 내렸던 것이다. 둘째 짐승은 땅의 주민들에게 칼을 맞고도 살아난 첫째 짐승의 상을 세우고 그 상에게 숨을 불어넣었다. 이는 신상에 생명을 불어넣는 고대 바빌론이나 이집트의 의식을 반영한다. 첫째 짐승의 상은 말을 하기도 하고 자기를 경배하는 자들을 죽게도 할 수 있었다. 또 자기를 경배하는 자들은 모두 오른손이나 이마에 숫자로 된 자신의 이름표를 받게 하였고, 이 표를 받지 않은 사람은 물건을 사지도 팔지도 못하게 함으로써 황제숭배를 거부하는 이들에게 불이익을 주고 소외시켰다. 짐승의 이름표 숫자는 666이다. 어떤 수사본에는 616으로 되어 있다. 666은 완전한 숫자 7에서 하나가 부족한 6이 셋이 모였으니 흉수 중의 흉수다. 이 숫자는 로마 제국이나 제국을 대표하는 황제, 구체적으로는 네로 황제를 뜻한다(13,18). 히브리어로 네로 황제는 네론 체사르(Neron Caesar)인데 이 이름의 알파벳 자음을 숫자로 환원하면 666이 된다. 또 네로 황제의 라틴어식 이름(Nero Caesar)을 숫자로 환원하면 616이 된다(「성서입문 상권」 219-220쪽 참조).

14장은 심판의 예고를 다룬다. 먼저 사탄과 두 짐승과 그 추종자들에게 맞서 시온산 위에 서 있는 어린양과 그분을 따르는 십사만사천 명(7,4)을 소개한다(14,1-5). 시온산은 성전이 자리 잡은 동산 이름인데, 예루살렘 자체를 가리키기도 한다. 세말에 이곳은 메시아 왕국의 중심지가 된다. 어린양을 따르는 십사만 사천 명은 천상 옥좌와 네 생물과 원로들 앞에서 '새 노래'를 부르고 있었다. 그들은 동정을 지킨 이들이다. 여기서 동정은 처녀성과 같은 육체적 순결을 뜻하는 것이 아니라 우상숭배(풍산신 숭배에서 종교적 혼음)에 물들지 않음을 가리킨다. 곧 로마 황제숭배를 거부하고 그리스도와 완전히 일치해 있음을 말한다.

그 다음 최후심판이 예고된다(6-13절). 요한은 온 땅에 선포할 영원한 복음을 지닌 한 천사가 하늘 높이 나는 것을 보았다. 그 천사는 하느님께서 심판하실 때가 왔으니 그분께 영광과 경배를 드리라고 큰소리로 말하였다. 그러자 두번째 천사가 뒤따라오면서 바빌론이 자기 자신뿐 아니라 다른 민족을 음행, 곧 우상숭배에 빠지게 한 죄로 무너졌다고 외쳤다. 예언자들은 바빌론을 우상숭배와 부도덕의 표상으로 여겼는데(참조: 이사 21,9; 예레 51,7-8), 여기서는 로마를 가리킨다. 그들은 물을 타지 않은, 하느님의 진노의 술을 마시고 어린양과 거룩한 천사들 앞에서 불과 유황으로 고통을 받을 것이다. 불과 유황은 시체와 쓰레기를 소각하던 예루살렘 남서쪽 계곡 게엔나(히브리어로 '벤 힌놈')의 표상이다. 둘째 천사의 외침에 이어 "'이제부터는 주님을 섬기다가 죽는 사람들이 행복하다'고 기록하여라" 하는 또 다른 목소리가 하늘에서 들려왔고 성령께서 이에 화답하였다. "옳은 말이다. 그들은 수고를 그치고 쉬게 될 것이다. 그들의 업적이 언제나 남아 있기 때문이다"(13절).

　이어지는 곡식 수확과 포도 수확의 환시는 이민족의 전멸을 선포하는 요엘 3,12-13에서 영감을 받은 것 같다. 요엘서에서 이 두 수확은 둘 다 징벌만을 뜻하는 심판의 표상인 데 반해 요한은 곡식 수확은 구원을, 포도 수확은 징벌을 뜻하는 것으로 변형한다. 이처럼 심판은 구원과 징벌이라는 두 가지 상반된 양상으로 드러난다. 14장 마지막에 포도확에서 나온 피가 퍼져 나간 거리, 천육백 스타디온(=약 296킬로미터.「공동번역」: '천리 가량')은 '온 세상'을 가리키는 상징적 숫자이다. 1,600은 완전한 수 40의 40배이고 40은 사방, 곧 온 세상을 뜻하는 4에다 또 다른 완전한 수 10을 곱한 수이다.

　15―16장은 마지막 일곱 재앙을 다룬다. 15장의 환시에서는 일곱 재앙이 선고되고 16장의 환시에서는 이 일곱 재앙이 하느님 분노의 일곱 대접에서 하나하나 지상에 쏟아진다. 15장 첫머리에서 요한은 일곱 천사가 가져올 마지막 일곱 재앙으로 하느님의 분노가 끝나게 될 것이라고 예고한다. 요한은 일곱 천사와 더불어 불이 섞인 유리 바다(4,6 참조)를 보았는데, 그 바다 위에는 바다에서 올라온 첫째 짐승(13,1)을 무찌르고 승리한 이들, 곧 황제숭배에 자신을 더럽히지 않은 이들이 서서 모세와 어린양의 노래를 부르고 있었다(15,3-4). 모세의 노래는 이집트 탈출 때 갈대 바다를 무사히 건넌 이스라엘인들이 부르던 승리와 감사의 노래다(출애 15장). 짐승을 무찌르고 승리한 이들의 노래는 승리보다는 하느님을 찬양하는 데 초점을 맞춘다. 그들이 모세의 노래와 더불어 어린양의 노래를 불렀다는 것은 그들의

승리가 어린양이 십자가 희생으로 죽음과 사탄의 세력을 눌러 이긴 승리에 연결된다는 뜻이다. 그뒤에 증거의 천막 성전이 열리고 일곱 재앙을 가진 일곱 천사가 성전에서 나왔다. 그러자 네 생물 가운데 하나가 하느님의 분노가 담긴 금대접 일곱을 일곱 천사에게 넘겨주었다.

16장의 일곱 재앙도 나팔소리와 함께 터져 나온 8—9장의 일곱 재앙들처럼 이집트의 재앙을 떠올리게 한다. 그리고 앞의 일곱 재앙처럼 여기서도 처음 네 재앙이 뒤의 세 재앙보다 빨리 진행된다. 황제숭배자들에게 고약한 종기가 생겨나게 한 첫째 재앙(2절)은 출애 9,8-11에 나오고, 바다를 피로 만들어 그곳의 모든 생물을 죽게 한 둘째 재앙과 강물과 샘을 피로 만들어 그것을 마신 사람들을 죽게 한 셋째 재앙(3-4절)은 출애 7,15-25에 나온다. 넷째 재앙은 불로 태우는 권한을 받은 해가 뜨거운 열로 사람들을 태우는 것인데(8-9절), 이집트의 재앙에는 없다. 첫째 짐승이 다스리는 나라를 어둠의 세계로 만든 다섯째 재앙(10-11절)은 출애 10,21-23에 나온다.

출애 7,27-29의 개구리 재앙을 연상시키는 여섯째 재앙(12-16절)은 꽤나 자세하게 묘사된다. 여섯째 천사가 자기 대접을 유프라테스강에 쏟자 강물이 말라 해 돋는 쪽의 임금들, 곧 파르티아 지방의 임금들이 쳐들어올 수 있도록 길이 마련되었다. 그때 용과 첫째 짐승과 거짓 예언자(첫째 짐승을 대변하여 사람들을 속이는 둘째 짐승을 말함)의 입에서 개구리 같은 더러운 영 셋이 튀어나왔다. 개구리는 다섯째 나팔소리와 함께 지옥에서 올라온 메뚜기들처럼 악마적 존재요 더러운 영이다. 더러운 영은 복음서에서 예수님에게 쫓겨난다(마르 1,23-27). "그날이 오면, 만군의 야훼가 말한다. 나는 온 세상에서 우상을 없애 그런 것은 기억조차 못하게 하리라. 또 이 세상에서 더러운 영을 받는 예언자들을 쓸어버리리라"(즈가 13,2). 그 더러운 세 영은 히브리어로 '하르마게돈', 곧 가르멜산 밑 이즈르엘 평야에 위치한 격전지 므기또산으로 임금들을 불러모았다. 하르마게돈의 그리스어 음역은 '하르 므기또(므기또산)'이다. 므기또는 옛날부터 큰 전투가 벌어졌던 전략적 요충지였다(판관 4,12-16). 또한 요시야 임금이 이집트의 파라오 느고에게 패하여 전사한 곳으로 대재앙의 상징이기도 하다(2열왕 23,29). 요한은 여기서 되살아난 네로가 파르티아 군대의 수장이 되어 자기 원수들을 물리치고 왕좌를 다시 차지하게 될 것이라는 전설을 염두에 두고 있는 것 같다. 마귀들의 더러운 영 셋은 세상 모든 임금을 불러모아 자기네 편으로 끌어들이고 전투를 준비한다. 그들의 목적은 단순히 로마를 정복하는 것에 그치지 않고 궁극적으로는 어린양을 패배시키는 것이다. 이제 주님의 날이 동터오고 우주적 대전투가 시작된다.

갑자기 주님의 목소리가 들린다. "잘 들어라. 내가 도둑같이 오겠다. 벌거벗고 다니는 부끄러운 꼴을 남에게 보이지 않으려고 정신을 차리고 자기 옷을 입고 있는 사람은 행복하다"(16,15; 참조: 3,3; 3,18; 마태 24,43; 루가 12,39; 1데살 5,2). 예수님의 이 목소리는 일부 학자들이 생각하는 것처럼 여기에 잘못 끼여든 것이 아니라 묵시록의 일곱 행복 선언(1,3; 14,13; 16,15; 19,9; 20,6; 22,7.14) 가운데 하나로 저자가 의도적으로 삽입한 것이다.

일곱째 재앙(18-21절)은 번개와 천둥과 지진 그리고 우박이다. 이 가운데 천둥과 우박은 출애 9,23-26에도 나온다. 천사가 일곱째 대접에 든 것을 공중에 쏟자 하늘 옥좌에서 '다 되었다' 하는 큰소리가 울려 나왔다. 15,1에 예고된 것처럼 마지막 재앙의 끝답게 이 재앙은 '공중에' 뿌려져 온 우주에 미친다. 번개와 천둥과 지진은 엄청난 사건에 동반된다(참조: 출애 9,24; 다니 12,1; 마르 13,19). 거기에 엄청난 양의 우박까지 가세한다. 큰 도성 곧 예루살렘, 바빌론 그리고 로마는 물론이요 모든 나라의 도시도 무너진다.

17—18장은 바빌론의 징벌을 다룬다. 바빌론은 예루살렘을 함락하고 솔로몬의 성전을 파괴하였으며 유다인들을 멀리 유배 보냈던 신바빌로니아의 수도였다. 여기서 바빌론은 하느님 백성의 원수인 로마 제국이다. 로마 제국은 바빌론처럼 제1차 유다 항쟁 때 예루살렘을 무너뜨리고 성전을 파괴하였으며 유다인들을 세계 곳곳으로 흩어지게 한 장본인이기 때문이다.

17장에서 천사는 바빌론, 곧 여신 로마(Dea Roma)를 상세히 묘사한다. 일곱 대접을 가진 천사 가운데 하나가 해설을 한다. 여기서 바빌론은 대창녀(「공동번역」: 엄청난 탕녀)로 묘사된다. 대창녀는 큰물 곁에 앉아 있고 땅의 임금들과 주민들이 그 여자의 불륜의 술에 취하였다. 여기서 말하는 큰물은 수많은 백성과 군중들과 민족과 언어들이다(17,15). 불륜의 술은 황제숭배이다. 이 대창녀는 머리가 일곱이고 뿔이 열 개 달린 진홍색 짐승을 타고 있다. 이 짐승은 13장의 첫째 짐승을 말하며 일곱 머리는 로마의 일곱 언덕과 일곱 황제를(9절), 열 개의 뿔은 로마 황제의 권한을 위임받아 제국의 속국들을 다스리던 열 임금을 가리킨다(12절). 그러나 일곱 황제와 속국 열 임금이 구체적으로 누구인지 그 이름을 밝히기는 어렵다. 대창녀는 자주색과 진홍색 옷을 입고 온갖 금은보석으로 치장하였다. 이는 부와 사치를 뜻한다. 대창녀의 이런 사치와 대조적으로 어린양의 신부인 교회는 의로움을 상징하는 '빛나고 깨끗한 고운 아마포 옷'을 입는다(19,8). 대창녀는 손에 불륜의 역겹고 더러운 것들로 가득 찬 금잔을 들고 있었다. 대창녀의 이마에는 "온 땅의 탕녀들과 흉측한 물건들의 어미인 대바빌론"(17,5)이라는 이름이 쓰여 있다. 이 대목은 예레 51,7을 떠올리게 한다. "바빌론은 한때 야훼의 손에 들린 금술잔이 되어 온 세상을 취하게 하였었다. 그 술을 마시고 나서 온 세상이 실성을 하였었다." 또한 대창녀는 스스로도 성도들과 예수님의 피에 취해 있었다. 로마의 이중 죄악은 우상숭배와 의인들의 살해이다.

이 대창녀와 그를 따르는 짐승과 열 임금들은 잠시 위세를 부리겠지만 결국 어린양과 그분에게 충실한 이들과 전투를 벌이다 패배하고 말 것이다. 대창녀는 자기의 추종 세력인 열 뿔과 짐승에게 모든 것을 빼앗겨 알몸이 될 것이다. 열 뿔과 짐승은 창녀의 살을 먹고 나머지는 불에 태워버릴 것이다. 여기서 악의 자기 파괴적인 모습이 드러나는데, 그뒤에는 하느님의 숨겨진 계획이 자리잡고 있었다. 처음에는 임금들이 자기네 왕권을 그 짐승에게 넘겨주어 로마가 번영을 누리는 것 같았지만 나중에는 오히려 임금들과 그 짐승이 로마를 집어삼켜 버렸다는 것이다.

18장에는 바빌론의 멸망을 선포하는 천사의 메시지와 그 멸망을 애도하는 조가(弔歌)들이 나온다. 바빌론의 멸망은 이미 14,8에서 선포되었고 일곱째 대접에서 쏟아진 재앙으로 그 선포가 실제로 실현되었다(16,17-21). 하느님을 모시던 한 천사가 큰 권능을 가지고 하느님의 영광을 땅에 반사하며 나타나 바빌론의 멸망을 장엄하게 선포하였다. "무너졌다! 대바빌론이 무너졌다! 바빌론은 악마들의 거처가 되고 더러운 악령들의 소굴이 되었으며 더럽고 미움받는 온갖 새들의 집이 되었다. 모든 백성이 그 여자의 음행으로 말미암은 분노의 포도주를 마셨고 세상의 왕들이 그 여자와 놀아났으며 세상의 상인들이 그 여자의 사치 바람에 부자가 되었기 때문이다"(2-3절). 천사는 바빌론의 멸망을 과거 사건으로 묘사한다. 파괴된 도시의 묘사는 요한이 구약의 예언서 본문에서 빌려온 것이다(참조: 이사 13,13-22; 34,11-15; 예레 50,39; 스바 2,13-14). 바빌론이 멸망한 이유는 우상숭배와 흥청망청 때문이다(14,8).

하늘에서 다른 소리가 들려왔다. "내 백성아, 그 여자를 버리고 나오너라. 너희는 그 여자의 죄에 휩쓸리지 말고 그 여자가 당하는 재난을 당하지 않도록 하여라"(18,4). 멸망의 도시에서 도망쳐 목숨을 건지라는 지시도 예언서에 나온다(예레 51,6.45; 참조: 이사 48,20; 52,11). 예수님도 그런 지시를 하셨다(마태 24,16-20; 마르 13,14-28). 이어지는 간단한 몇 가지 조가(9-19절)는 로마와 야합하여 이익을 챙기던 자들, 곧 속국의 임금들과 로마와 거래하던 상인들과 상선들을 움직이던 선원들이 차례로 부른다. 이 조가들은 전체적으로는 띠로의 파괴를 두고 부르던 에제키엘의 조가를 연상시킨다(에제 26—27장).

마지막으로 힘센 큰 천사가 나타나 큰 맷돌 같은 바윗돌을 바다에 던지며 로마의 돌이킬 수 없는 멸망을 두고 조가를 부른다(21-24절). 이 대목은 예레미야가 스라야를 시켜 바빌론에 떨어질 재앙을 기록한 문서에 돌을 매달아 유프라테스강 속에 던지게 한 행위를 떠올리게 한다(예레 51,62-64). 거기에서 예레미야는 스라야에게 문서를 바다에 던진 다음 "이처럼 바빌론은 물에 가라앉으리라. 내가 내리는 재앙을 당한 후에, 다시는 일어나지 못하리라"(예레 51,64) 하고 말하게 한다.

제4주간: 완결

범위: 묵시 19—22장
성가: 77
주제본문: 묵시 21장

　19—20장은 악의 세력과의 마지막 결전을 다룬다. 먼저 천상의 전례가 하느님 백성의 승리를 경축한다. 요한은 하늘의 큰 무리가 외치는 소리를 들었다. "할렐루야! 구원과 영광과 권세가 우리 하느님의 것이다. 그분의 심판은 참되고 공정하시다. 음란으로 세상을 망친 그 엄청난 탕녀를 심판하셨다. 당신의 종들의 피를 흘리게 한 그 여자에게 벌을 내리셨다"(19,1-2). 영광과 권세는 하느님에게 속한다(묵시 4,11; 5,12; 7,10.12; 12,10). 하느님은 우상숭배에 찌들고 의인들의 피로 물든 로마를 심판하셨다. 그들은 또 이렇게 외쳤다. "할렐루야! 그 여자를 태우는 불의 연기가 영원 무궁토록 올라간다"(19,3). 대창녀가 불에 탄다는 말은 이미 앞 장에서 나왔다(18,9.18). 큰 무리의 승전가에 스물네 원로와 네 생물이 옥좌에 앉아 계신 하느님께 경배드리며 "아멘, 할렐루야!" 하고 화답하였다.
　그때 옥좌에서 하느님의 모든 종에게 하느님을 찬미하라고 권고하는 소리가 들려왔다. 요한은 또 큰 무리가 요란한 천둥소리처럼 큰소리로 말하는 것을 들었다. "할렐루야! 주 우리 하느님 전능하신 분께서 다스리신다. 기뻐하고 즐거워하며 하느님께 영광을 드리자"(19,6-7; 참조: 11,15). 하느님을 경외하는 이들이 그토록 염원하던 주님의 나라가 마침내 온 것이다. 다니엘서의 예언은 하느님의 원수가 쓰러졌을 때 하느님의 왕국이 나타날 것이라고 했다. 승리자들은 어린양의 혼인잔치에 초대를 받는다. 그분의 신부는 몸단장을 끝냈는데, 신부가 입고 있는 '빛나고 깨끗한 고운 아마포 옷'은 어린양의 선물이다. 혼인잔치의 주역인 어린양과 신부는 그리스도와 교회이다. 그리스도와 교회의 혼인 곧 완전한 일치는 세상 종말에 이루어질 것이다(참조: 마태 22,2; 25,1-13). 그때 한 천사가 요한에게 "어린양의 혼인잔치에 초대받은 사람은 행복하다"(19,9) 하고 말하였다. 이 말을 듣고 요한이 그 천사에게 경배하려고 그의 발 앞에 엎드리자 천사는 이를 제지한다. 묵시문학에서 천사들의 역할은 지대하다. 그러나 요한은 히브리서의 저자처럼 천사들의 역할을 하느님의 심부름꾼으로 정확히 한정한다(19,10; 22,8-10; 히브 1,14).

대창녀 바빌론은 멸망하였지만 대창녀를 먹어치운 세상의 임금들과 두 짐승과 또 다른 강력한 세력, 곧 악마요 사탄이며 옛뱀인 용은 아직 살아 있다. 이들과의 최후 대결전은 19,11-20,10에 나온다. 먼저 하늘에서 '신의'와 '진실'이라는 이름을 지닌 기사가 승리의 상징인 흰색의 말을 타고 나타난다. 기사의 신분과 역할을 두고 요한은 구약의 예언에서 영감을 받았다. 이 기사는 다윗의 자손 메시아이고(11,15절; 참조: 이사 11,3-4; 시편

2,9) 세상을 심판하는 '하느님의 말씀'이다(13,15절; 참조: 지혜 18,14-15; 이사 63,1-3). 이 기사에 맞서 두 짐승과 땅의 임금들과 그 군대들이 결집하였지만 두 짐승은 유황이 타오르는 불못에 던져졌고 두 짐승을 추종하던 남은 자들은 새들에게 먹혔다 (19,19-21).

마지막으로 남은 악의 세력은 용이다. 또 다른 천사가 구렁의 열쇠와 큰 사슬을 들고 하늘에서 내려와 옛 뱀이요 악마요 사탄인 용을 붙잡아 천년 동안 움직이지 못하도록 결박하였다. 이 '천년'을 두고 다양한 해석이 있어 왔는데, 그 가운데 대표적 해석 두 가지를 소개한다. 첫째는 문자적이고 미래적인 해석이다. 이 해석을 신봉하는 종말론자들은 천년 동안 지속될 지상의 메시아 왕국이 앞으로 도래할 것이라고 믿는다. 지상의 메시아 왕국은 하느님 나라와는 구별된다. 종말론자들은 이 해석에 따라 그 '천년 왕국'이 시작되는 때가 언제인가를 두고 숱한 억측과 상상을 불러들여 사람들을 혼란스럽게 만들었다. 둘째는 과거적이고 상징적인 해석이다. '천년'은 실제의 천년을 말하는 것이 아니라 예수 그리스도께서 지상에 오신 때부터 종말까지의 시기를 뜻한다는 것이다. 예수님이 지상에 오셔서 하느님 나라를 선포하실 때부터 사탄은 이미 결박된 상태에 놓인다(마태 12,25-29).

'천년 왕국설'은 유다인들의 상상력에서 비롯되었다. 구약성서에서 메시아 왕국의 통치는 결정적이고 영구적이다(참조: 다니 2,44; 7,14.27). 나중에 신구약 중간 시대(기원전 100년-서기 100년)의 유다교 외경 문헌에서 종말 전에 의인들의 일시적 승리가 있을 것으로 예상하였다. 이 황금시대의 기간을 두고 백 년, 육백 년, 천년, 칠천 년 등 여러 가설이 제기되었는데 지상의 세월을 창조와 연결짓는 일반적 생각에 따라 창조의 하루를 천 년으로 계산하고(시편 90,4; 2베드 3,8) 안식일에 해당하는 일곱째 날을 메시아의 통치로 여겨 '천년 왕국설'이 나오게 되었다.

묵시록의 천년 통치는 다니 7장에서 영감을 받은 것이다. 다니엘서에서 통치권이 짐승한테서 '사람의 아들 같은 이'에게 넘어갔듯이(다니 7,9-14), 묵시록에서 용의 권한이 그리스도와 하느님의 백성에게 넘어갔다. 천년 통치는 예수 그리스도의 지상 출현으로 옛 뱀의 유혹 때문에 닫혔던 낙원 문이 이미 열리게 되었다는 뜻이다(묵시 2,7 참조).

천년 통치의 주역들은 그리스도와 첫번째 부활한 이들이다. 요한은 예수님의 증언과 하느님의 말씀 때문에 살해된 이들이 다시 살아나서 그리스도와 함께 천년 통치를 하였다고 말한다(20,4-6). 요한은 이 첫번째 부활을 마지막 때의 보편적 부활과 구별한다(20,12-13). 신실한 그리스도인에게 죽음은 곧 부활이다. 요한은 여기서 다섯째 행복을 선언한다. "이 첫째 부활에 참여하는 사람은 행복하고 거룩합니다"(20,6). 그에게는 두번째 죽음, 곧 영원한 영적 죽음이 아무런 권한도 행사할 수 없다(2,11 참조).

천년의 통치가 끝나면 사탄이 감옥에서 풀려나 온 세상 곳곳에서 민족, 곧 곡과 마곡을 불러모아 마지막 전투를 준비한다. 곡은 르우벤의 자손이고(1역대 5,4) 마곡은 야벳의 자손이지만(창세 10,2). 에제 38—39장은 '마곡의 나라 곡'이 다시 통일을 이룬 이스라엘에 마지막 공격을 해올 것이라고 예고하는데, 이에 근거하여 유다교 전통에서는 곡과 마곡이 메시아 시대에 이스라엘, 특히 예루살렘을 공격할 민족을 대표하게 된다. 악마와 그를 추종하는 민족은 성도들의 진지와 하느님의 도성을 에워쌌지만, 하늘에서 불이 내려 이 악마의 연합군을 통째로 삼켜버렸다. 그리하여 악마는 두 짐승이 이미 들어가 있는 불과 유황 못에 던져져 영원무궁히 밤낮으로 고통을 받을 것이다.

대전투가 끝난 다음 마지막 심판이 시작되었다(묵시 20,11-15). 크고 흰 옥좌에 앉아 계신 분은 전능하신 아버지 하느님이시고 최후심판관이시다(마태 18,35; 로마 14,10). 땅과 하늘은 그분에게서 달아나 흔적도 없다(묵시 20,11; 21,1). 피조물은 인간의 죄로 오염되었으므로(창세 3,17; 로마 8,19-22) 새 창조에 대비하여 사라져야 한다. 또한 하느님과 사람들 사이를 갈라놓는 옛 질서의 경계는 사라져야 한다. 피조물의 오염 여부에 온전히 책임을 진 사람들만 남아 심판받을 준비를 갖춘다. 먼저 각 사람의 모든 행동이 기록된 천상의 책들이 펼쳐지고 이어서 생명의 책이 펼쳐졌다. 신실한 사람들은 이미 부활하여 구원을 받았고, 그 나머지 사람들이 바다와 저승에서 풀려나 심판을 받는다. 고대인들은 바다에서 실종된 사람들은 저승에 갈 수 없다고 믿었는데, 요한은 그들까지도 언급함으로써 마지막 부활의 보편적 성격을 분명히 드러낸다.

마침내 저승(지옥)과 죽음이 불바다에 던져졌다. 이는 악의 세력이 완전히 소멸되었음을 뜻한다. 바오로 사도는 파괴되어야 할 마지막 원수는 죽음이라고 말한다(1고린 15,26). 생명의 책에 그 이름이 기록되어 있지 않은 자들도 불바다에 던져진다.

21,1—22,5은 마지막 심판 이후에 펼쳐질 새 하늘과 새 땅, 새 예루살렘을 묘사한다. 창조의 모든 피조물이 사라지고 완전히 새로운 질서가 들어선다. 새 질서 안에는 혼돈의 잔재인 바다가 더이상 존재하지 않는다. 새 하늘과 새 땅의 창조는 이미 이사 65,17과 66,22에 예고된 바 있다(참조: 에녹 45,4-5; 71,1; 91,16; 4에즈 7,75). 거룩한 도성 새 예루살렘이 신부처럼 차리고 하늘에서 내려온다(이사 52,1 참조). 로마가 멸망할 지상의 도시이자 하느님과 어린양을 거슬러 대항한 대창녀인 데 반하여 '새 예루살렘'이 천상의 도시이자 신랑을 맞으려고 단장한 신부이다. 21,1-2의 배경은 이사 65,17-19이다.

새 하늘과 새 땅, 새 예루살렘에서는 옛 질서의 일곱 가지 요소, 곧 바다·죽음·슬픔·울부짖음·고통·저주·밤이 더이상 존재하지 않는다(21,1.4; 22,3.5). 옥좌에서 큰 음성이 들려왔다. "이제 하느님의 집은 사람들이 사는 곳에 있다. 하느님은 사람들과 함께 계시고 사람들은 하느님의 백성이 될 것이다. 하느님께서는 친히 그들과 함께 계시고 그들의 하느님이 되셔서 그들의 눈에서 모든 눈물을 씻어주실 것이다. 이제는 죽음도 없고 슬픔도 울부짖음도 고통도 없을 것이다. 이전 것들이 다 사라져 버렸기 때문이다"(21,3-4). 옥좌에 앉아 계신 분이 또 이렇게 말씀하셨다. "보아라, 내가 모든 것을 새롭게 만든다"(21,5; 참조: 이사 43,19). 이와 관련하여 바오로 사도의 말씀은 그리스도교 믿음의 정곡을 찌른다. "누구든지 그리스도를 믿으면 새사람이 됩니다. 낡은 것은 사라지고 새 것이 나타났습니다"(2고린

5,17). 그러나 하느님은 새 것을 만든다고 하시지 않고 모든 것을 새롭게 만들겠다고 하신다. 새로운 창조가 아니라 새롭게 바꾸는 것이다. "이제 다 이루었다"는 6절의 말씀은 바로 이를 두고 하시는 말씀이다. 끝까지 참고 승리한 자는 생명의 샘물을 거저 마시게 되고 하느님의 아들이 되겠지만 불충한 자는 불과 유황이 타오르는 바다에 던져질 것이다. 이것이 바로 둘째 죽음인 영적 죽음이다(21,8).

앞에서는 일곱 대접을 가진 천사들 가운데 한 천사가 요한에게 대창녀를 보여주었는데(17,1), 여기서는 어린양의 아내가 될 신부를 보여준다. 그 신부는 하느님의 영광으로 빛나는 새 예루살렘이다. 새 예루살렘에 대한 요한의 화려한 묘사(21,11—22,5)는 에제 40—48장에서 영감을 받은 것이다. 에제키엘은 환시 중에 바빌론에서 예루살렘으로 옮겨지고 높은 산 위에 선다. 그의 맞은편에는 미래의 도성이 보였는데, 측량자를 가진 천사의 인도를 받아 그 도성을 돌아다닌다(에제 40,3—43,12). 천사는 에제키엘에게 성전의 샘과 그곳에서 흘러나오는 큰 물줄기도 보여준다(에제 47,1-12). 에제키엘서는 성읍의 성문들에 관한 장황한 묘사로 마무리된다(에제 48,30-35).

묵시록에서도 천사가 요한을 높은 산으로 데리고 올라가서 거룩한 도성 예루살렘을 보여준다(묵시 21,10). 도성에는 열두 대문이 있고 열두 지파의 이름이 하나씩 적혀 있었다. 도성의 성벽에는 열두 주춧돌이 있었는데 그곳에는 어린양의 열두 사도의 이름이 하나씩 적혀 있었다. 열두 지파와 열두 사도의 이름이 적혀 있다는 것은 구약의 하느님 백성과 그리스도 교회의 연속성을 뜻한다. 천사가 측량자로 예루살렘 도성의 크기를 쟀더니 길이와 높이와 넓이가 똑같이 12,000스타디온(약 2,200킬로미터)이나 되었고 성벽을 쟀더니 144페퀴스(약 66미터)나 되었다. 이 두 수는 완전함을 나타내는 상징이다. 곧 12,000=12×1,000이고 144=12×12이다. 12는 완전함을, 1,000은 충만함을 가리킨다. 새 예루살렘에는 성전이 없다. 하느님과 어린양이 성전이시기 때문이다. 요한 2,12에서 예수님은 당신 자신을 성전으로 제시하신다. 이 도성은 해도 달도 비출 필요가 없다. 하느님의 영광이 그곳을 비추는 빛이 되시고 어린양이 그곳의 등불이 되어주시기 때문이다. 그곳에는 밤이 없으므로 성문이 닫히지 않는다. 그리하여 도성은 누구에게나 열려 있지만 역겨운 짓과 거짓을 일삼는 자들은 그곳에 들어갈 수 없고 어린양의 생명의 책에 기록된 이들만 들어갈 수 있다(21,24-27).

천사는 요한에게 수정같이 빛나는(4,6 참조) 생명수의 강(참조: 창세 2,9-10; 에제 47,1-12; 요엘 4,18; 즈가 14,8)을 보여주었다. 이 강은 하느님과 어린양의 옥좌에서 흘러나와 도성 한가운데를 흐르고 있었고 강 양쪽에는 다달이 열매를 맺는 생명나무가 서 있었다(에제 47,12 참조). 에제 47,1-2에서는 이 강이 성전에서 흘러나오지만, 새 예루살렘에서는 주 하느님과 어린양이 성전이시므로 그분들한테서 직접 생명이 흘러나온다(요한 7,38 참조). 생명의 샘물과 생명나무의 열매는 승리자에게 약속된 보상이다. "나는 목마른 자에게 생명의 샘물을 거저 마시게 하겠다. 승리하는 자는 이것들을 차지하게 될 것이며 나는 그의 하느님이 되고 그는 내 아들이 될 것이다"(묵시 21,6ㄴ-7). "나는 승리하는 자들에게 하느님의 낙원에 있는 생명나무의 열매를 먹게 하겠다"(2,7). 또한 생명나무의 잎은 도성에 들어오는 민족(21,24)을 치료하는 약이다.

도성에는 더이상 하느님의 저주가 없고 오로지 하느님의 종들이 그분을 섬기고 그분의 얼굴을 뵈올 따름이다(22,3-4). 이스라엘 백성은 순례의 축제 때 하느님을 섬기고 '하느님의 얼굴을 뵈러'(시편 17,15; 42,2) 예루살렘 성전으로 올라갔다. 그러나 그분을 직접 뵈면 살아남을 수 없었으므로(출애 33,20.23) 마음으로만 그렇게 바랐을 뿐이다. 하지만 이제 새 시대에는 그들의 원의가 이루어진다(참조: 마태 5,8; 1고린 13,12; 히브 12,14; 1요한 3,2). 그들의 이마에는 그분의 이름이 적혀 있을 것이다(참조: 묵시 7,3; 9,4; 14,1; 22,4). 도성에는 밤이 없어서 등불이나 햇빛이 필요 없다. "야훼 홀로 아시는 날, 그날이 오면 밤도 낮도 없어 저녁이 되어도 밝기만 하리라"(즈가 14,7).

새 예루살렘에 대한 요한의 이 장엄한 묘사는 하느님의 구원 의지와 구원 계획이 인간의 죄, 세상의 온갖 악을 훨씬 뛰어넘는다는 사실을 우리에게 확인시켜 준다. 죄악의 세력과 거기에 동조하는 인간들의 죄악 때문에 엄청난 환난과 불행이 우리가 사는 세상을 짓누르지만, 종국에는 하느님께서 하늘과 땅, 신의 영역과 인간의 영역 사이의 경계를 없애시고 사람들 가운데 직접 현존하시며 새 하늘과 새 땅, 우리의 고향인 새 예루살렘에 모든 민족을 불러모으실 것이다. 그곳에는 혼돈의 바다도 죽음도 슬픔도 울부짖음도 고통도 저주도 밤도 없고, 자애로운 하느님께서 친히 사람들의 눈에서 모든 눈물을 닦아주실 것이다.

22,6-21은 맺음말이다. 이 맺음말은 머리말(1,1-8)과 균형을 이룬다. 요한묵시록은 편지 형태를 취하기 때문에 인사말이 처음(1,4)과 끝(22,21)에 나온다. 22,6에서 말을 시작하는 이는 천사지만 이어지는 구절에서 천사와 더불어 예수님도 말씀하신다. 머리말을 보면 묵시록의 계시는 하느님께서 곧 일어날 일들에 관하여 예수 그리스도께 알려주신 것을 그리스도께서 당신 천사를 보내시어 당신 종 요한에게 알려주신 내용이다. 그래서 요한은 이 책의 내용을 처음부터 끝까지 예수 그리스도의 계시라고 하는 것이다(1,1). 천사는 묵시록의 모든 말씀이 확실하고 참된 말씀이라고 선언한다(22,6). 이때 다른 분이 말씀하신다. "자, 내가 곧 가겠다. 이 책에 기록된 예언의 말씀을 지키는 사람은 행복하다"(22,7). 묵시록의 일곱 행복 선언 가운데 여섯째 선언이다. 요한은 모든 환시와 말씀, 곧 모든 계시를 전해준 천사에게 경배하려고 엎드린다. 그러자 19,10에서처럼 천사가 이를 제지한다. 소아시아 교회의 천사 숭배 경향에 대해 경고하는 것으로 이해할 수 있다. 하느님을 섬기는 존재들은 천사나 인간이나 다같이 동등하다.

천사는 요한에게 이 책에 기록된 예언의 말씀을 봉인하지 말라고 명한다. 이 명령은 묵시문학의 일반 관례에 어긋난다. "이것은 장차 정해진 날에 틀림없이 이루어지겠지만 오래 있다가 될 일이니 비밀에 부쳐두어라"(다니 8,26; 12,4.9). 천사는 공개해야 하는 이유를 '그때가 가까이 왔기 때문'이라고 밝힌다(묵시 22,10). 11절에는 악인과 선인이 정확하게 구별된다. 악인은 불의를 행하는 자와 더러운 짓을 하는 사람이고, 선인은 올바르고 거룩한 일을 하는 사람이다. 이 대목에서 예수님이 다시 개입하신다. "자, 내가 곧 가겠다. 나는 너희 각 사람에게 자기 행적대로 갚아주기 위해서 상을 가지고 가겠다. 나는 알파와 오메가, 곧 처음과 마지막이며 시작과 끝이다"(22,12-13). 12절의 말씀은 "도둑같이 오겠다"고 하신 16,15의 말씀처럼 하나의 경고이다. 그분은 하느님의 칭호를 가지고 나타나실 것이다. '알파와 오메가, 곧 처음과 마지막'이라는 칭호는 다른 곳에서 하느님에게만 주어졌다(1,8; 21,6). 14절은 묵시록의 일곱 행복 선언 가운데 마지막 선언이다. "생명의 나무를 차지할 권세를 얻고 성문으로 그 도성에 들어가려고 자기 두루마기를 깨끗이 빠는 사람은 행복하다." 여기서 생명의 나무는 성체성사를, 두루마기를 빠는 것은 세례성사를 뜻할 수 있다. 그리고 도성은 성도들의 고향인 천상 예루살렘이다. 세례와 성체를 받은 그리스도인은 자신들의 고향인 천상 예루살렘으로 들어가겠지만 개들, 곧 이교도들과 마술쟁이들, 음란한 자들, 우상숭배자들, 거짓을 사랑하고 일삼는 자들은 모두 도성 밖에 남아 있어야 한다(22,15). 이 악인 목록은 초대교회에서 성체성사를 받기에 부당한 자들을 나열한 것일 수 있다.

16절의 말씀 앞부분은 역시 머리말을 반영한다. "나 예수는 내 천사를 보내어 모든 교회에 이 모든 것을 증언하게 하였다"(22,16ㄱ; 참조: 1,1.4). 뒷부분은 메시아 선언이다. "나는 다윗의 뿌리에서 돋은 그의 자손이며 빛나는 샛별이다"(22,16ㄴ). '다윗의 뿌리와 자손'이라는 표현은 이사 11,1(참조: 묵시 5,5)에서, '샛별'이라는 표현은 민수 24,17에서 영감을 받은 것으로 보인다. 17절에서 예수님께 "오소서!" 하고 말하는 성령과 신부는 예언자들에게 영감을 주는 예수님의 영(2,7; 14,13; 19,10)과 교회(21,2.9)를 말한다. '오소서'는 아람어 '마라나타(우리 주님, 오소서)'를 그리스어로 옮긴 것이다. 교회는 성령의 영감을 받아 "우리 주님, 오소서" 하고 기도한다(1고린 16,22; 디다케 10,6). 묵시록의 말씀을 듣는 사람들도 이 기도를 바친다. 목마른 사람은 누구나(요한 6,35; 7,35-38; 묵시 21,6; 22,1) 그리스도께 와서 그분이 주시는 생명의 물을 거저 마신다(이사 55,1; 묵시 21,6).

묵시록의 예언에 무엇을 보태거나 빼지 말라는 18-19절의 말씀과 비슷한 경고가 신명 4,2; 12,32; 아리스테아스 편지 311; 1에녹 104,10-11; 2에녹 48,74-75에도 나온다. 요한은 이 책의 말씀이 자기한테서 나온 것이 아니라 하느님한테서 나온 것이므로 이 경고를 분명히해 둔다. 마지막으로 예수님이 다시 한번 "그렇다. 내가 곧 가겠다"라고 말씀하신다. 이 장에서만 세 번이나 확인하시는 말씀이시다(7.12.20절). 예수님의 이 말씀에 그리스도인은 절대적인 믿음을 담아 응답한다. "아멘. 오소서, 주 예수여!" 초대교회는 이 기도를 성찬의 전례에 포함시켰다(디다케 10,6).

묵시록의 독자들에게 현세의 삶은 결코 쉽지 않았다. 온갖 유혹과 불의와 악의 세력과 죽음의 위협이 그들을 엄습하였다. 이 환난의 세대에서 승리하는 자에게는 영원한 생명이 약속되었다. 그런데 현실적으로 악을 정복하고 승리하는 것은 하느님의 말씀과 그리스도의 증언을 위해서 죽는 것이었다. 이럴 때 그리스도인들에게 "내가 곧 가겠다"는 주님의 말씀은 커다란 위로가 되었다. 그분 역시 당신의 생명을 내놓고 십자가에서 살해되심으로써 승리자가 되신 분이다. 초대교회에서 '마라나타' 기도가 성찬 전례에 포함되어 있었다는 사실을 잊지 말아야 한다. 예수님은 당신을 넘겨주시던 날 밤에 감사를 드리신 다음 빵을 쪼개시고 "이는 너희에게 줄 내 몸이다" 하고 말씀하셨다. 그분은 살해되신 어린양이시다. 그분의 죽음이 바로 승리다. 희생물이 승리자가 되신 것이다. 이를 두고두고 기념하는 것이 바로 성체성사이다.

묵시록은 "주 예수의 은총이 모든 사람에게 내리기를 빕니다" 하는 말로 끝난다. 예수 그리스도의 이 계시는 은총의 말씀이다. 동시에 묵시록의 이 마지막 말씀은 성서 전체를 두고 하는 말씀이기도 하다. "성서는 모든 사람에게 내리는 주 예수님의 은총이다."

이제 묵시록의 일곱 행복 선언을 나열하면서 「거룩한 독서」 네 권의 대장정을 마친다.

"이 예언의 말씀을 읽고 듣고 이 책에 기록되어 있는 대로 실천하는 사람들은 행복하다.

그 일들이 성취될 때가 가까이 왔기 때문이다"(1,3).

"주님을 섬기다 죽는 사람들은 행복하다. 그들은 수고를 그치고 쉬게 될 것이다.

그들의 업적이 언제나 남아 있기 때문이다"(14,13).

"벌거벗고 다니는 부끄러운 꼴을 남에게 보이지 않으려고

정신을 차리고
자기 옷을 입고 있는 사람은 행복하다"(16,15).
"어린양의 혼인잔치에 초대받은 사람은 행복하다"(19,9).
"첫째 부활에 참여하는 사람은 행복하고 거룩하다.
그들에게는 둘째 죽음이 아무런 세력도 부리지 못한다.
이 사람들은 하느님과 그리스도를 섬기는 사제가 되고
천년 동안 그리스도와 함께 왕노릇을 할 것이다"(20,6).
"이 책에 기록된 예언의 말씀을 지키는 사람은 행복하다"(22,7).
"생명의 나무를 차지할 권세를 얻고 성문으로 그 도성에
들어가려고
자기 두루마기를 깨끗이 빠는 사람은 행복하다"(22,14).

거룩한 독서 4

2004년 7월 28일 교회인가
2004년 10월 15일 1판 1쇄 발행
2007년 5월 30일 1판 9쇄 발행

지은이 | 정태현
펴낸이 | 이순규
펴낸곳 | 바오로딸

142 - 704 서울 강북구 미아 9동 103
등록 | 제7 - 5호 1964. 10. 15.
전화 | 02) 9440 - 800 팩스 | 984 - 3612

취급처 | 중앙보급소
전화 | 02) 984 - 3611 팩스 | 984 - 3612
ⓒ 정태현 · 2004 FSP 953

값 9,000원

이메일 | edit@pauline.or.kr
인터넷 서점 | http://www.pauline.or.kr
통신판매 | 9440 - 944 ~ 5
ISBN 978 - 89 - 331 - 0734 - 8 04230
ISBN 978 - 89 - 331 - 0618 - 1 04230(세트)